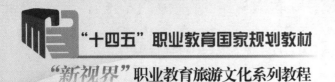

"十四五"职业教育国家规划教材

"新视界"职业教育旅游文化系列教程

总主编
总主审

U0587239

Guide to Etiquette
and Modern Manners

现代礼仪教程

主　编　杨惠玲　李　晖

副主编　周　艳　朱洪端　李巧玲

编　者　曾维静　冯志平　张源珂　金岳军
　　　　谢　静　王　榛　唐剑峰

重庆大学出版社

图书在版编目（CIP）数据

现代礼仪教程 / 杨惠玲，李晖主编. --重庆：
重庆大学出版社，2021.9（2025.1重印）
"新视界"职业教育旅游文化系列教程
ISBN 978-7-5689-2822-9

Ⅰ.①现… Ⅱ.①杨… ②李… Ⅲ.①礼仪—教材
Ⅳ.①K891.26

中国版本图书馆CIP数据核字（2021）第122055号

现代礼仪教程

主　编　杨惠玲　李　晖
责任编辑：王　波　　版式设计：王　波
责任校对：王　倩　责任印制：赵　晟

*

重庆大学出版社出版发行
出版人：陈晓阳
社址：重庆市沙坪坝区大学城西路21号
邮编：401331
电话：（023）88617190　88617185（中小学）
传真：（023）88617186　88617166
网址：http://www.cqup.com.cn
邮箱：fxk@cqup.com.cn（营销中心）
全国新华书店经销
中雅（重庆）彩色印刷有限公司印刷

*

开本：787mm×1092mm　1/16　印张：19　字数：428千
2021年9月第1版　　2025年1月第4次印刷
ISBN 978-7-5689-2822-9　定价：59.00元

新版总序

全面提高教育教学质量是推动高等职业教育高质量发展的关键。教育教学质量的提高与职业院校内部的诸多因素有关，如办学理念、师资水平、课程体系、实践条件、生源质量以及教育质量监控与评价机制等。在这些因素中，不管从教育学理论还是从教育实践来看，课程体系都是一个非常重要的因素。教材作为课程体系的基础载体，是人才培养的主要剧本、育人育才的重要依托，是"三教"改革的重要组成部分，是职业教育改革的基础。建设什么样的教材体系，体现着一个国家、一个民族的价值观体系，直接关系党的教育方针的贯彻落实。

2019年《国家职业教育改革实施方案》的颁布及2020年"中国特色高水平高职学校和专业建设计划"的启动，标志着我国职业教育进入了新一轮的改革与发展阶段，课程建设与教学改革再次成为高职院校建设和发展的核心工作。职业教育教材作为课程建设与教学改革的重要组成部分，不但对学生的培养质量起着关键作用，也决定着学校的核心竞争力和可持续发展能力。

2020年10月，由重庆青年职业技术学院和四川绵阳职业技术学院牵头成立了"成渝地区双城经济圈文化和旅游产教联盟"（以下简称"联盟"）。联盟积极贯彻落实中办、国办印发的《关于推动现代职业教育高质量发展的意见》精神，切实提高成渝地区双城经济区圈旅游类专业人才培养质量，推动成渝地区文化和旅游产业协同发展。

2022年10月16日，中国共产党第二十次全国代表大会胜利召开，习近平总书记在大会上做了"高举中国特色社会主义伟大旗帜 为全面建设社会主义现代化国家而团结奋斗"的报告。报告中第八条明确指出"推进文化自信自强，铸就社会主义文化新辉煌"的前进道路。从为党育人、为国育才出发，高等职业院校的旅游专业教学要贯彻落实报告中提出的"健全现代公共文化服务体系，创新实施文化惠民工程。健全现代文化产业体系和市场体系，实施重大文化产业项目带动战略。加大文物和文化遗产保护力度，加强城乡建设中历史文化保护传承，建好用好国家文化公园。坚持以文塑旅、以旅彰文，推进文化和旅游深度融合发展"要求，锐意进取，改革创新，共同为职业教育添彩，为中国文化旅游赋能。

联盟与重庆大学出版社组织策划和出版的"'新视界'职业教育旅游文化系列教程"

（以下简称"系列教程"），汇聚了多所职业院校的课程改革成果，具有以下特点：

一、强调校企"双元"合作开发，注重学生职业核心能力培育

系列教程紧跟旅游产业发展趋势和行业人才需求，吸纳旅游行业企业管理者深度参与编写，以典型岗位（群）的职业技能要求为目标，以"掌握基础、深化内容、理实结合、培养能力"为宗旨，关注旅游行业新业态、新模式，实时对接产业发展"新工艺、新技术、新规范"的要求，以提升教材建设的时代性和前瞻性，切实通过校企合作，强化学生专业能力和素质的培养。

二、遵循学生职业能力培养的基本规律，增强学生就业竞争力

系列教程紧密结合岗位（群）技能对职业素质的要求，突出针对性和实用性，综合多名职教专家和教师的宝贵意见，将中国最新研究成果、最新理论、实践成果引入教材，在教学设计中有机融入学生自主学习内容，培养学生思辨、实践的能力和创新精神。

三、坚持以立德树人为根本任务，课程思政贯穿教材编写

系列教程始终注重知识传授与价值引领相结合，将课程思政置于课程教学目标首位，有意、有机、有效地融入课程思政元素。根据课程特点、教学内容，梳理各自蕴含的课程思政要点，以文本、视频、实践、心得书写等方式融入教材中，深入开展社会主义核心价值观宣传教育，深化爱国主义、集体主义、社会主义教育，实现专业课程与思政课同向同行，着力培养担当民族复兴大任的时代新人。

四、建立数字化教学资源库，以学生喜闻乐见的形式达成教学目标

系列教程强化"学习资料"功能，弱化"教学材料"属性。根据每门课程的内容特点，配套数字化教学资源库，提供电子教学课件、教学素材资源、教学网站支持等；注重活页式、工作手册式新形态教材的开发，实现教材立体化、多功能作用，全面适应数字化升级的要求，为学生即时学习和个性化学习提供支撑。

"尺寸课本、国之大者"。随着职业教育发展的不断深入，创新型教材建设是一项长期而艰巨的任务。本系列教程的编写，除了相关职业院校教师们辛勤的耕耘奉献，还得到了联盟成员中诸多旅游企业的积极参与和大力支持，在此致以诚挚的谢意！

由于编者水平所限，不足之处在所难免，教程编写委员会殷切期望各位同行和使用者提出宝贵意见，让我们一起为职业教育的蓬勃发展贡献力量。

"'新视界'职业教育旅游文化系列教程"编写委员会

前　言

现代青年大学生要成长为中华文化的"代言人"和"传承人"，需要用优秀的文化滋养身心。礼是中华传统文化的核心，"不学礼，无以立"，知书达理、待人以礼不仅是每个人应当具备的基本素养，也是现代人际交往的润滑剂。只有知礼、懂礼才能够得到他人的尊重和信任，才能够在交往日益频繁的现代社会让自己具备广博的人脉基础和资源。礼仪课也成为现代大学生塑造自我形象，全面提升职业素养、文明修养和文化认同感的一个主要途径。

一、内容设置

本书是编者多年来一线礼仪课程建设和课程思政示范课程改革的结晶。其内容体系根据学生进入社会必备的礼仪知识和职场礼仪规范而设定。分为"礼仪文化概述""个人礼仪""社交礼仪""沟通礼仪""职场礼仪"和"涉外礼仪"六个学习项目。每个项目下面若干个学习任务（共21个学习任务），每个学习任务作为一个礼仪知识学习训练单元，由"文化传承、教学目标、课堂导入、精讲点拨、交流拓思、职场模拟、评价考核、拓展阅读"八个学习模块构成。

二、编写特色

1.遵循学生学习规律，构建"四礼"学习体系

遵循学生学习规律，将学习分为"知礼—习礼—行礼—尚礼"四个阶段。通过"精讲点拨"模块让学生学习礼仪知识；"交流拓思"模块让学生练习礼仪规范；"职场模拟"模块让学生在真实工作环境和生活实践中运用礼仪知识；"文化传承""课堂导入""拓展阅读"模块让学生能够追根溯源，感受礼仪文化魅力，并怀揣着对礼仪文化的热爱，传播礼仪之美。

2.实现"三个融合"，践行课程思政新要求

在教材编写过程中，我们将中华优秀传统文化、社会主义核心价值观和行业文化三条思政主线有机融入到各个学习板块。引导学生弘扬传统美德，传承中华文脉；将礼仪文化熏陶与个人行为习惯养成相结合，培养学生正确的三观、积极的人生态度、健康的心理情感和高尚的道德品质，做社会主义核心价值观的坚定信仰者、积极传播者、模范践行者；同时以岗位需求为导向，通过分析行业对从业人员礼仪的知识技能要求和行动能力要求，按工作岗位

要求构建学习情景，着力培养学生职业素养和职业能力。

3.用好"三个课堂"，校企"双元"提升学生岗位适应性

教材紧跟现代服务业发展趋势和岗位需求，采用"专业教师+行业专家"的"双元"开发模式，围绕行业典型的工作过程和基本工作任务，分析学生进入职场所需要的知识和技能,通过"三个课堂（课堂讲授、实训练习、企业实践的学习）"提升学生岗位适应性。

4.体现"课堂革命"的要求，激发学生学习兴趣

教材内容中灵活穿插"古代礼仪小知识""试一试"等小栏目，以"交流拓思"和"职场模拟"模块取而代之传统的填空、简答等考核的方式，整合多种教学资源，运用信息化手段使教材形式活泼，激发学生学习兴趣，从德、知、行三个方面达成教学目标，让知识、技能、文化循序渐进，浸润学生身心。

三、编写团队

本教材由四川工程职业技术学院杨惠玲和李晖担任主编，具体编写分工为：项目一由杨惠玲编写，项目二由朱洪端（四川工程职业技术学院）编写，项目三由李晖、周艳（南充文化旅游职业学院）、张源珂（四川工程职业技术学院）编写，项目四由李巧玲（南充职业技术学院）、金岳军（南充科技职业学院）编写，项目五由曾维静（四川工程职业技术学院）编写，项目六由冯志平（南充文化旅游职业学院）编写，全书的"拓展阅读"模块由谢静、王榛（四川工程职业技术学院）共同编写，杨惠玲、唐剑峰（四川职业技术学院）完成全书的统稿工作。在编写过程中，成都凯宾斯基饭店的张勇（人力资源总监）、成都世纪城天堂洲际大饭店石薇奕（人力资源部总监）也参与了部分章节的编写和审查工作，四川汉瑞酒店有限责任公司、德阳旌湖国际酒店等企业为我们提供了真实的行业案例和宝贵的意见，同时我们参阅了大量已经出版的礼仪教材和礼仪读物，参考、借鉴、引用并使用了其中的一些观点、材料等，为行文方便，未能在书中一一注明，在此，谨向相关作者表示感谢！

由于编者水平有限，本教材难免存在错漏之处，恳请使用本教材的广大师生和社会读者提出宝贵的意见和建议，以便修订时完善。

编　者

二维码检索

序号	页码	名称	视频二维码	序号	页码	名称	视频二维码
1.	P1	文化传承、古文翻译1		11	P46	微笑操	
2	P4	"三礼"视频		12	P49	文化传承、古文翻译5	
3	P11	礼仪之邦手势舞		13	P50	酒店制服秀视频	
4	P13	文化传承、古文翻译2		14	P63	汉服秀视频	
5	P27	文化传承、古文翻译3		15	P76	文化传承、古文翻译6	
6	P33	打造日常妆		16	P83	古人立容	
7	P37	文化传承、古文翻译4		17	P86	正襟危坐	
8	P38	希尔顿的微笑服务		18	P92	手势舞	
9	P39	音乐游戏		19	P93	鞠躬礼视频	
10	P41	微笑视频		20	P94	"站、坐、走、蹲、手势、鞠躬"练习组合	
21	P96	酒店迎客礼仪接待情景剧		33	P176	文化传承、古文翻译13	
22	P98	文化传承、古文翻译7		34	P193	文化传承、古文翻译14	

续表

序号	页码	名称	视频二维码	序号	页码	名称	视频二维码
23	P110	古人的称呼		35	P201	文化传承、古文翻译 15	
24	P113	文化传承、古文翻译 8		36	P213	文化传承、古文翻译 16	
25	P126	文化传承、古文翻译 9		37	P223	文化传承、古文翻译 17	
26	P137	文化传承、古文翻译 10		38	P226	求职履历造假	
27	P153	文化传承、古文翻译 11		39	P232	不规范的面试礼仪	
28	P159	上下楼梯礼仪		40	P236	自信的自我介绍	
29	P159	进出电梯礼仪		41	P242	张小小面试自我介绍	
30	P162	鸿门宴坐席		42	P245	文化传承、古文翻译 18	
31	P164	文化传承、古文翻译 12		43	P248	职场礼仪1	
32	P171	孔子见阳货		44	P249	职场礼仪2	
45	P249	职场礼仪3		48	P256	文化传承、古文翻译 19	
46	P250	职场礼仪4		49	P267	文化传承、古文翻译 20	
47	P253	职场礼仪5		50	P275	文化传承、古文翻译 21	

目　录

任务一 礼仪基础知识

文化传承

陈亢问于伯鱼曰："子亦有异闻乎？"对曰："未也。尝独立，鲤趋而过庭。曰：'学诗乎？'对曰：'未也'。'不学诗，无以言。'鲤退而学诗。他日，又独立，鲤趋而过庭。曰：'学礼乎？'对曰：'未也'。'不学礼，无以立。'鲤退而学礼。闻斯二者。"陈亢退而喜曰："问一得三：闻诗，闻礼，又闻君子之远其子也。"

——《论语·季氏》

扫二维码
看翻译

【赏析】

孔鲤过庭是一个典故，意思是晚辈接受长辈的教训。孔子之子孔鲤快步经过孔子站立的厅堂，孔子告以学诗学礼的道理，讲述了《诗》与礼对人成长的重要性。"不学礼，无以立。"恭敬辞让、恭俭庄敬，于政治而言是君子必知的礼仪，于社会而言是君子立身之本，于个人修养而言是君子修身之要。人不知礼，耳目无所加，手足无所措，如何自立为人？由此可见，在孔子看来，礼对于君子的"立"十分重要。

教学目标

德　①激发学生学习兴趣，开启知礼、习礼、行礼、尚礼的学习意识；

　　②引导学生感受中华优秀传统文化之美；

　　③引导学生树立中西文化互鉴的观念。

知　①了解礼仪的起源、发展及意义；

②掌握学习礼仪的内涵和原则，学习礼仪对于个人的作用和意义。

行　①关注身边的礼仪现象，用正确的方法观察各种礼仪，分析其背后的意义；

②理论联系实际，由己及人，正确践行礼仪文化。

课堂导入

百年企业——北京同仁堂

北京同仁堂是有着352年〔同仁堂创建于公元1669年（清康熙八年）〕悠久历史的著名中医药行业老字号。在300多年的发展历程中，同仁堂人继承中华民族的传统美德，不仅开创了诸多让老百姓放心的良药，而且也形成了闻名于世的同仁堂企业文化。

子曰："仁者，爱人也。"同仁堂从创建开始就贯彻了这种思想。创始人乐显扬说："同仁二字可以命堂名，吾喜其公而雅，需志之。"同仁堂的堂训是："同修仁德，亲和敬业，共献仁术，济世养生。"同仁堂之所以能够走过300多年风雨并在持续发展中立于不败之地，很大程度上源于其对道德文化的坚持和在道德实践中的与时俱进。其济世养生、取利于义的经营理念，不仅体现了中国儒商文化的精髓，也同样暗合现代管理学的要义。同仁堂的经营尊奉"以义为上，义利共生"，这是中国传统诚信道德在企业经营管理中的体现。

300多年的风雨历程，同仁堂人始终恪守"炮制虽繁必不敢省人工，品味虽贵必不敢减物力"的古训，树立"修合无人见，存心有天知"的自律意识，造就了制药过程中兢兢业业、精益求精的精神。如今，同仁堂在继承古老创业宗旨的同时，更汇入了具有社会主义新时代特征的"全心全意为人民服务"精神，提出了"建名牌，争一流"的奋斗目标，即同仁堂要成为医药企业中的国际知名品牌；争创一流的职工队伍、一流的药品质量、一流的营销服务、一流的工作作风。特别是改革开放以来，同仁堂在继承传统制药工艺技术的基础上，大胆创新，从体制和机制上逐步适应了社会主义市场经济的要求，生产经营和产品发展均取得了前所未有的好成绩。目前，同仁堂已拥有十家公司，其中有两家上市公司，即北京同仁堂股份有限公司、北京同仁堂科技发展股份有限公司。

思考：千年古刹常有，百年企业难寻，请你谈谈对同仁堂的堂训"同修仁德，亲和敬业，共献仁术，济世养生"的理解。

精讲点拨

一、礼仪的缘起

（一）中国礼仪文化

中国是四大文明古国之一，一直极为重视礼仪，也因此享有"礼仪之邦"的美誉，中国人以彬彬有礼、和睦谦虚的风貌著称于世，礼仪典籍更是汗牛充栋。《礼记》在中国有着深远的影响，直到今天仍为人们推崇、学习和钻研。

中国礼仪文化有两个重要的发展节点，一是周公之礼，二是孔子修礼。

西周时期，周公制礼作乐，整理风俗中合理的内容，结合施行德政的治国观念，为统治者和贵族阶层制定出一套系统的礼仪行为规范。周人制礼就是为了维护周的统治，在统治者内部，周礼可以防止和调节矛盾，而对下层人民来说，周礼既有慑服之威，又有收罗人心之用。

到了春秋战国时期，由于战争不断，周公制定的礼乐制度遭到了很大破坏。孔子有感于当时社会的礼崩乐坏，决心恢复周朝的礼乐制度。他结合自己的道德教育理念对礼乐进行改造，形成了一套新的规范社会与人生方方面面的礼仪，指导和规范人们的行为。孔子提出"以礼治国"，《论语·季氏》中有："礼之所兴，众之所治也；礼之所废，众之所乱也。"正因为"礼"在治国治民中有如此巨大的作用，孔子才以仁爱之心，本着救治社会、救民水火的目的，高举起"以礼治国"的旗号。对于民众个体来说，礼也十分重要，这时"礼"主要表现为由道德观念和风俗习惯而形成的"礼节"。孔子认为礼是一个人生存于社会的根本，孔子教育儿子孔鲤"不学礼，无以立"，还教育自己最得意的弟子颜渊"非礼勿视，非礼勿听，非礼勿言，非礼勿动"。

经过孔子的整理和发展，形成了一个包括政治制度、道德标准和行为准则的庞大礼仪体系，提倡以礼正心、以礼修身、以礼治国、以礼为教，礼仪不仅是对统治者和贵族的要求，也成为全社会成员的道德与行为标准，对后世产生了深远的影响，成为中华礼仪文明的核心。孔子修礼突破了"礼不下庶人"的藩篱，增强了"礼"的民主性，促进了中华民族整体的文明水平的提升。

由此可见，"礼"是中国传统文化的核心，它的内涵极为丰富，不但建立和体现社会秩序，同时也是人们交往方式的一种指导，是大家必须遵循并且约定俗成的一般行为规范。礼仪在一定程度上是一个国家文明的标志，是精神文明建设的重要内容。

"三礼"
视频

> 【礼仪小知识】
>
> ## "三礼"——中国礼学经典
>
> "三礼"是指《周礼》《仪礼》《礼记》这三本书，是儒家有关"礼"的三部经典。《周礼》讲的是国家制度，《仪礼》讲的是民间行规，那《礼记》其实就是对国家制度和民间行为规范意义的解读。
>
> 《周礼》又叫《周官》，是"三礼"之首，它搜集了周王朝及各诸侯国的官制及制度，以儒家的政治理想加以增减取舍汇编而成，是我国典章制度之本。
>
> 《仪礼》，本名《礼》，记载了我国古代亲族关系、宗教思想、内政外交情形，以及当时的宫室、车马、衣服、饮食等制度，是当时社会生活中士大夫的礼仪规范。
>
> 《礼记》是孔门弟子解释说明礼的理论和行礼的记载。其中既有儒家的经义，又有古代的典章制度。

（二）礼仪的来源

对于礼仪的起源，学术界有多种观点，各得其理。最主流的观点大致可以归纳为两种。

1. 祭祀仪式

"礼，履也。所以事神致福也。"——《说文解字》

有一种观点为多数研究者所认同，即礼仪起源于祭祀仪式。东汉许慎的《说文解字》对"礼"字的解释是："禮，履也。所以事神致福也。从示从豊，豊亦聲。"意思是：礼是履行敬拜活动，用来祭祀神灵的一种庄重的仪式。从造字看，"礼"是会意字，礼的繁体字写作"禮"，左边的"示"表示"神的启示"，右下角的"豆"是古代的一种礼器，右上角的"曲"则表示供奉神明的祭品。人们依制在器皿里盛满美酒等供品，敬拜祖先神灵，以求得到神灵的庇护和赐福。古代的祭祀活动不是随便进行的，它有着规定的方式和程序，必须严格地按照一定的程序和方式来进行。由此可见，"礼"字的本义，是人们给上天供奉物品、祭祀神灵的仪式规制（图1.1）。

图1.1　"礼"字的演变

2. 风俗习惯

人是群居动物，人们在长期的交往活动中，逐渐产生了一些约定俗成的风俗习惯，久而久之，这些风俗习惯就演变成了人与人交际的规范。随着社会的进步，有一些有损于人类健康的蛮风野俗被自觉地放弃了，一些落伍的旧俗被新的风俗取代，还有一些风俗继续留在文化中，这些风俗习惯被人们自觉地延续、遵守，并以文字形式记录下来，就逐渐成为人类社会中固定的礼仪。遵守礼仪，不仅使人们的社会交往活动变得有序，有章可循，同时也能使人与人在交往中更具有亲和力，社会生活更加和谐。

综合以上两种观点，我们认为"礼"起源于原始宗教和风俗习惯，它是群体在形成共同文化的过程中逐渐产生的。《荀子·礼论》云："礼有三本：天地者，性之本也；先祖者，类之本也；君师者，治之本也。"

中国的古代礼仪早在三千多年前的西周时期就已基本成型。到了春秋时期，更是以孔子集其大成，发扬光大。而后又有孟子、荀子等大家不断增益，使得礼仪成为中国社会发展的重要精神支柱。礼仪不仅渗透在人们生活的方方面面，成为维持社会秩序与人际交往的规范与准则，还是治理国家的重要方略，影响着国家的政治制度。直至今天，先哲们所构建的礼仪体系仍一直影响着中国，甚至影响着世界。

二、礼仪的含义及分类

（一）礼仪的含义

在古代，礼仪指的是为敬神而举行的各种仪式。如《诗·小雅·楚茨》中"献酬交错，礼仪卒度"，讲的是古代在酒宴中主宾敬酒交互错杂，礼仪合乎法度。《周礼·春官·肆师》中"凡国之大事，治其礼仪，以佐宗伯"，意思是凡是涉及国家的事务，都应合乎礼仪，用礼仪来辅助宗伯。这一时期对礼仪的基本定义是"致福曰礼，成义曰仪"，由此可知，礼仪是为维护封建统治阶级的社会等级秩序而制定的基本制度和行为规范。

在现代，人们通常"礼仪"连称，是一种待人接物的行为规范，是一种交往的艺术表现，它是人们受历史传统、风俗习惯、宗教信仰、时代潮流等因素影响，在长期的社会交往中形成的。礼仪既为人们所认同，又为人们所遵守，是在建立和谐关系的基础上，各种符合客观要求的行为准则和规范的总和。具体表现在礼貌、礼节、仪表、仪式等方面。

礼貌，是指人们在彼此交往过程中表示尊敬、重视和友好的态度。它是以尊重他人，不侵害他人利益为前提的，是表达人与人之间和谐相处的意念和行为。如尊老爱幼、热情好客、互赠礼物等。

礼节，是指人们在日常交际活动中，相互表示尊重、祝愿、问候、致意、慰问等待人接物方面的形式。如拜访、握手、称呼等。

仪表，是指人的外表、穿着，它主要指外在形象。如容貌、服饰、举止、表情、姿态、风度等。

仪式，是指在一定场合举行的具有专门程序和形式的社会活动。如升旗仪式、奠基仪式、毕业典礼等。

所以，我们可以理解为："礼以正心，仪以正行。""礼"是内在的，是人们对自己和他人尊重的态度，而"仪"是外在的，是人们通过一定的动作、形式等表现出来的"礼"。也就是说"仪"是"礼"的具体表现形式。

（二）礼仪的分类

从适用的对象和适用范围角度来说，礼仪大致可以分为政务礼仪、商务礼仪、服务礼仪、社交礼仪和涉外礼仪几大类。

政务礼仪是指国家公务机关及相关事业单位在内部沟通交流及对外服务，与社会接触时的礼仪标准及原则。政务礼仪是提高服务质量及好评度的重要方法。

社交礼仪是指人们在人际交往过程中所具备的基本素质、交际能力等。社交在当今社会人际交往中发挥的作用越发重要。通过社交，人们可以沟通心灵，建立深厚友谊，取得支持与帮助；通过社交，人们可以互通信息，共享资源，对取得事业成功大有获益。

服务礼仪是指服务人员在工作岗位上，通过工作面貌、服务态度、职业形象、言谈举止等对客户表示尊重和友好的行为规范和惯例。

商务礼仪是指在商务活动中，为了体现相互尊重，需要通过一些行为准则去约束人们在商务活动中的方方面面，其中包括仪表礼仪、言谈举止、书信来往、电话沟通等技巧。

涉外礼仪是涉外交际礼仪的简称，即中国人在对外交际中，用以维护自身形象、对交往对象表示尊敬与友好的约定俗成的习惯做法。

【礼仪小知识】

五礼

中国传统上有"礼经三百，威仪三千"之说。这些礼仪，总体上分为言礼、凶礼、军礼、宾礼和嘉礼五种。

吉礼是指祭祀之礼，古人祭祀，讲求吉祥，所以称为吉礼。

凶礼是指遇到凶事时所行的哀吊礼，如丧礼、吊礼等。

军礼是与战争、军队相关的礼仪。

宾礼为相互交往的礼仪，包括人际交往礼仪和国家之间交往的礼仪。

嘉礼包含的范围比较广，比如饮食之礼、冠礼、婚礼、庆贺之礼等都属于嘉礼，嘉是善的意思，嘉礼就是按照人们心中所向往的美好的东西制定的礼仪，所以称为嘉礼，嘉礼是与我们的日常生活关系最为紧密的礼仪类型。

三、礼仪的核心和原则

（一）礼仪的核心

孟子说："尊敬之心，礼也。"礼仪的实质就是一个字——"敬"，敬人敬己。

纵观礼仪的起源与发展，我们知道，礼仪是人们在长期的社会实践和相互交往中逐渐形成的，包括约定俗成的习惯和传统。在古代，广义的礼仪，既表现为一般的行为规范，又涵盖政治、法律制度，如中国古代传统的"礼制"。近代以来，礼仪范畴开始逐渐缩小，像政治体制、法律典章、伦理道德等内容基本从中分离。在现代，礼仪一般不再是制度，而是人类社会为维系正常生活而遵循的最简单、最起码的交往规范。它是人们在长期交往过程中逐渐形成的，以风俗、习惯等形式固定下来，表达人际友好、尊重并赋予事物以价值的礼节和仪式。礼仪，实际上是由一系列的、具体的、表现礼貌的礼节所构成的，是一个系统而完整的过程。它不是法律所规定的，而是约定俗成的。它既是行为规范，也是人文素养，更是生活艺术。所以，礼仪的核心可以概括为一个字：敬。人的一切文明礼貌的言行举止都源自内心的敬意。礼仪也可以看作是尊敬的一种外在表现形式。

（二）礼仪的原则

歌德曾经说过："一个人的礼仪，就是一面照出他肖像的镜子。"礼仪也有规范和衡量的标准和尺度，礼仪水平的高低，客观反映个人或群体的整体素养和境界。讲礼仪应遵循以下四条原则。

1. 尊重原则

礼仪的核心就是尊重，既尊重他人，也尊重自己。这要求人们在社交活动中，与交往对象要相互尊敬、相互谦让、和睦相处。人际交往中，不管年龄大小、职务高低，都应当受到尊重。对待他人要有敬重的态度，不可失敬于人，不可伤害他人的尊严，更不可侮辱他人的人格。特别是对待自己的下属和晚辈，即使他们做错了事，虽可严厉批评，但切不可表现出任何的不屑和鄙视，否则你也不可能得到他们对你的尊重。生活中我们常说：尊重上级，是一个人的天职；尊重下属，是一个人的美德；尊重所有的人，是一个人的教养。所以人与人之间相互尊重，是人际关系中讲究礼仪的基本出发点。如果遇到对方有意伤害个人尊严，就要坚决维护自己的尊严。

思考：尊重通常分为尊重自己、尊重他人、尊重社会，它们在生活中具体表现形式有哪些呢？

2. 自律原则

个人是礼仪行为的实施者，每个人应当首先"从我做起"，而不能只去苛求别人，自己也要人前人后一个样，才能创造出自然和谐的相处氛围。因此，要加强自身修养，完善个人的人格。在学习、应用礼仪中，最重要的是要自我要求、自我约束、自我检点、从我做起。古人常将"慎独"二字挂在书房，作为一种修身养性的方法。其实，不断地自律就会逐渐形成习惯，所谓"习惯成自然"就是这个道理。养成了良好的习惯，自我约束的感觉就消除了，自律也就成了自觉。

思考：《礼记·大学》："此谓诚於中，形於外，故君子必慎其独也。"所谓"慎独"是什么意思呢？谈谈你的理解。

3. 遵守原则

礼仪是社会生活的行为准则，它反映了人们的共同意识，世界上各民族、各阶层、各党派、各个国家都应当自觉维护、共同遵守礼仪。尤其在公共场所，更要遵守礼仪规范，否则将受到公众的批评和指责。如在马路上，要遵守行人走人行道，骑自行车走非机动车道，遇红灯要止步，见绿灯才通行等规则。在日常交往过程中，要遵时守约，诚恳待人。

思考："礼从宜，始从俗"就是说礼仪的遵守原则。去到某个地方，则要遵守当地的风俗习惯，做到入乡随俗。你知道哪些有趣的民风民俗呢？

4. 适度原则

俗话说"礼多人不怪"，但在实际运用礼仪时，礼多了人也怪。热情过度，礼节繁多，会显得太过迂腐，反而让人反感、厌恶。因此，人际交往中既要合乎规范又要得体适度。例如，招待宾客时，周到地为客人端茶添水，请人就座，这都在情理之中，但如果宾客第一次来访，用餐之后起身告辞，主人却硬要留人夜宿，反而会显得太过热情，让人为难，甚至还会引起对方的反感。

四、礼仪的特征

同一个历史时期，不同国家、民族会有不同的礼仪规范；不同的历史时期，礼仪更会打上时代的烙印。礼仪的内容虽存在地域、时代的差异，但其基本特征却是一致的，主要有以下四个方面。

1. 继承性

礼仪，是人类在长期共同生活和交往中，为维持正常生活秩序而逐渐演变或约定俗成的。在这个过程中，传统礼仪中的那些烦琐、保守、与社会发展不适应的内容被不断摒弃，只有那些体现了人类精神文明和社会进步的精髓才得以世代传承。比如，生活中人们常说的"来而不往非礼也"，说话要谦恭、和气、文雅，仪态要大方、恭敬、从容，仪表要端庄、得体、简洁，对待他人要明爱亲、敬长、尊师、亲友之道等。古往今来，这些优良的传统在古代适用，在当今社会同样也适用，并且已经成为人们生活中的一种习惯和规范。

2. 差异性

礼仪，作为一种共同遵守的行为规范，在实际应用中还要受到时间、环境及不同因素的制约，具有很大的灵活性。任何国家、民族、地区都有其礼仪的特色，这是按照地域和群体来划分的，是礼仪的一个十分重要的特点。一方面它表现了在某个地域中或某类群体中具有共同的礼仪习俗；另一方面又说明地域与地域之间，群体与群体之间的礼仪习俗有不同的地方。各自不同的文化背景和历史原因等多方面因素造成了这种不同，也由此产生了多姿多彩的礼仪文化。比如西方人在见面礼仪中讲究拥抱，甚至亲吻面颊，但东方人大多都是将握手作为见面的礼节。有的地方把抚摸小孩的头当作亲切的表示，而有的地方却认为这是无礼的动作。所以到一个新的地方，最好先了解一下当地的礼仪习俗，做到入乡随俗。

同一种礼仪对不同年龄、不同性别、不同阶层的人也有不同的呈现方式。同样是打招呼，男性之间与女性之间问候的方式会不同，老朋友之间与新朋友之间问候的方式也不同。再比如，同样的话语，站在不同的角度表述也会不同，对年轻人来说可能没有什么，可是对于中老年人来说，就可能会造成伤害；对同性来说很正常，对异性来说可能就失礼了。正因为礼仪存在如此大的差异性，所以要求人们在不同的时间、场合要灵活运用相应的礼仪来展现自己的风采，让对方感觉到舒服，不尴尬。而不是生搬硬套，千篇一律，把礼仪变成一种僵死的教条，那样反而会失礼了。

3. 针对性

人际交往讲究公平公正，一视同仁，但更讲究对等的原则，所谓"投之以桃，报之以李""礼尚往来"。所以，礼仪礼节具有很强的针对性。如公务接待时，应当派出与对方身份、职位基本对等的人员进行接待，迎送人员数量要适宜，不可过多或过少，基本上与对方对等。

4. 规范性

礼仪，是人们在交际场合中待人接物所必须遵守的行为规范。"必须遵守"，就是不能依据个人的意愿随意改变，它已经成为人们彼此交往的"通用语言"，成为衡量他人和判断自己是否自律、敬人的一杆标尺。如果人们能自觉地遵照并维护这一准则，那便是符合礼仪要求；如果总是自行主张，一意孤行，或是一味按照自己的好恶做事，就会给他人造成许多困扰。如别人握手时伸出右手，你偏伸左手；在宴席上，别人都在小口品酒，你却大口喝酒；开会时别人都把手机调到了静音或震动，你的手机铃声却不时响起……这样偏离常规的做法，轻则造成沟通的障碍，使别人不清楚你要表达的意思，重则令人觉得你对他人不敬。所以礼仪具有规范性，一旦约定，必须遵守。

交流拓思

一、张公艺百"忍"巧对唐高宗

史料记载，有家族"父慈子孝，兄友弟恭，夫正妇顺，姑婉媳听"；一日三餐，"鸣鼓会食，群坐广堂"，男女老少各为一班，先食者与后餐者互相礼让，年长者与年幼者上下仁和，饭场气氛一团和气，其乐融融。

这到底是一个什么样的大家庭呢？就让我们一起看看张家的故事。

相传，张公艺家是一户九世同堂的大家庭，享有盛名。唐高宗封禅泰山时，特意绕道寿张，探访张家。唐高宗将所带的兵将隐藏，自己扮作一个道人，前往张家。在路上，唐高宗一连碰到了十几个老汉，但都不是张氏的族长。后来，唐高宗遇上了一个十一二岁的小孩，名叫张公艺，他就是张家的族长。唐高宗很奇怪，为何一个顽童能成为一家之长呢？张公艺答道："这是我家祖传的规矩，因为年轻人在结婚前没有私心，办事公道，可使全家和睦相处。"唐高宗又问："这么大的家庭，你是如何让全家和睦相处的呢？"张公艺取来笔墨纸砚，挥毫写下了一百个"忍"字，唐高宗恍然大悟："忍一忍风平浪静，退一步海阔天空啊！"

随后，张公艺带唐高宗参观张氏庭院。只见有集体就餐的房间，全家人听钟声吃饭；有做衣裳鞋袜的作坊，男女老少统一分配；小孩统一看管，妇女出门探亲，不论谁的孩子，抱起来就走。就连张家养的狗也与众不同：一百只狗，只要有一只不到，其他九十九就不吃食。唐高宗不信，令先藏起一只狗。另外九十九只狗果然都不进食，只"呜呜"呼唤缺席的同伴。

唐高宗有意考验张公艺，从树上摘下一个梨，令他将梨分给全家人都尝尝。张公艺思索片刻，计上心头。他用石臼将梨捣碎，倒入水缸里，让每个人都喝一口水，这样全家人都吃到了梨。

讨论：你知道张公艺一家九世同堂的奥秘吗？

二、一分钟读懂什么是家风

家风又称门风，是给家中后人树立的价值准则。在春秋战国时期，家庭教育的经验常常反映在一些名人学者的哲学、政治学、伦理学著作之中。家风家训，是中华民族传统美德，指引人们传播正能量。古代人把家风总结为五常八德，五常：仁义礼智信；八德：忠孝仁爱信义和平。

中国历史上有很多名人的家风家训令人称道。如：朱子家训："宜未雨而绸缪，勿临渴而掘井，一粥一饭，当思来处不易；半丝半缕，恒念物力维艰。"颜氏家训："积财千万，不如薄技在身，仕宦不可过两千石，婚姻勿贪世家。"庞氏家训："观人家起卧之早晚，而知其兴衰。"

普通百姓的家风：杭州退休老人：孝顺，要和气；山西晋中后沟村村民：不招风惹事；天津年货摊老板：厚道，诚实；台湾杂货食铺老板：正直和守法。

讨论：谈谈你对家风的理解？你家的家风家训是什么？

三、了解"活着的中华礼仪"

任务目标：① 通过查阅资料，了解我国主要的礼仪书籍有哪些。

② 通过询问长辈，了解我们生活中有哪些大的礼仪仪式。

任务分享：① 与大家分享你了解的中华礼仪。

② 你了解的礼仪活动中，你认为哪个礼仪活动最有意思？

礼仪之邦
手势舞

评价考核

目标达成考核表

内 容		评 价	
学习目标	评价内容	小组评价 （5、4、3、2、1）	教师评价 （5、4、3、2、1）
德	开启知礼、习礼、行礼、尚礼的学习意识		
	感受中华优秀传统文化之美		
知	了解礼仪的起源、发展及意义		
	学习礼仪的内涵和原则		
	学习礼仪对于个人的作用和意义		
行	关注身边的礼仪现象，用正确的方法观察各种礼仪，分析其背后的意义		
	理论联系实际，由己及人，正确践行礼仪文化		
努力的方向：		建议：	

西方礼仪的起源

在西方，礼仪一词，最早见于法语的Etiquette，原意为"法庭上的通行证"。但它一进入英文后，就有了礼仪的含义，意即"人际交往的通行证"。西方的文明史，同样在很大程度上表现着人类对礼仪追求及其演进的历史。人类为了维持与发展血缘亲情以外的各种人际关系，避免"格斗"或"战争"，逐步形成了各种与"格斗""战争"有关的动态礼仪。如为了表示自己手里没有武器，让对方感觉到自己没有恶意而创造了举手礼，后来演进为握手。为了表示自己的友好与尊重，愿在对方面前"丢盔卸甲"，于是创造了脱帽礼等。在古希腊的文献典籍中，如苏格拉底、柏拉图、亚里士多德等先哲的著述中，都有很多关于礼仪的论述。中世纪更是礼仪发展的鼎盛时代。文艺复兴以后，欧美的礼仪有了新的发展，从上层社会对遵循礼节的烦琐要求到20世纪中期对优美举止的赞赏，一直到适应社会平等关系的比较简单的礼仪规则。

礼仪作为人类物质文明和精神文明进步的产物，其本质是文化，是一种文化的特殊形态。由于各个国家，特别是西方国家与中国所处的地理环境不同，历史发展状况不同，生产方式和社会制度不同，宗教信仰和传统习俗不同，民族心理品质和思维方式不同，语言文字和价值观念不同，因此形成各具特色的礼仪文化。西方礼仪基本特色主要有4个方面：一是女士优先（"Ladies First" principle），二是尊重隐私（Respect of privacy），三是表露坦诚（Low context culture），四是宗教色彩（Religion orientation）。

任务二　个人修养与礼仪

文化传承

君子之修身也，内正其心，外正其容。

——欧阳修《左氏辨》

扫二维码
看翻译

【赏析】

修养是文化、智慧、善良和知识所表现出来的一种美德，是崇高人生的一种内在力量，也是一个人综合能力与素质的体现，判断一个人道德修养的高低，思想端正自是一个重要标准，而容貌仪表也是一个不容忽视的方面，很难想象一个蓬首垢面、衣冠不整的人有很高的修养。

教学目标

德　①激发学生学习兴趣；

　　②提高个人修养和礼仪水准，使之固化为习惯，强化大学生文明行为，提高文明素质；

　　③引导学生树立中西文化互鉴的观念。

知　①了解礼仪与个人修养的关系；

　　②掌握学习礼仪对大学生的作用和意义。

行　①关注身边的礼仪现象，用正确的方法观察、分析有关礼仪的事件；

　　②从物质、社会、精神三个维度客观地认识自己。

课堂导入

君澜酒店"更多的关爱"服务

在海南的君澜酒店，客人走的时候跟服务员说："你千万别把我的微信删掉，我还要回来。这件事情给我留下了非常深的印象，我觉得酒店经营管理中最重要的方面不仅仅是卖产品给客人，而是让客人替你卖。"在君澜"更多的关爱"最佳实践活动分享会上，君澜酒店集团总裁王建平在主旨演讲中分享了君澜以"更多的关爱"核心服务理念，让宾客在君澜饭店感受不一样的产品服务体验，以及对最终目标"内化于心，外化于行"的不断追求。

服务模型框架：君澜服务模型由三部分构成：屋顶、支柱和基石（图1.2）。

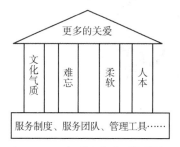

图1.2　君澜"更多关爱"服务

屋顶——"更多的关爱"，是君澜核心服务理念，是君澜服务体系的宗旨。

支柱——"文化气质、人本、柔软和难忘"，是君澜服务导则，是君澜服务想要传递给客人的感知。

基石——君澜服务的基础，是君澜服务的支撑体系，包括"服务制度""服务团队""管理工具"以及其他能够保障君澜服务品质的内容。

以文化气质的服务礼仪为例，世贸君澜大饭店"念一阁"的万福礼，与周边的中式家具、茶具相得益彰，非常契合品茶论道的茶室环境；七仙岭君澜度假饭店的"黎族欢迎仪式"让客人一到酒店就充分感受到酒店特有的热情和地方特色。

我们所熟知的酒店礼仪局限于微笑、手势、问候等，但面对消费转型的今天，消费者入住酒店不再仅仅满足于基础的服务，想让顾客产生深刻难忘的感受，需要从多层面突破，例如君澜"更多的关爱"服务理念，不是简单提高对客人服务标准，更是在充分了解客人消费诉求的基础上，酒店对产品、场景、体验和内部管理的一次升级。

在提倡民族文化自信的今天，酒店行业对于服务的追求，不应仅仅停留在基础服务上，更应该凭借对中国式服务业和本土文化的深刻理解，将"中国各地地域文化、民族文化和特色文化"有机结合，让中式文化礼仪渗透到每一个酒店人的身上，真正做到以"礼"随行。例如在中国传统文化中，递送物品时，上对下，有关照、爱护之意，下对上，则有尊重、敬佩之意。递送菜单一般站在客人座位的左侧点头微笑双手递上，右手在上、左手在下，打开菜单的第一页递给女宾或长者；递送尖锐物品应尖刃内向。君澜正是对各种看似简单的传统礼仪的深刻细化，才逐步使得君澜作为民族品牌深入人心。

思考： 随着消费的转型升级，我们所熟知的基本礼仪现在是否还能打动顾客，让顾客记忆深刻且难忘？2020年的两会期间，国家层面从握手礼变成了拱手礼，在中国民族文化自信的今天，现在的酒店业仍延续着一直以来的西方习惯，我们是否应该思考如何坚守初心，让中国文化在酒店行业融合出新的魅力？

精讲点拨

到底什么是"修养"呢？从字面上讲，"修养"一词由"修"和"养"两个字组成。用古人的话讲："修犹切磋琢磨，养犹涵养熏陶。"意思就是说，"修"如同"切、磋、琢、磨"一样都是加工产品的工艺。而"养"则是"涵养熏陶"的意思，是指一个人受到一种思想、品行、习惯的长期濡染而趋同化。所以，修养最基本的含义就是指一个人经过学习、锻炼，得以提高，从而达到和保持某一境界。

实际上，修养的内涵是很广的，包括人的思想品德、知识技能、人生态度、为人处世等方方面面。它是人们的道德品质和文明程度经过长期锻炼和培养所达到的水平和境界，是人们修身养性、自我教育、自我改造，反省自新、陶冶品行和涵养道德的结果。

修养是文化、智慧、善良和知识所表现出来的一种美德，是崇高人生的一种内在力量，也是一个人综合能力与素质的体现，修养美到底包含哪些内容呢？我们应该从哪些方面来提升自身的修养呢？

一、修养的内涵

（一）思想修养

一个人可以没有华丽的外表，但不可以没有思想和智慧。深厚的思想修养体现在以下三个方面。

1.高尚的道德情操

（1）诚实守信

"诚"与"信"这一组合，形成了一个内外兼备，具有丰富内涵的词汇，其基本含义是指诚实无欺，讲求信用，千百年来，诚信被中华民族视为自身的行为规范和道德修养，形成了其独具特色并具有丰富内涵的诚信观。这样的诚信观在当今的市场经济和构建社会主义核心价值体系中具有极其重要的道德作用。

1985年，海尔从德国引进了世界一流的冰箱生产线。一年后，有用户反映海尔冰箱存在质量问题。海尔公司在给用户换货后，对全厂冰箱进行了检查，发现库存的76台冰箱虽然不影响冰箱的制冷功能，但外观有划痕。时任厂长的张瑞敏决定将这些冰箱当众砸毁，并提出"有缺陷的产品就是不合格产品"的观点，在社会上引起极大的震动。作为一种企业行为，海尔砸冰箱事件不仅改变了海尔员工的质量观念，为企业赢得了诚信经营的美誉，而且引发了中国企业质量竞争的局面，反映出中国企业质量意识的觉醒，对中国企业及全社会质量意识的提高产生了深远的影响。

【礼仪小故事】

立木为信

春秋战国时期，秦国的商鞅在秦孝公的支持下主持变法。当时处于战争频繁、人心惶惶之际，为了树立威信，推进改革，商鞅下令在都城南门外立一根三丈长的木头，并当众许下诺言：谁能把这根木头搬到北门，赏金十两。围观的人不相信如此轻而易举的事能得到如此高的赏赐，结果没人肯出手一试。于是，商鞅将赏金提高到50金。重赏之下必有勇夫，终于有人将木头扛到了北门。商鞅立即赏了他五十金。商鞅这一举动，在百姓心中树立起了威信，而商鞅接下来的变法就很快在秦国推广开了。新法使秦国渐渐强盛，最终统一了中国。

（2）谦恭虚心

俗话说："满招损，谦受益。"人不能没有自信心，但自信并不等同骄傲。骄傲是前进路上最大障碍，总是会怂恿人对镜自赏，扬扬得意，自我感觉超过现实。这种感觉就像是无知、傲慢、偏激的同义词，与积极进取，朴实谦恭完全背道而驰。因此，我们要善于正视自己的优缺点，无论人家如何夸赞你，自己的心里都要保持谦虚，因为金无足赤，人无完人，人们之所以会赞誉你，多半是希望你能从中汲取经验，多方面进行自我反省和教育，努力使自己做得更好。

【礼仪小故事】

孔子谦恭以行己

孔子对自己的行为举止要求非常严格。每次上朝，他都低头弯腰，他站立时不挡在门中间，行走时不踩门槛。议政的时候，也低头弯腰，恭敬地站立，屏住呼吸、大气不出。他的一举一动都体现了他谦卑和恭敬的态度。体现出对礼的维护。他的谦恭，不仅是对尊长，也是对自己所要参与的政务的敬重。

（3）刚强正直

刚强正直的品性总是被睿智者和成功者所推崇，他们表现为坚持不懈，一心一意地追逐自己的目标，体现坚韧不拔的精神和毅力。

正直刚强的人内心都是抗震的，有一种超然物外的平静，即使受到挫折或者不公平的待遇，他们也同样不会放弃生活，放弃热情。文天祥的"人生自古谁无死，留取丹心照汗青"的坚守，弘扬着爱国、报国之心；于谦的"粉身碎骨浑不怕，留得清白在人间"的坚守，张扬着纯洁正直之心；陆游的"王师北定中原日，家祭无忘告乃翁"的坚守，传递着"要和平不要战争"的夙愿；孙中山的"革命尚未成功，同志仍须努力"的坚守，激励着一代又一代的革命党人前仆后继。坚守自我，让他们的生命充满着满腔的激情与无穷的动力，也让他们在历史上熠熠生辉。

（4）善良温厚

善良的品格可以让彼此以最简单、自然的方式进入人际交往的领域，为人格魅力增添一抹亮丽的色彩。

勿以善小而不为，每个人难以做到日行一善，但可以做到尽力而为。上要孝敬父母，下要保护弱小，真诚地对待自己的朋友，即使对待动物也同样要有爱心。当他人遇到困难或者不愉快的事情时，要尽可能地给予力所能及的帮助和关怀。真正的朋友不是锦上添花，而是雪中送炭。

"感动中国"2020年度人物——叶嘉莹，20世纪70年代已是多所名牌大学教授，她愿不要任何报酬回国教书。如今，90多岁高龄的她仍坚持讲学，还捐出3 500多万元支持中华优秀传统文化研究。她用一生培养了大批中国传统文化和古典文学人才。叶嘉莹说："人的精神品格能够提升，提升以后，他就有他自己内心的一份快乐。他不会每天总是为追求现实的那一点金钱之类的东西而丢掉人生最宝贵的价值。"

2. 积极的进取精神

人类历史的车轮向前驶进，社会瞬息万变，处处充满竞争，稍有松懈就会被时代淘汰，这就需要我们时刻保持一颗积极进取的心。积极进取是一种人生态度，更是一种做事方式。它能及时修正每个人对自我的认识，正确对待周边环境，从而在人生道路上走得更自信。

20世纪80年代，女排以拼搏精神赢得五连冠，成为当时中国人的模范和骄傲。三十多年来，女排魅力不衰，粉丝遍中华，纵跨几代人。2019年国庆前夕，中国女排以十一连胜的骄人战绩赢得2019年女排世界杯，这也是中国女排第十次荣膺世界大赛冠军。女排姑娘的成就，显露出祖国至上、顽强拼搏、胜不骄败不馁的英者风范，也成为中华民族屹立于世界民族之林的生动见证。三十年拼搏不息，几代人热泪盈眶。在低谷中奋起，从不放弃，面对强敌，永不言败。她们的身影是民族性格的缩影，她们的脚步是国家成长的历程。

3. 乐观的人生态度

众多成功者不一定都拥有像爱因斯坦那样超常的智商，大多也没有特殊的机遇和优越的条件，可他们都是历经坎坷，命运多舛，在不幸的境遇和屡次失败中始终保持着乐观向上的心态，奋起前行的人。

法国作家罗曼·罗兰曾说："一个人如果能让自己经常维持像孩子一般纯洁的心灵，用乐观的心情做事，用善良的心肠待人，光明坦白，他的人生一定比别人快乐得多。"中国也不乏"乐人之乐，人亦乐其乐；忧人之忧，人亦忧其忧"。周文王拘于菱里推演出《周易》，仲尼因厄之时写出《春秋》，屈原被放逐仍矢志不渝作成《离骚》。这些事迹清楚地告诉我们，痛苦并非不可以逾越的山峰，之所以停滞不前，是因为我们在困难的磨砺中丢失了那些忍辱负重、战胜痛苦的决心。司马迁虽身受极刑但仍坚强地活着，面对挫折他忍受痛苦及世人的眼光，终于造就了"史家之绝唱，无韵之离骚"的传奇巨作。

因为有了乐观，才有了风雨后亮丽的彩虹；因为有了乐观，才有了百年参天的大树。乐观，抒写奇特的生命；乐观，成就美丽的人生。在这个到处充满着激烈竞争的社会，自怨自艾、自暴自弃的人只会被社会淘汰，必须勇敢地面对现实，接受挑战，做一名乐观开朗、积极进取的新时代大学生。

（二）文化修养

学习和积累知识是取得成功的基础，是人一生最有价值的财富。俗话说：知识改变命运。古往今来，凡是立于事业巅峰的人，都必定有渊博的知识为他们搭设成功的阶梯，凡能成为名人、伟人的人，无不是知识底蕴深厚、学问渊博的人。作为当代大学生，要加强自身文化修养，坚持学习，以人为师，才能让自己更充实、更睿智。

1. 渊博的人文知识

人文知识，即文、史、哲、艺术等方面的科学知识，它能提高人的修养，提升人的气质，锻造人的品格。提高人文素质关键在于加强以下三个方面的学习。

（1）了解源远流长的民族精神

中国五千年的历史文化浩如烟海，中国人用自己的勤劳和智慧，缔造了强汉盛唐、康乾盛世等辉煌的过去，引领世界风骚数百年。有"先天下之忧而忧，后天下之乐而乐"的范仲淹，有"精忠报国"的岳飞，有"苟利国家生死以，岂因祸福避趋之"的林则徐，有以"警世救国"自我鞭策、三易其志的鲁迅，也有"为中华之崛起而读书"的周恩来。这都凝聚了以爱国主义为核心的伟大民族精神，这些气节和德行，都是中华民族精神的瑰宝，我们必须世代传承。

（2）掌握公民基本的职责义务

青年学子作为社会的一员，要有社会责任感、使命感，要树立正确的法制观念和社会公德意识。既要依法行使法律赋予的权利，也要履行法律赋予的义务，形成正确的公民意识，在享有个人所拥有的权利时，不忘尊重和承认他人的合法权益，不忘履行对国家、对社会、对他人的义务和责任。

（3）强化集体主义观念

中国的传统文化是以"和"为贵，在个人与集体、个人与家庭、个人与个人的关系处理方面留下了丰富的经验，这些经验对处理人与社会的关系、人与人之间的关系都有很大的启迪。作为社会的一员，要想取得成功，必须具有团结协作的精神，必须具有集体主义观念，融洽各种关系，为构建和谐社会而努力。

2. 务实的科学精神

科学精神的核心就是四个字：求真务实。对于求真务实精神和作风，习近平总书记有过很多生动的论述，比如"空谈误国、实干兴邦""一分部署，九分落实""发扬钉钉子精神"等。习近平总书记强调，要从实际出发谋划事业和工作，使点子、政策、方案符合实际情况、符合客观规律、符合科学精神，不好高骛远，不脱离实际；"社会主义不是喊出来的，是实实在在干出来的"；中国改革开放近40年来所创造的奇迹，靠的就是求真务实、真抓实干。

但总有些人，以科学的名义做着有悖于科学的事情，以科学的名义干着阻碍经济社会持续稳定发展的勾当，某院士论文抄袭，某学者学术造假，某种伪科学盛行，某大学生只顾赚钱、不顾学业等，都折射出了某些人科学道德、科学素养的缺失。

3. 扎实的专业功底

我们之所以努力拼搏，认真学习，为的就是厚积而薄发，创造并实现自己的人生价值。而人生价值的实现必须要具备一定的客观条件，例如解决吃、穿、住、行这些人们赖以生存的物质条件。如何凭借自己的力量来实现呢？那就是要参加社会实践，而参加社会实践的敲门砖就是我们扎实的专业功底。另外，在社会竞争如此激烈的今天，如果没有扎实而过硬的专业功底，根本无法在社会上立足，更不要说实现远大的理想了。所以，扎实的专业功底就是我们有力的竞争武器。首先，要培养自己对本专业的兴趣爱好。其次，要多读书，读好书，尤其是和自己专业有关联的书籍，争取将自己打造成"专家"与"杂家"。最后，多参加实践活动，将理论与实践结合起来。"纸上得来终觉浅，绝知此事要躬行"，我们应学以致用。

（三）审美修养

现代精神文明不仅要求人们在追求内心真、善、美的同时，还要具有较高的法律意识、公民道德、行为操守，而其中较为重要的是还需要具备较高的审美修养。一个国家或民族如果缺乏对美的追求，那么这个国家或民族是不可能创造出灿烂的物质文明和精神文明。如果一个人缺乏对美的渴望，就无法摆脱粗俗，也绝不可能迈向现代文明，融入当今这个日新月异的现代社会。培养审美修养可以从以下三个方面着手。

1. 增强审美意识

任何的审美活动都离不开审美对象和审美主体，在具体的审美活动中，个体审美素养的高低决定了审美活动成功与否。在审美素养的培育中，最重要的层面就是审美意识的培养，有人说：世上本不缺乏美的事物，而是缺少发现美的眼睛。

2. 把握审美标准

人们在审美的过程中往往会出现"仁者见仁，智者见智""深者见深，浅者见浅"的现象。那么这个"仁""智""深""浅"又是通过什么标准来衡量和评价的呢？其实，这种现象的产生都是基于各人自己的生活基础和心理背景，每个人的心里都有衡量、评价对象审美价值的尺度，它受一定社会历史条件、文化心理结构和特定审美对象的特质所制约，既有主观性和相对性，也有客观性和普遍性。

审美具有一定的道德标准。道德修养是制约审美的主导因素，没有较高的道德修养就不会有较高的审美素养。

审美具有一定的文化标准。审美不仅需要高尚的道德修养，还需要具备一定的文化素养。审美活动可以说是一种受制于文化意识的心理活动，因为它必然包含着一个"刺激—反应"的过程，即外在的事物通过人的感官，刺激人的大脑皮层，人的大脑做出一定的反应，而反应的结果必然受文化意识的影响和规范。

3. 提高审美能力

对于个人来说，审美能力不是先天就有的，而是在后天的生活、学习、审美实践过程中逐步培养发展起来的。审美能力的提高是知识的积累和不断的实践才能实现的，那么，如何提高审美能力呢？

首先，要加强对美学知识的学习，增强审美知识储备，明确什么是美，为什么要审美，这样才能为审美能力的提高奠定基础。

其次，要树立正确的审美态度，它是一个人在进行审美活动中所秉持的观点和看法，因此这就要求我们要摆脱庸俗的功利心，用眼睛、用心去观察周围的世界。这样，才不至于偏离人生的方向，看到的才是真实的世界。

再次，要坚持用真诚、诚实、善良的心态去审美，因为审美活动本身就是一种情感的体验，这就要求我们要怀着一颗敬畏的心，秉持谦逊的态度和自信的目光去看待周围缤纷的世界，看待社会现象中的真善美和假恶丑。

最后，要注重提高自身的道德和文化修养，美丽不仅反映在外表，也是心灵和情感的升华，这就要求自己在平常多加强对艺术作品的欣赏，如书法、舞蹈、歌剧等，逐步积累审美经验，善于观察生活，在点点滴滴中逐步提升。还要时刻保持健康向上的心态和整洁的外表，在追求高雅格调的同时，不断完善自我。

二、礼仪与修养的关系

礼仪是对礼节、礼貌和仪式的统称，是一个人、一个民族、一个国家文化修养和道德修养的外在表现形式。从国家和民族的角度而言，礼仪是一个国家、一个民族社会风貌、道德水准、文明程度、公民素质的重要标志。从个体的角度而言，礼仪是一个人思想觉悟、道德修养、精神面貌和文化教养的综合反映，是一个人在工作及交际活动中仪容、仪表、仪态、举止、言谈等所体现出来的特定的风格，是一种外在形象和风度。

修养是一种气质，是一个人的内涵由内而外的体现。气质，是心理学范畴的概念，是人的心理活动中典型的、稳定的个体动力特征，它不是短时间能提高的，需要长年累月的积累。

内心持敬，行为有度，这就是德行修养，这就是个人文明的体现，这是习礼守礼才能做到的。知礼不知仪则行不出，知仪而不涵其礼则德不见。所以礼仪的作用是"以礼正心，以仪正形"。透过一个人在社会生活中礼仪规范的程度，可以察知其修养程度和道德水准，彰显一个人的品位和价值。具有良好个人修养的人，往往在人群中是最具个性和人格魅力的人，因为他一定会呈现出从容淡定，优雅得体的外在形象，所谓"腹有诗书气自华""慧中才能秀外"就是这个道理。

三、学习礼仪的意义

对于个人来说，现代礼仪是一个人的思想修养、道德水平、文化素质、交际能力的外在表现，对于社会来说，现代礼仪是整个社会的文明习惯、道德风尚和生活习俗的反映。

（一）传承优秀传统文化

文明古老的中华民族以聪颖的才智和勤奋的力量创造了人类历史上最灿烂的文化，中华民族素以"礼仪之邦"著称于世。几千年来，各族人民创造了独具特色的礼节，仪式、风尚、习俗、节令、规章和典制等，并为广大人民所喜爱、沿袭，这些礼仪习俗反映了中华民族的传统美德与优良品质，勾画了中华民族的历史风貌。

礼仪是中华民族的传统美德，从古至今，源远流长。我国古代思想家、教育家们十分重视"礼"的教育，从孔子的"不学礼，无以立"到我国最早也是最重要的礼仪论著"三礼"中的"出告反面""遭先生于道，趋而进""从于先生不越路"等再到我国流传时间最长、范围最广、影响最大的一本启蒙教材《三字经》中的"为人子，方少时，亲师友，习礼仪"等有关礼仪的内容都是十分广泛和具体的。

在我国历史上还流传着许多讲究礼仪的佳话，如廉蔺交好（尊老敬贤）、程门立雪（尊师重道）、管鲍之交（交友之道），这些故事脍炙人口，妇孺皆知，对今人仍有很大的教育意义。

可见，讲究礼仪并按照礼仪要求规范我们的行为，对传承我国优秀传统文化具有十分重要的作用。

（二）内强素质，外塑形象

礼仪必须通过学习、培养和训练，才能成为人们的行为习惯。每一位社会成员都有义务和责任，通过学习礼仪、传承礼仪，自然而然地成为这个民族和团体的一员。个人文明礼仪一旦养成，必然会在社会生活中发挥重要的作用。

1. 礼仪是个人美好形象的标志

礼仪是一个人内在素质和外在形象的具体体现；礼仪是个人心里安宁、心灵净化、身心愉悦、增强个人修养的保障。礼仪的核心是倡导人们要修睦向善。当每个人都抱着与人为善的动机为人处事，以文明市民的准则约束自己时，那么，所有的人都会体验到心底坦荡、身心愉悦的心情。

2. 礼仪是人际关系和谐的基础

社会是不同群体的集合，群体是由众多个体汇合而成的，而个体的差异性是绝对的，例如：性别、年龄、贫富等。礼仪是社会交往的润滑剂和黏合剂，会使不同群体之间相互敬重、相互理解、求同存异、和谐相处。

3. 礼仪是家庭美满和睦的根基

家庭是以婚姻和血缘为纽带的一种社会关系。家庭礼仪可以使夫妻和睦、父慈子孝、家庭幸福。

4. 礼仪是事业发展的关键

职业是人们在社会上谋生、立足的一种手段。讲究礼仪可以帮助人们实现理想、走向成功，可以促进全体员工团结互助、敬业爱岗、诚实守信，可以增强人们的交往和竞争实力，从而推动各项事业的发展。

5. 礼仪是社会文明进步的载体

礼仪是中华优秀传统文化的核心，要继承弘扬祖国优秀的传统文化，加强社会主义精神文明建设，文明礼仪宣传教育是其中重要的一项内容。

四、文明礼仪养成的途径

文明礼仪是指一个人在社会交往实践活动中，根据一定的现代礼仪原则和规范，自觉地进行学习和训练，以使自己养成一种时时事事按礼仪要求待人接物的行为习惯的具体过程，它不仅指对礼仪的学习、练习，还包括将所习之礼培养成一种习性或者说是品性的过程，非一朝一夕可练就。因此，文明礼仪的养成需要经历知礼—习礼—行礼—尚礼四个阶段。

1. 知礼——知晓礼仪知识

在明确礼仪重要性的基础上，最要紧的就是必须树立长久的学习礼仪知识的意识，处处留心，时时经意，礼仪是一个社会文化沉淀的外显方式，经历了传承、变异的过程，它的形成首先便是个体的"社会化"的过程。

因此，养成良好的文明礼仪习惯首先要知晓礼仪知识，然后不断地学习、摸索并逐渐地总结经验而形成。

2. 习礼——练习礼仪规范

要使礼仪规范变成自觉的行为，要有意识地摒弃不合礼仪的旧习惯，练习礼仪规范，养成遵从礼仪的新习性。习性是一个人行为方式的自动化，是不需要多加思考和努力就可以表现出来的行为方式，它受人的性格核心层和中介层的支配与制约。一个人的行为习惯是其观念、态度、下意识的表现。习性一旦形成，便具有一定的稳固性，但通过努力练习可以使之改变。因此，不该以"习惯成自然"为由姑息迁就那些不合礼仪的坏习惯，而应从思想观念上重视，加强"礼仪意识"，牢记坚强的意志是保证实现礼仪规范的精神力量。

因此，在学习礼仪的过程中，要勤于练习礼仪规范，通过严格的训练掌握调节行为的能力，从而养成良好的行为习惯。

3. 行礼——运用礼仪知识

培养遵从礼仪的行为，礼仪教育的综合结果就在于使人们养成良好的礼仪行为，也就是使人们在交际活动中对于礼仪原则和规范的遵从成为一种习惯的行为，衡量礼仪教育的效果如何，主要不是看受教育者了解了多少有关礼仪的书本知识，而是看他在交际活动中的行为是否符合礼仪规范的要求，是否能够促进交际活动顺利地进行。

因此，我们应从大处着眼，小处着手，寓礼仪于细微之中，在实际生活和工作中运用礼仪知识，提升个人内涵和修养。

4. 尚礼——传播礼仪文化

"礼"是中国传统文化的核心。礼仪是以传统文化深厚内涵为依托的文化载体，其传播方式具有弘扬和继承优秀传统美德的指向。因此，只有在完全理解礼仪的内涵基础上练习礼仪规范，运用礼仪知识，知行合一，才能热爱礼仪文化，传播礼仪文化之美。

交流拓思

一、自我认知——学习礼仪的前提

自我认知也叫自我意识，或叫自我，是个体对自己存在的觉察，包括对自己的行为和心理状态的认知，即自己对自己的认识。它具体包括认识自己的生理状况（如身高、体重、体态等）、心理特征（如兴趣、能力、气质、性格等）以及自己与他人的关系（如自己与周围人们相处的关系，自己在集体中的位置与作用等）。

讨论：

① 谈谈自我认识和礼仪的关系。

② 从三个方面进行自我认识。

二、修养是第一课

有一批应届毕业生22个人，实习时被导师带到北京的国家某部委实验室里参观。全体学生坐在会议室里等待部长的到来，这时有秘书给大家倒水，同学们木然地看着她忙活，其中一个还问了句："有绿茶吗？天太热了。"秘书回答说："抱歉，刚刚用完了。"林然看着有点别扭，心里嘀咕："人家给你水还挑三拣四。"轮到他时，他轻声说："谢谢，大热天的，辛苦了。"秘书抬头看了他一眼，满含着惊奇，虽然这是很普通的客气话，却是她今天唯一听到的一句关怀的话语。

门开了，部长走进来和大家打招呼，不知怎么回事，静悄悄的，没有一个人回应。林然左右看了看，犹犹豫豫地鼓了几下掌，同学们这才稀稀落落地跟着拍手，由于不齐，越发显得零乱起来。部长挥了挥手说："欢迎同学们到这里来参观。平时这些事一般都是由办公室负责接待，因为我和你们的导师是老同学，非常要好，所以这次我亲自来给大家讲一些有关情况。我看同学们好像都没有带笔记本，这样吧，王秘书，请你去拿一些我们部里印的纪念手册，送给同学们作纪念。"接下来，更尴尬的事情发生了，大家都坐在那里，很随意地用一只手接过部长双手递过来的手册。部长脸色越来越难看，来到林然面前时，已经快要没有耐心了。就在这时，林然礼貌地站起来，身体微倾，双手握住手册，恭敬地说了一声："谢谢您！"部长闻听此言，不觉眼前一亮，伸手拍了拍林然的肩膀问道："你叫什么名字？"林然照实作答，部长微笑点头，回到自己的座位上。早已汗颜的导师看到此景，才微微松了一口气。

两个月后，同学们各奔东西，林然的去向栏里赫然写着国家某部委实验室。有几位颇感不满的同学找到导师："林然的学习成绩最多算是中等，凭什么推荐他而没有推荐我们？"导师看了看这几张尚属稚嫩的脸，笑道："是人家点名来要的。其实你们的机会是完全一样的，你们的成绩甚至比林然还要好，但是除了学习之外，你们需要学的东西太多了，修养是第一课。"

讨论：案例给你带来什么启示？

三、诗词鉴赏

和董传留别

（宋）苏轼

粗缯大布裹生涯，腹有诗书气自华。

厌伴老儒烹瓠叶，强随举子踏槐花。

囊空不办寻春马，眼乱行看择婿车。

得意犹堪夸世俗，诏黄新湿字如鸦。

讨论：请你谈谈诗句中"腹有诗书气自华"的含义？你认为现代人应该从哪些方面提升自我修养？

评价考核

目标达成考核表

内　容		评　价	
学习目标	评价内容	小组评价 （5、4、3、2、1）	教师评价 （5、4、3、2、1）
德	提高个人修养和礼仪水准，使之固化为习惯		
	强化个人文明行为，提高文明素质		
	树立中西文化互鉴的观念		
知	了解礼仪与个人修养的关系		
	掌握学习礼仪对大学生的作用和意义		
	理解学习礼仪的途径		
行	关注身边的礼仪现象，用正确的方法观察、分析有关礼仪的事件		
	从物质、社会、精神三个维度客观地认识自己		
努力的方向：		建议：	

拓展阅读

欧洲贵族精神的核心——骑士精神

贵族（Aristocrats），在古希腊语中是"最优秀的（aristos）"一词的派生词，意为贤德之人。柏拉图、亚里士多德等希腊思想家都把贵族定义为道德高尚、举止高雅的人。而贵族精神，与权力和财富无关，是一个人的教养、责任和自由精神。教养，是对道德精神、高贵品质、人格修养的传承和践行；责任，不仅仅是契约精神和自我担当，还有对国家、社会、平民的责任意识；而自由，是反对被强权、黑暗而改变自我的一种态度，并秉持着富有正义感的"骑士精神"。

骑士精神基本包括八个核心，即：谦卑（Humility）、荣誉（Honor）、牺牲（Sacrifice）、英勇（Valor）、怜悯（Compassion）、诚实（Honest）、公正（Justice）、灵魂（Spirituality）。

在西方的文化传统中，中世纪的骑士精神对现代欧洲的民族性格的塑造起着极其重大的作用。它构成了西欧民族中所谓的"绅士精神"，形成了现代欧洲人对于个人身份和荣誉的注重，对于风度、礼节和外表举止的讲究；对于崇尚精神理想和尊崇妇女的浪漫气质的向往；以及恪守公开竞赛，公平竞争的Fairness精神品质。总之，它使现代欧洲人民族性格中既含有优雅的贵族气质成分，又兼具信守诺言，乐于助人，为理想和荣誉牺牲的豪爽武人品格。

中国也有同样的贵族以及这样的贵族精神，集中在春秋时期。春秋时代的战争法则，就是中世纪欧洲的骑士精神。这种贵族体系，在西周之后的几百年中渐渐褪色。但是高尚的精神，是不会被磨灭的。从古到今，很多圣贤之人，无论身处怎样的泥淖之地，都一直保持初心，不同流合污，坚守到底。他们尊重了自己的内心，尊重了自己的一生。

学习项目二　个人礼仪

任务一　妆容礼仪

凡人之所以为人者，礼义也。礼义之始，在于正容体、齐颜色、顺辞令。容体正，颜色齐，辞令顺，而后礼义备。

——《礼记·冠义》

扫二维码
看翻译

【赏析】

　　礼仪是人际交往中的一种文明、一种美德、一种修养。一个有道德、有教养、有尊严的人，不能不讲究礼仪。而礼仪又不是一种空泛、抽象的概念，它十分具体、形象地体现在人们的生活之中，体现在人们的音容笑貌、言谈举止之中。一个有良好修养的人，一定是体态端正、服饰整洁、表情庄敬、言辞得体。古人认为："先正衣冠，后明事理。"因此，注重自己的仪容整洁，是首先要上的一课。

教学目标

德　①深刻理解中华优秀传统文化思想精华，传承中华文脉；
　　②追求仪容自然美、修饰美、内在美的自然融合，树立正确的审美观及自信乐观的人生态度；
　　③培养学生内修涵养、外塑形象，践行社会主义核心价值观，具备较好的职业素养和职业精神。

知　①理解仪容美的内涵；
　　②熟悉服务行业规范对员工仪容的总体要求；

③掌握化妆的基本原理。

行　①运用所学知识结合App找到适合自己的发型和妆容；

②掌握服务行业仪容美的规范和要点；

③学会正确的修饰仪容，运用化妆技巧，打造整洁雅致的职业妆。

课堂导入

周恩来总理终身恪守南开学校镜箴

在众多的伟人中，周恩来总理的品格、精神、气质、仪表都堪称典范，他是中外名流口中的优雅君子，大国风度与和蔼可亲，在他身上完美地统一，让全世界都为他的风采所折服。周恩来总理的相貌是天生的，毫无疑问他是美男子。如果周恩来总理仅凭相貌堂堂就能打动这么多人，可能未必，而更重要的是他内在的气质和外在的言谈举止，这些都给很多人留下了深刻的印象。一个人的气质是由多方面因素造就的，往往是后天养成的，周恩来总理也不例外。他有良好的家风与家教，从小树立"为中华之崛起而读书"的高远志向，更为重要的是他终身恪守南开学校镜箴。

南开学校的四十字镜箴，又称《容止格言》。"面必净、发必理、衣必整、钮必结。头容正、肩容平、胸容宽、背容直。气象勿傲、勿暴、勿怠。颜色宜和、宜静、宜庄。"短短四十字的"镜箴"不仅印了无数南开人的心中，也让周恩来自觉地以此规范着自己的衣着、仪表和一言一行。他是南开学校"容止格言"的最佳榜样和楷模。值得我们认真学习与借鉴。

思考：请你结合南开学校的四十字镜箴谈谈什么是仪容美？为什么要重视仪容美？

精讲点拨

有研究表明，人们在初次会面前30秒钟的表现，给对方留下的印象最为深刻，也就是通常所说的第一印象。而这第一印象，几乎就取决于一个人的外表。有这样一个公式，也被称为55387定律，人的印象分配是由三部分来组成，55%的服饰外表+38%的表情声音+7%的谈话内容。所以如果外表不精心修饰，一个人的内在永远只呈现了7%。反之，当外表修饰得宜，7%的内在可以借力呈现出100%的效果。第一印象之所以重要，是因为外表的美比内在的美容易被发现，这也是心理学上的首轮效应。维护良好的自我形象就要注意对自己仪容进行必要的修饰和整理，做到"内正其心，外正其容"。

仪容，是指一个人的外观、容貌，它包括发式、面容以及身体未被服饰遮掩的肌肤（如手、颈部）等内容，它反映了一个人的精神面貌和内在气质，是传达给交流对象感官的最直接、最生动的第一信息。仪容美包括仪容的自然美、修饰美、内在美三个层次。清水出芙蓉，天然去雕饰，不可否认，自然产生美。俗话说，三分人才，七分打扮。对大多数人来讲，需要通过修饰使自己的仪容显优藏拙，达到悦己怡人的目的。内在美需要不断提升自我文化素养、艺术素养和思想道德水平，培养高雅气质和美好心灵。在这三者之间，仪容的内在美是最高的境界，仪容的自然美是人们的心愿，而仪容的修饰美则是仪容礼仪关注的重点。

思考： 青年大学生应该追求什么样的仪容美？

真正意义上的仪容美，应该是自然美、修饰美和内在美的高度统一。忽略其中任何一个方面，都会使仪容美失之偏颇。

一、仪容礼仪基本规范

（一）清洁

保持清洁是最基本、最简单、最普遍的美容。卫生是文明的重要标志。在日常生活中，只要有条件，就必须勤梳洗、讲卫生，在社交场合尤其要做到干净整洁、美观大方，给别人留下美好的印象。尤其是服务行业的工作人员不仅应养成良好的卫生习惯，还应注意改变和杜绝一些意识到或未意识到的不良习惯。注意保持头发、脸部、口腔、鼻腔、耳部、手部的清洁卫生，不留长指甲，不涂有色指甲油，勤洗澡，勤换衣袜，上岗前忌吃有刺激性异味的食物。

思考： 不良的个人卫生习惯有哪些？应该如何避免？

（二）自然

仪容不应是矫饰的、造作的，而是自然的。用不太多的、符合现代审美观点的修饰手法打造出的自然美。讲究淡妆浓抹要相宜。风华正茂的学生，天生丽质，一般不必化妆。职业女性，尤其是社交场合的女士，通常要化妆。在某些场合，适当的美容化妆是一种礼貌，是自尊、尊人的体现。化妆的浓淡要根据不同的时间和场合来选择。在平时，以化淡妆为宜，注重自然和谐，不宜浓妆艳抹、香气袭人；参加晚会、舞会等社交活动时，则应适当浓妆。

（三）美观

漂亮、美丽、端庄的外观仪容是形成优美良好的社交形象的基本要素之一。

仪容庄重大方，斯文雅气，不仅会给人以美感，而且易于使自己赢得他人的信任。相形之下，将仪容修饰得花里胡哨、轻浮怪诞，是得不偿失的。要使仪容达到美观的效果，首先，必须了解自己的脸型及脸的各部位特点，孰优孰劣要心中有数；其次，要清楚怎样美发、化妆才能扬长避短，变拙陋为俏丽，使容貌更迷人。因此，把握脸部个性特征和正确的审美观是非常重要的。

（四）协调

美化仪容的协调包括：

第一，妆面协调。指化妆部位色彩搭配。浓淡协调，所化的妆针对脸部个性特点，整体设计协调。

第二，全身协调。指脸部化妆、发型与服饰协调，力求取得完美的整体效果。

第三，角色协调。指针对自己在社交中扮演的不同角色，采用不同的化妆手法和化妆品。

第四，场合协调。指化妆、发型要与所去的场合气氛要求一致。

【案例赏析】

服务仪容的重要性

某报社记者吴先生为做一次重要采访，下榻于北京某饭店。经过连续几日的辛苦采访，终于圆满完成任务。吴先生与二位同事打算庆祝一下，当他们来到餐厅，接待他们的是一位五官清秀的服务员，接待服务工作做得很好，可是她面无血色显得无精打采。吴先生一看到她就觉得没了刚才的好心情，仔细留意才发现，原来这位服务员没有化工作淡妆，在餐厅昏黄的灯光下显得病态十足，这又怎能让客人看了有好心情就餐呢？当开始上菜时，吴先生又突然看到传菜员涂的指甲油缺了一块，当下吴先生第一个反应就是"不知是不是掉入我的菜里了？"但为了不惊扰其他客人用餐，吴先生没有将他的怀疑说出来。但这顿饭吃得吴先生心里总不舒服。最后，他们唤柜台内服务员结账，而服务员却一直对着反光玻璃墙面修饰自己的妆容，丝毫没注意到客人的需要，到本次用餐结束，吴先生对该饭店的服务十分不满。

看来服务员不注重自我的仪容、仪表或过于注重自我的仪容、仪表都会影响服务质量。

二、仪容与发饰

头发是人们脸面之中的"脸面"，人们习惯"从头打量"，发型更容易先入为主，抓人眼球，整洁得体大方的发式易给人留下神清气爽的美感，因此修饰头发是非常重要的。不论有无交际应酬活动，平日都要对自己的头发勤于梳洗，加强对头发的"管理"，做足"顶上功夫"。

（一）头发的护理

① 常梳洗保清洁。保持头发的干净整洁，尤其要做到肩、背无落下的头皮屑和碎头发，头发应散发自然光泽。

② 常打理善保养。头发需要勤梳理，定期修剪头发，可以使一些分叉的头发和枯黄的头发修剪掉，让头发能更好促进生长。男士的发型要做到"前不盖眉，侧不掩耳，后不及领"。根据头发的生长规律，一个月修剪一次头发较为理想。女性的短发较男性的短发样式更多样化，更不能忽略了对头发的打理。从修剪、染烫到造型，女性的发型都要精心设计。女性如果选择留长发，从事服务行业或在正式的社交场合一定要将长发扎起或盘起，不可披散着头发，还要注意避免选用色彩鲜艳的发饰。

头发需要保养，健康的发质会提升个人形象。经常按摩头皮，注意防晒，健康的饮食、规律的作息也有利于头发的生长。烫发、染发要审慎对待，把握好分寸，否则会损伤头发，损害自己的形象。

（二）发型的选择

发型的选择要根据自然、大方、整洁、美观的原则，既要观察发型的流行趋势，又不能盲目追赶潮流，重要的是应该考虑到自己的年龄、性别、职业、性格等特点。

女性应为自己设定三四种理想的发型，以适应不同场合。一般来讲，出席较正式的场合的发型，应讲究严谨；出席朋友聚会，应讲究平易活泼；普通生活发型，应讲究轻松随和。

男性的发型相对而言要简单一些，但也应与脸型相配。下巴较方的男性可以留适量的鬓发，长脸的男性不宜留太短的头发。整体遵循"前不盖眉，侧不掩耳，后不及领"，尤其是商务男士或从事服务行业的男士。

【礼仪小知识】

冠礼与笄礼

中国自古就是一个重视发型的国家。古人认为，头发是上天赐予的，父母给予的，故有"身体发肤，受之父母，不敢毁伤"之说，所以终生爱惜。古代的小孩不剃发，自然地垂在肩上，所以古人就用"垂髫"或"垂发"来称孩童。随着年龄的增长，头发会越来越多，大人便把他们的头发束到头顶，打成发髻盘在左右两边，就像两个犄角一样，所以对古代的儿童一般称作"总角"或"总发"，所以从孩子的发型大概可以知道他的年龄。

冠礼与笄礼属于古代嘉礼。冠礼是古代中国汉族男性的成年礼。就是男子长到二十岁时所举行的一种束发加冠礼节。《礼记·冠义》云："已冠而字之，成人之道也。"加冠授字仪式一结束，就表示冠身已经长大成人了，此后他不仅可以服兵役，参加祭祀和出仕做官，而且可以娶妻，成家立业，生儿育女。因此，古代的冠礼是一条划分"大人"和"小孩"的分界线，古代的男子只要越过这条线，他就立即从孩童一跃变为成年人了。

笄礼是古代汉族女孩的成人礼。俗称"上头""上头礼"。笄，即簪子。自周代起，规定贵族女子在订婚（许嫁）以后出嫁之前行笄礼。一般在十五岁举行，如果一直待嫁未许人，则年至二十也行笄礼。在古代，笄礼的行礼方式带有女性特有的柔美：一头长发，一根发笄，细心梳成一个秀美的发髻，郑重簪上发笄……这一过程体现了女性的柔韧，暗示了女性将以与男性不同的方式支撑起世界。

冠/笄礼是我国汉民族传统的成人之礼，是汉民族重要的人文遗产，对个体成员成长的激励和鼓舞作用非常之大。我们有必要继承和发扬冠/笄礼，赋予这一传统的成人仪式时代内涵，激励年轻的学子不断进步。

三、仪容与面部妆容

面部妆容是仪容礼仪的重点，它往往决定了人与人见面时的第一印象。修饰面容，首先要做到洁净、健康、自然。男士要洁肤、护肤、剃须、美牙，以显容光焕发。职业女性，尤其是社交场合的女士，通常要化妆，给人以美感。

【礼仪小知识】

盥洗礼

盥洗，是每个人日常起居最先要做的功课。其实，早在西周时期，我们的祖先便已形成了这一习惯。《礼记·内则》云："鸡初鸣，咸盥漱。"这说明古人已有早起盥洗、漱口的卫生习惯。古汉语"盥洗"一词，所指的范围较大，当然主要是指洗脸和净手，与我们今天使用的词义相近。不过，古人把盥洗用具归在礼器一类，故具有相应的仪礼性质。许慎《说文解字》曰："盥，澡手也。从臼、水，临皿。"徐中舒《甲骨文字典》云："盥字的甲骨文字形从爪，在皿中，象于皿中澡手之行。""盥"的字形反映其本义仅指洗手，后来词义扩大，洗脸洗手均称为"盥"，如盥栉指梳洗、盥沐指洗脸，而现代的盥洗室，既可洗手也可洗脸，爱美女性还可用来化妆。

女性在参加社交活动时，应该化一个合适的彩妆。面容化妆会使人的精神面貌有焕然一新之感，适当的化妆是一种礼貌，也是自尊、尊人的体现。男士可以不化妆，保持清爽整洁即可。

1. 化妆的基本原则

脸部化妆是利用各种技术，使用恰当的化妆品，通过一定的艺术处理，达到突出最美的面部五官，掩盖或矫正缺陷、不足的效果。社交场合和工作场合的妆容以淡妆为主，绝不能浓妆艳抹，否则会显得轻浮、怪异甚至荒诞。具体来说化妆要符合以下规范：

打造日常妆

（1）扬长避短

突出美化自己脸上富有美感之处，掩饰面部的不足，以达到化妆的最佳效果。面容化妆要根据自己的工作性质、面容特征来化妆。一定要讲究得体和谐，一味地浓妆艳抹，矫揉造作，会令人生厌。扬长补短更是一种人生态度，正确认识自己，勇于面对一切。

（2）浓淡适宜

一般来说，化妆有晨妆、晚妆、上班妆、社交妆、舞会妆等多种形式，其浓淡程度都存在差别。因此，化妆的浓淡要根据不同的时间和场合来选择。在平时，以化淡妆为宜，注重自然和谐，不宜浓妆艳抹、香气袭人；参加晚会、舞会等社交活动时，则应适当化浓妆。

（3）化妆避人

化妆或补妆应该遵循修饰避人的原则，选择无人的地方，如化妆间、洗手间等，切忌在他人面前肆无忌惮地化妆或补妆。一般情况下，女士在用餐、饮水、出汗等之后应及时为自己补妆。

2. 化妆禁忌

① 化妆的浓淡要视时间、场合而定。

② 不要非议他人的化妆。

③ 不要在他人面前化妆。

④ 不要借用他人的化妆品。

⑤ 吊唁、丧礼场合不可化浓妆，也不宜抹口红。

⑥ 男士不要过分化妆。

四、仪容与护手

手部，被喻为是人的"第二张脸"。拥有一双美丽的纤纤玉手对女性来说是非常重要的。在社交场合，手会接触人接触物，做各种手势，举手投足之间彰显形象。有一双清洁、柔软、温暖的双手，会带给人更多的好感。

对于手部的护理，清洁是第一位。俗话说"病从口入"，其实也是"病从手入"。要养成勤洗手的好习惯。同时还要勤于修剪指甲，去除手上的死皮。在服务行业，指甲的长度以不可以从手心正面看到为宜，不使用有色指甲油（图2.1）。一般的商务活动中，女性可以适当地在指甲上涂点指甲油，让指甲有光泽，通常使用与指甲相近的颜色或无色的指甲油；在出席演出或晚会等场合时，可以选择色泽亮丽的指甲油或花纹。男士则不要涂抹指甲油。

手部肌肤的油脂腺较少，较身体其他部位更易变得干燥，并且又经常需要暴露于空气中，因此应细心呵护双手。护手霜特别重要，尤其是在干燥、寒冷的秋冬季，或是做完家务及沐浴以后更应该使用。勤搽护手霜，是最简便也是最有效的护手步骤。偶尔也可敷上一些现成或自制的护手膜。

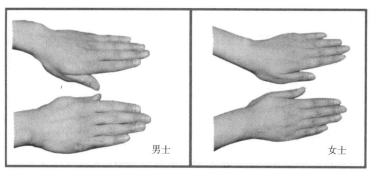

男士　　　　　　　　　　　　女士

图2.1　男、女士手部自查

交流拓思

一、认识健康与仪容美：世界卫生组织的十项健康标准

仪容美是美好和健康的外貌和气质。人的仪容美又有其内在的本质，那就是美的人体必须充分体现蓬勃向上的生命力，面部表情和体态变化所表现出的应是人丰富多彩的内心世界。保持身体和心理的健康更能展现仪容美。

- 精力充沛，能从容不迫地担负日常生活和繁重的工作，而且不感到过分紧张疲劳。
- 处事乐观、态度积极，乐于承担责任，事无大小不挑剔。
- 善于休息、睡眠良好。
- 应变能力强，能适应外界环境的各种变化。
- 能抵抗一般性疾病，如感冒等。
- 保持标准体重，身材匀称，站立时头、肩、臂位置协调。

- 眼睛明亮，反应敏捷，眼睑不易发炎。
- 牙齿完整、整洁、无糖青、不疼痛，牙龈颜色正常，无出血现象。
- 头发有光泽，无头皮屑。
- 肤肉丰满，皮肤有弹性。

讨论：你符合其中的几项标准呢？哪些方面还需要完善？

二、App软件仪容自测

运用一些App软件，如：美丽修行，通过拍照测脸型、肤质，找到适合自己的发型、眉形、妆容，有针对性地改善皮肤状态。坚信自信是独特之美，多彩的人生最美，爱笑的自己最美，心灵美才最美。

三、测试与提升

目标：自我探索与认知，扬长避短，增强自信。

要求：自己对着镜子自测（表2.1），勇于面对自己的不足和缺陷，其他同学和老师提出改进方法和要求。

表2.1　自我测试与提升

自检项目	不足和缺陷	改进方法和要求
头发		
眼睛		
眉毛		
鼻子		
耳朵		
嘴部		
脸部		
脖子		
手部		

职场模拟

打造整洁雅致的职业妆容

职场场景：每个同学自选一种职业，综合运用仪容设计的知识和技巧，提高个人仪容设计基本技能。

模拟要求：将全班同学分成若干组，每组同学设定一种职业（比如：高级主管、旅

35

游服务人员、演员、公务人员等），根据所学仪容知识，进行面妆、发型的搭配，前后拍照对比，小组互评，教师进行总结评价，评出"最佳表现"妆容。

评价考核

目标达成考核表

内　容		评　价	
学习目标	评价内容	小组评价 （5、4、3、2、1）	教师评价 （5、4、3、2、1）
德	仪容自然美、修饰美、内在美的自然融合		
	正确的审美观及自信乐观的人生态度		
	较好的职业素养和职业精神		
知	仪容礼仪的基本规范		
	头发护理与发型的选择		
	整洁雅致的职业妆容		
	护手的方法		
行	自我认知及管理的能力		
	五官护理与化妆技巧		
努力的方向：		建议：	

拓展阅读

中国独特的化妆艺术——脸谱

脸谱是中国独有的一种化妆造型艺术。它起源于原始人类黥面文身的习俗。脸谱主要分为戏剧脸谱和社火脸谱。

戏剧脸谱起源于上古的图腾。据《旧唐书》《宋史》等史书记载：古代打仗时戴上面具上阵，以增加威严，吓唬敌人。到了唐代就演变成为一种"代面"的歌舞形式。由于戴面具演出，因此观众对演员表情变化看不见，影响了对戏剧这种艺术的欣赏。后来发展为将面具上的花纹和色彩直接画在脸上，即涂面化妆。

涂面化妆虽然还没有后世戏曲中开脸的造型，但它已成为后世戏曲脸谱的前身。那时在歌舞中面具与涂面两种方式都被使用着。戏曲正式形成以后，脸谱与面具仍然交替使用。不过，随着时代的进步，面具的使用呈减少的趋势。现在除少数地方戏（如贵州的"地戏"，江西、安徽的"傩戏"，西藏的"藏戏"等）还使用面具外，大部分剧种以勾画脸谱为主。

　　脸谱根据某种性格、性情或某种特殊类型的人物分为各种色彩。红色脸谱表示忠勇、义烈，如关羽、姜维、常遇春等；黑色脸谱表示刚烈、正直、勇猛甚至鲁莽，如包拯、张飞、李逵等；黄色脸谱表示凶狠残暴，如宇文成都、典韦；蓝色或绿色的脸谱表示一些粗豪暴躁的人物，如窦尔敦、马武等；白色的脸谱往往表示奸臣、坏人，如曹操、赵高等。

任务二　表情礼仪

文化传承

　　子夏问曰："'巧笑倩兮，美目盼兮，素以为绚兮'何谓也？"子曰："绘事后素。"曰："礼后乎？"子曰："起予者商也，始可与言诗已矣。"

—— 《论语》

扫二维码
看翻译

【赏析】

　　子夏从孔子所讲的"绘事后素"中，领悟到仁先礼后的道理，受到孔子的称赞。就伦理学说，这里的礼指对行为起约束作用的外在形式——礼节仪式；素指行礼的内心情操。礼后于什么情操？孔子没有直说，但一般认为是后于仁的道德情操。孔子认为，外表的礼节仪式同内心的情操应是统一的，如同绘画一样，质地不洁白，不会画出丰富多彩的图案。面部表情更是如此，笑由心生，发自内心的微笑最富有吸引力。

教学目标

德 ① 激发学生充满自信、真诚友善、敬业乐业的品质；

② 引导学生树立乐观、向上的人生态度；

③ 让微笑礼仪知识内化于心，外化于行，实现真善美的人生追求。

知 ① 了解表情礼仪的基本规范；

② 掌握微笑礼仪的种类及禁忌，熟悉眼神的类别；

③ 掌握表情礼仪常用的训练方法，以及运用禁忌。

行 ① 掌握规范的表情礼仪的运用技巧；

② 微笑礼仪操、眼神操的训练，能独立完成微笑操展示及运用；

③ 体会运用眼神和微笑进行交流的好处，在职场上运用表情礼仪。

课堂导入

二维码视频

希尔顿酒店的微笑服务

美国"旅馆大王"希尔顿于1919年把父亲留给他的12 000美元连同自己挣来的几千元投资出去，开始了他雄心勃勃的旅馆经营生涯。当他的资产从1 500美元奇迹般地增值到几千万美元的时候，他欣喜而自豪地把这一成就告诉母亲，想不到，母亲却淡然地说："依我看，你跟以前根本没有什么两样……事实上你必须把握比5 100万美元更值钱的东西。除了对顾客诚实之外，还要想办法使来希尔顿旅馆的人住过了还想再来住，你要想出这样一种简单、容易、不花本钱而行之久远的办法去吸引顾客。这样你的旅馆才有前途。"

母亲的忠告使希尔顿陷入迷惘：究竟什么办法才具备母亲指出的"简单、容易、不花本钱而行之久远"这四大条件呢？他冥思苦想，不得其解。于是他逛商店、串旅店，以自己作为一个顾客的亲身感受，得出了准确的答案："微笑服务。"只有它才实实在在地同时具备母亲提出的四大条件。从此，希尔顿实行了微笑服务这一独创的经营策略。每天他对服务员的第一句话是"你对顾客微笑了没有？"他要求每个员工不论如何辛苦，都要对顾客投以微笑，即使在旅店业务受到经济萧条的严重影响的时候，他也经常提醒职工记住："万万不可把我们心里的愁云摆在脸上，无论旅馆本身遭受的困难如何，希尔顿旅馆服务员脸上的微笑永远是属于旅客的阳光。"

为了满足顾客的要求，希尔顿"帝国"除了到处都充满着"微笑"外，在组织结构上，希尔顿尽力创造一个尽可能完整的系统，以便成为一个综合性的服务机构。因此，希尔顿饭店除了提供完善的食宿外，还设有咖啡厅、会议室、宴会厅、游泳池、购物中心、银行、邮电局、花店、服装店、航空公司代理处、旅行社、出租汽车站等一套完整的服务机构和设施，使得到希尔顿饭店投宿的旅客，真正有一种"宾至如归"的感觉。当他再一次询问他的员工们："你认为还需要添置什么？"员工们回答不出来，他笑了："还是一流的微笑！如果是我，单有一流设备，没有一流服务，我宁愿弃之而去，住进虽然地毯陈旧，却处处可见到微笑的旅馆。"

思考：请你谈谈什么是微笑服务？微笑服务体现了一种什么观念？案例给你什么样的启示？

精讲点拨

表情是指从面部的变化表达出来的心理活动和思想感情。一般我们在传达一个信息的时候，是由视觉信号、声音信号、文字信号组成的，其中视觉信号占55%、声音信号占38%、文字信号占7%，也就是说表情是所有语汇中不容忽视的一个部分。注重脸部表情神态是非常重要的，打造亲切动人的面部表情，离不开微笑和眼神。表情礼仪包括微笑礼仪、眼神礼仪。

音乐游戏

一、微笑礼仪

微笑是社交场合最富有吸引力，最有价值的面部表情。微笑是传达快乐的源泉，它表现着人际关系友善、诚信、谦恭、和蔼、融洽等最为美好的感情因素，所以它已成为各国宾客都理解的心理性"语言"。

（一）微笑的含义

微笑：人与人之间的一种表达方式，表示愉悦、欢乐、幸福、乐趣、自信……

微笑不分文化、种族或宗教，是每个人都能理解的国际通用礼仪。一位哲人说过："微笑，它不花费什么，但却创造了许多成果。它丰富了那些接受的人，而又不使给予的人变得贫瘠。他在一刹那间产生，却给人留下永恒的记忆。"微笑体现了人类最真诚的相互尊重与亲近。

（二）微笑的价值

一家百货公司的人事经理曾经说过，她宁愿雇用一个没上完小学但却有愉快笑容的女孩，也不愿意雇用一个精神忧郁的哲学博士。可见微笑的重要性。

微笑可以调节情绪，笑一笑，十年少。它强大的感染力常常令接受者不知不觉心境豁然开朗，并且会不由自主地给予回报。

微笑是产生信赖的重要途径。微笑让家庭更加美满、让人际关系更加和谐。如果你将食指和中指竖起，其他手指弯曲，这个手势可以表示数字"2"，可以表示"胜利"，也可以代表"兔耳朵"，总之这个手势可以有多种完全不关联的解读。而微笑却始终传递着温暖、积极、友好的信息。

微笑是最重要的服务技能，反映的是阳光心态，是一种敬业爱岗的工作态度。微笑可以使客户感到舒心、舒服，并且产生信任感；微笑可以传递友善之情，能够使初次接触的客户感觉到温暖；微笑可以表达关切和关怀，抚平与客户交流时产生的罅隙和误会，增加彼此之间的坦诚和信赖；微笑是一种服务力量，可以为平凡的服务锦上添花，也能够在客户对服务表达异议时更有效解决客户的投诉。在服务行业中微笑礼仪应该注重的是人内心的积极程度，做到由内而外的真诚、自然的微笑。这时，微笑便已不仅仅是一种表情，更是一种乐观、向上的人生态度。

【案例赏析】

优质的微笑服务

在一家饭店，一位住店的韩国客人外出时，有一位朋友来找他，要求进他房间去等候，由于客人事先没有留下话，总台服务员没有答应其要求。韩国客人回来后十分不悦，跑到总台与服务员争执起来。公关部年轻的王小姐闻讯赶来，刚要开口解释，怒气正盛的客人就指着她鼻子尖，言辞激烈地指责起来。当时王小姐心里很清楚，在这种情况下，勉强做任何解释都是毫无意义的，反而会导致客人情绪更加冲动。于是她默默无言地看着他，脸上则始终保持一种友好的微笑。一直等到客人平静下来，王小姐才心平气和地告诉客人饭店的有关规定，并表示歉意。客人接受了王小姐的劝说。没想到后来这位韩国客人离店前还专门找到王小姐辞行，激动地说："你的微笑征服了我，希望我有幸再来饭店时能再次见到你的微笑。"

总结：微笑，一旦成为从事某种职业所必备的素养后，就意味着不但要付出具有实在意义的劳动，还需付出真诚的情感，让微笑感染、沟通每一位客人的心灵。

（三）微笑的种类

一度微笑：即只动嘴角肌，嘴角肌微上提，有淡淡的笑意。一度微笑像春天里的太阳让人感觉身心舒畅（图2.2）。

二度微笑：即嘴角肌和颧骨肌同时运动。二度微笑要轻轻扬起自己的嘴角，让笑意荡漾在眼底，像冬日里的暖阳，给人无限的温暖（图2.3）。

三度微笑：即嘴角肌和颧骨肌与眼睛周围的括纹肌同时运动，这是一种会心的微笑，一般可露出6~8颗牙。三度微笑就是传说中的"八颗牙微笑"，笑起来像夏天似火的骄阳，分外热情灿烂（图2.4）。

微笑

图2.2　一度微笑　　　图2.3　二度微笑　　　图2.4　三度微笑

（四）微笑的训练

1. 掌握好微笑的要领

微笑的基本做法是面部肌肉放松，嘴角两端向上略微提起，面含笑意，使人如沐春风。

2. 注意整体的配合

微笑应当与仪表和举止相结合。站立服务，双脚并拢，双手相握于前身或交叉于背后，右手放在左手上，面带微笑，亲切、自然、神气。

3. 力求表里如一

训练微笑，首先要求微笑发自内心，发自肺腑，无任何做作之态，防止虚伪的笑。只有笑得真诚，才显得亲切自然，与你交往的人才能感到轻松愉快。

4. 适当借助技术上的辅助

微笑可进行技术性训练（表2.2）。

表2.2　微笑训练的方法

训练方法	训练标准
诱导训练法	面对镜子，播放愉快的背景音乐，发挥想象，仿佛自己在风景独好的环境中翩翩起舞、放声高歌或沉浸在美好的回忆之中，此时，喜悦之情油然而生。
发声训练法	面对镜子，深呼吸，然后慢慢地吐气，并将嘴角两侧对称往耳根部提拉，发出"一、七""桃子、李子、茄子、田七""波斯、威士忌"的声音。

续表

训练方法	训练标准
结对训练法	两人一组，结对训练。讲笑话，纠正对方笑姿，反复训练，养成微笑的职业风范。
携带卡片法	经常在自己的皮夹中放一张写有"微笑"的卡片，一直携带似一面镜子，随时随地提醒自己保持微笑。
含箸训练法	利用筷子作为辅助工具进行微笑训练的一种方法。选择一根洁净光滑的木筷子，用两颗门牙轻轻咬住筷子的中部，对着镜子观察，尽力让自己上翘的嘴角高于筷子，使嘴角尽力上翘，嘴唇呈现美丽的弧度。反复练习，就会在不知不觉中两边嘴角一齐上升，形成职业而美丽的微笑。

（五）微笑的禁忌

① 虚假的微笑：不实在、无诚心、假意、做作，带有令人不可信任的笑眯眯的表情；有些时候，虚假的笑也带有良善的意味，以对亲人掩饰失望和痛苦。

② 美媚的微笑：优美雅静又带有逗趣的轻笑，或既妩媚温柔、讨人喜欢又带有挑逗性的谄笑。

③ 苦涩的微笑：内心的莫大酸楚或伤痛不愿意渲染外泄，只有挂在嘴边的一丝苦笑才能真正表达深刻。

④ 无奈的微笑：失意时、失败时无所求助、无所寄托、无可奈何的窘迫、尴尬、困惑、忍受、忍耐地勉强低笑。

⑤ 轻蔑的微笑：带有轻视、蔑视、鄙视的神态。是根本看不起人的一种表情的自然流露。

⑥ 嘲讽的微笑：带有嘲弄、讽刺挖苦的意味，但又不动声色地假笑。

⑦ 阴沉的微笑：脸色阴沉、冷漠无情、不该有笑却是流露出一半牙齿的笑。

思考：如何把握微笑的分寸，做到恰到好处？

二、眼神礼仪

"一身精神，具乎两目"，也就是说一个人的精神状态，几乎都集中表现在两只眼睛上。"眼睛是心灵的窗户"，人们相互间的信息交流，总是以目光交流为起点。眼神的接触和面部表情提供了重要的社会和情感的信息。人的各种表情中特别是眼、眉、嘴等形态变化通常为他人注目，其中目光的交流总是在先。人的眼睛的表现力极为丰富和微妙，只有把握好自己的内心情感，目光才能充分发挥作用。因此，眼神要尽量让别人看起来柔和、友好。如炯炯有神的目光，往往给人以感情充沛、生机勃发的感觉；目光呆滞麻木，则给人以疲惫厌倦的印象；目光凶相毕露，交往必然难以持续。与人见面时，不论是陌生的还是熟悉的，不论是偶然相遇还是如期约会，都要首先睁大眼睛，目视对方，面带微笑，显现喜悦和热情。如果你希望给对方留下很深的印象，就要凝视对方，目光长久交流。

（一）眼神的类别

与人交往中，凝视别人的角度，是关系到与交往对象亲疏远近的大问题。依据眼神的视角方向，眼神可分为：

① 正视。这种注视角度指视线呈水平状态，一般适用于在普通场合，与身份、地位与自己平等的人交往。

② 仰视。当面对尊长时，为了表示尊重和敬畏，一般应主动居于低位，抬眼向上注视。

③ 侧视。当处于交往对象一侧时，使用侧视。侧视的关键是面向对方。

④ 俯视。当面对晚辈时，为了表示宽容、怜爱，或身居高处时，一般俯视。当对他人表示轻慢、歧视时，也可采用俯视。

按状态来分，可以把眼神分为固态、气态和液态。固态的眼神是指坚定的眼神，比如我意志很坚定的去给你讲一件事情，或者是某人在发怒、生气的时候，这就是固态的眼神。而液态的眼神是柔和有爱的眼神。我们平常会说温柔如水，像水一样的眼神一定是非常的柔和的。而气态的眼神是指放空、呆萌的眼神，比如在欣赏风景的时候或者是一个人在发呆的时候就是气态的眼神。要注意气态眼神一定不能用到职场中，这样会给人不重视或者是心不在焉的感觉。

（二）眼神的基本规范

① 眼神柔和，亲切自然，眼睛和蔼有神，自然流露真诚。

② 眼睛正视，不左顾右盼、心不在焉。

③ 眼神要实现"三个度"。

眼神的集中度。不要将目光聚集在顾客的脸上的某个部位，而要用眼睛注视于顾客脸部三角部位，即以双眼为上线，嘴为下顶角，也就是双眼和嘴之间。

眼神的光泽度。精神饱满，在亲和力理念下保持慈祥的、神采奕奕的眼光，再辅之以微笑和蔼的面部表情。

眼神的交流度。迎着对方的眼神进行目光交流，传递你的敬意与善良之心。眼睛是心灵的窗户。心灵有了亲和的理念，就自然会发出神采奕奕的眼光，很容易形成具有磁性的亲和力的眼神，这样可以拉近与顾客间的距离。

（三）眼神的运用

1. 注视的部位

在职场中，我们把面部分为三个三角区，第一个三角区额头、眉毛、眼睛构成的上三角区域，也成为职场公务注视区域，正式场合的接触，视线放在这个位置比较合适，能体现场景的庄重、严肃。鼻子、嘴巴组成的是中三角区域，是休闲社交注视区间，休闲场合视线放在这个位置最好，可以制造轻松的气氛。嘴巴到锁骨的区域称为下三角区域，也是亲密注视区间。职场当中要慎用，异性交往千万不要注视对方的下三角，否则容易引起误会，造成不必要的麻烦（图2.5）。

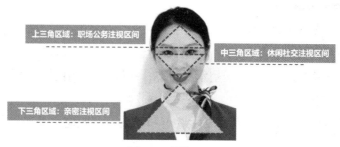

图2.5　眼神运用

2．注视的时间

在交谈中，听的一方通常应多注视说的一方，目光与对方接触的时间一般占全部时间的三分之一。

① 表示友好。应不时地注视对方。注视对方的时间约占全部相处时间的1/3。

② 表示重视。应常常把目光投向对方。注视对方的时间约占相处时间的2/3。

③ 表示轻视。目光游离对方，注视对方的时间不到全部相处时间的1/3。

④ 表示敌意。目光始终盯在对方身上，注意对方的时间占全部相处时间的2/3以上，被视为有敌意，或有寻衅滋事的嫌疑。

⑤ 表示感兴趣。目光始终盯在对方身上，偶尔离开一下，注视对方的时间占全部相处时间的2/3以上。

3．注视的方式

① 直视型：直盯对方，使对方有紧迫感。初次见面或不太熟悉的人不适合。警官、法官适用这种目光接触犯人。

② 他视型：与对方讲话，但眼睛却望着别处，容易使对方误以为不愿意与他讲话，害羞除外。

③ 转换型：在与对方讲话时总是四处游移，给人心神不定的感受，也不利于双方谈话。

④ 柔视型：目光直视对方，但眼神柔和，间或变化一下视角；目光炯炯有神，却又不失温柔。这种目光给人以自信和亲切之感。

⑤ 斜视型：不正眼看对方，这是很不礼貌的，给人心怀叵测的感觉。

⑥ 无神型：目光疲软，不时看向自己鼻尖。这种目光表现出冷漠之感。

⑦ 热情型：目光充满活力，给人以朝气蓬勃之感。这种目光有些场合使对方情绪渐涨，提高谈话的兴趣，有些场合令人反感。

（四）眼神的训练

通过一定的训练（表2.3），你也可以拥有一双神采奕奕的眼睛。

表2.3　眼神常用训练方法

训练类型		训练标准
基本训练	眼睛扩大训练（起眉绷眼皮）	通过尽力将额肌上提，带动两眼尾部向上，眼皮紧绷，使眼皮最大限度地打开。此训练可使眼扩大，同时也为亮眼练习打下基础。
	眼睛光亮练习（眼力集中）	通过睁大两眼平视镜中自己的一只眼进行，初练时，眼睛无夫，会出现流眼泪、眨眼睛等现象，但通过训练，待眼睛有了一定功夫后，就不会再出现这种现象了。
	眼睛灵活度训练（眼神灵活度）	可先做目标练习，然后再做无目标练习，即在两眼的左、右、上、下用红布或其他醒目的东西固定在一个点上（目标不要超过视线范围）眼球作左右横线转动，上下竖线的移动或圆圈转动。
		练习时头部不动，只用眼睛随目标转动。眼睛转动时，仍要紧绷眼皮。初练时，速度可慢一点，随着眼功的增长逐渐加快。当眼睛练得一定活动能力时，就可以进行无目标练习，让眼睛自然转动。
	微笑和身姿	在训练眼神的过程中，必须配合微笑和仪态进行综合练习，才能将眼神的技巧与表达思想感情结合起来，真正体现出眼神的表现力与适应力。
职业眼神训练	视线接触时间训练	彼此陌生的人视线接触时，一般连续注视对方的时间最好控制在3秒钟以内。
		展示炯炯有神的、自信的、精明强干的眼神。
		展示朴实无华、含蓄深沉、天真、活泼、幽默、慈祥温柔的眼神。
	视线接触区域训练 · 上三角区	是指以双眼连线为底边，额中为顶点所构成的三角区，表示公事公办，郑重严肃，不含任何个人情感色彩，能深刻地影响交流对方的情绪。
		主要适用于公务活动，如洽谈业务、磋商交易和贸易谈判。
	中三角区	是指以两眼为上线，唇心为下点所形成的倒三角区。它表示尊重、坦诚、亲切温且自信，给人一种平等、轻松感。
		主要适用于各种社交活动，如上下级之间的友好交谈、朋友或同事之间的交谈，鸡尾酒会、茶会、舞会和各种类型的友谊聚会。
	下三角区	是指唇心到胸部之间的亲密注视区。它带有亲昵、爱恋的感情色彩。
		主要适用于亲人之间、恋人之间、家庭成员之间使用。非亲密关系的人应避免使用下三角区。
	多人、多角色目光交流训练	多人交流，设置不同角色，有尊有次、有男有女、有老有少，从见面、交流、告辞依次进行。

（五）眼神的禁忌

① 长时间的注视别人，死盯、斜视别人。

② 在社会交往中，目光不宜躲躲闪闪、飘忽不定、或眉来眼去，应当避免瞪眼、逼视、白眼、窃视等不礼貌的眼神。

③ 浑身上下反复地打量别人，尤其是异性。

④ 盯住别人的某一部位使劲地看，暗含一种挑衅之意。

⑤ 窥视别人，这是心中有鬼和不道德的表现。

⑥ 挤眉弄眼，显得不稳重且给人轻浮的感觉；不要左顾右盼，东张西望，或者目光游离不定，这会让别人觉得用心不专、不耐烦、有逐客之嫌。

思考： 请谈谈你在日常生活中因眼语表达不当遭遇尴尬的情形？如何避免？

交流拓思

一、什么样的微笑最好看呢？

观点一：中国古代淑女的礼仪规范：行不露足，踱不过寸，笑不露齿，手不上胸。笑不露齿出自大唐时期清河女子宋若莘、宋若昭姐妹所写的《女论语》："凡为女子，先学立身。立身之法，惟务清、贞，清则身洁，贞则身荣，行莫回头，语莫掀唇……"语莫掀唇意思就是笑不露齿。

观点二：作为新时代大学生，应该学习中国传统文化的精髓，去其糟粕，古代女子是受到当时文化的束缚，而现代女性就应该自信、热情地展现笑容。

总结：人跟人情况不同，笑容也因人而异。有的人开朗、热情，笑时露出一排漂亮的牙齿；有的人内向、含蓄，笑时轻轻抿起嘴唇；有的人成熟大方，笑时眼睛更会说话。可见，微笑是一种个性化的表情，不应该以技术化、标准化的形式加以规定，每个人要训练自己感人的微笑，不是尝试露出几颗牙，嘴角上提到几度位置，而是要发现自己最美的每一个瞬间，展现自己独特的气质，自信、勇敢、自然、真诚地去微笑。

二、练习微笑操：你笑起来真好看

二维码视频

三、揭秘六小龄童如何炼成"火眼金睛"

在中国传统文化里孙悟空是勇敢、正义的化身，是一位勇士。而《黄帝内经》里就有一大段对"勇士"和"怯士"的不同眼神的描述，说勇士的视线"直对而有光，坚定牢固"。有人说，演员一生之戏在于脸、一脸之戏在于眼。孙悟空的每个表情，六小龄童都模仿得惟妙惟肖，尤其是孙悟空的火眼金睛，炯炯有神，能辨妖魔识鬼怪，尽显本色，让人拍手叫绝。

但很多人可能不知道，其实六小龄童在出演《西游记》时，就已经有着200度散光和600度近视了！高度近视为他的表演带来了很大影响，虽然他面有猴相，形态也十分相像，但由于近视和散光的原因，他的眼神总是有些涣散，不灵活，导致导演对他的评价是——形似而神缺。

怎样改善这个问题？六小龄童在一次采访中说："人家都说大圣有火眼金睛，妖魔鬼怪一眼就能看清。其实，观众才是有火眼金睛的人，是不是大圣，他们一眼就能看穿。"所以要让观众透过眼神看到大圣的灵魂，他没有捷径可走，必须不停地练，将勤补拙。功夫不负有心人，随着不断的苦练，他的眼睛越来越有神了，也有戏了。

据他自己回忆，为了训练眼睛，六小龄童晚上点一炷香，把灯都关掉，找香的烟头，眼睛追着烟头走，练习眼睛的视点。不拍戏的时候，就去看别人打乒乓球。别人来来回回地打，他就坐在球台旁边，坐正，头不动，眼睛跟着乒乓球走。有时一看就能看上几个小时。每天，他一大早就起床去看日出，盯着太阳看二十分钟不眨眼。

就是这样日复一日地训练，最后终于呈现给大家的，是一个形神合一、无法超越的齐天大圣。

总结：有志者事竟成，当代大学生要深刻领悟自信源于深厚的历史文化底蕴和艰苦奋斗、吃苦耐劳的劳模精神，传承中华文化"独立自主、自力更生"的优良传统。

职场模拟

一、你的眼神赢得他的心

职场场景：酒店管理专业应届毕业生小李到希尔顿酒店应聘前台接待职位，面试地点在酒店人力资源办公室，见到面试官后，小李与面试官开始了面试交流，并被要求进行简短的自我介绍。

模拟要求：根据情景两人一组进行职场模拟，灵活运用表情礼仪，最后进行模拟评价。

二、让你的笑容有温度

职场场景：王梅和张翰到西餐厅用餐，从他们进店、点餐、用餐到离店的全过程，服务员小李热情的接待和服务被他们点赞，被称为"最有温度的微笑服务"。

模拟要求：根据情景，三人一组展开角色模拟，要求根据用餐的不同过程规范使用微笑礼仪，最后进行模拟过程总结。

评价考核

目标达成考核表

内 容		评 价	
学习目标	评价内容	小组评价 （5、4、3、2、1）	教师评价 （5、4、3、2、1）
德	积极乐观向上的人生态度		
	真善美的品德		
	敬业、乐业的职业道德操守		
知	表情礼仪使用的规范		
	表情礼仪的种类和禁忌		
	表情礼仪的训练方法		
行	能够在不同场合准确运用表情礼仪		
	独立运用表情训练方法展示出良好的表情礼仪		
努力的方向：		建议：	

拓展阅读

世界微笑日

世界微笑日（World Smile Day）是每年的5月8日。1948年，国际红十字会规定将国际红十字会创始人亨利·杜南的生日——5月8日定为世界红十字日，也即世界微笑日。从1948年起，每年的5月8日，世界精神卫生组织把这天订立为世界微笑日。的确，每一个人都需要放缓脚步，静观周围美好的事物，凝神谛听大自然的天籁，让绷紧的脸庞舒缓，皱紧的眉宇打开，让微笑在脸上绽放，才能融解人们彼此之间的冰霜。希望通过微笑促进人类身心健康，同时在人与人之间传递愉悦与友善，增进社会和谐。

任务三　服饰礼仪

文化传承

天有时，地有气，材有美，工有巧，合此四者，然后可以为良。

——《考工记》

扫二维码
看翻译

【赏析】

中国古人的服饰审美意识深受古代哲学思想的影响。"天人合一"的思想是中国古代文化之精髓，是儒、道两大家都认可并采纳的哲学观，是中国传统文化最为深远的本质之源，这种观念产生了一个独特的设计观，即把各种艺术品都看作整个大自然的产物，从综合的、整体的观点去看待工艺品的设计，服饰亦不例外。《考工记》说："天有时，地有气，材有美，工有巧，合此四者，然后可以为良。"早在两千多年前的中国工匠就已意识到，任何工艺设计的生产都不是孤立的人的行为，而是在自然界这个大系统中各方面条件综合作用的结果。对服装而言，则指服装的着装季节，着装环境，及衣料的质地和剪裁手法，只有这四者和谐统一，才能算得上精妙设计。

教学目标

德　①培养学生服饰美的意识，树立正确的审美观；
　　②让优雅礼仪成为习惯，学生具备较好的职业素养和职业精神；
　　③引导学生了解世情国情，坚定文化自信。

知　①了解服饰文化；

　　②理解服饰的分类和功能；

　　③掌握穿着的礼仪哲学；

　　④掌握服务行业职业着装规范。

行　①能够根据场合有针对性地选择和搭配合适的服饰；

　　②遵守职场着装原则，准确运用基本仪表礼仪；

　　③能识别出不同的制服及其体现出的企业文化。

课堂导入

酒店制服秀

酒店制服彰显酒店文化

　　服饰是一种文化，是一种文明，是一种无声的语言，它传递着一个人的个性、身份、涵养及其心理状态等多种信息，于是造就了人与服饰之间错综复杂的关系。酒店制服内容繁多，全面形成了酒店制服的多样性，不仅是服饰文化的一种表现，而且也成为酒店文化和酒店整体形象的重要组成部分。酒店制服不仅体现了员工岗位的识别功能，更体现了企业精神，能把制服的实用性、艺术性和企业精神融合在一起。

　　延续南宋定都杭州后西湖皇家园林艺术的演绎风格，杭州西子湖四季酒店所筑亭台楼阁，多采用曲线与斜线，使之与山水的灵动线条相称，共秀并灵。着一身传统旗袍（图2.6），展现江南女子婀娜多姿、端庄优雅的风采，是人与景相融相知的体现。古有"紫气东来"，一袭紫色，喻待客为贵。

图2.6　杭州西子湖四季酒店金沙厅旗袍制服

中餐厅的特色面料印染了嘉定标志性景观法华塔和州桥老街的街景，融入了宾馆的中式文化及地域文化特色，配以中式盘扣装饰，打造出一种现代中式风格（图2.7）。

图2.7　上海嘉定宾馆餐厅制服

女士宾客关系制服贴身桃红色短上衣，采用中式领口，金色中式纽扣，配上黑色镶桃红色边长裙，优雅又端庄。男士礼宾主管制服则选用中山装的款式，蓝色衬衣清新又正气。衬托出男生的英俊潇洒，高大挺拔（图2.8）。宾客关系的制服根据地方特色结合亚洲传统衣着风格，更能体现出传统、大方、喜庆的特点。

图2.8　温州香格里拉大酒店礼宾制服

杭州西湖国宾馆礼仪人员着装以湖水绿为主色调，纹样采用翠竹，用同色系的配色，以轮廓刺绣工艺体现，用翠竹虚心文雅的特征，高风亮节的品格凸显2016年G20峰会主办地杭州的文化内涵（图2.9）。

图2.9　杭州西湖国宾馆·西湖第一名园G20峰会接待旗袍

思考：什么是服饰文化？酒店制服怎么穿才能彰显酒店文化魅力？

精讲点拨

古今中外，着装从来都体现着一种社会文化，体现着一个人的文化修养和审美情趣，是一个人的身份、气质、内在素质的无言的介绍信。从某种意义上说，服饰是一门艺术，服饰所能传达的情感与意蕴甚至不是用语言所能替代的。在不同场合，穿着得体的人，给人留下良好的印象，而穿着不当，则会降低人的身份，损害自身的形象。在社交场合，得体的服饰是一种礼貌，一定程度上直接影响着人际关系的和谐。

个人的着装既反映一个人的精神风貌，可以给人留下美好的第一印象，也是自尊自爱、尊人敬人的表现。透过服饰的选择，能够体现出人与服饰、精神与形体的和谐，体现出人的性格特点、文化修养、审美能力和情感需求，也体现出人的地位、财富、成功与否及职业特征。职业人员的服饰应体现职业化特征，体现公司的形象和个人的职业特征。作为现代职业人，我们应该懂得服饰礼仪。

影响着装效果的因素，一是要有文化修养和高雅的审美能力，即所谓"腹有诗书气自华"。二是要有运动健美的素质。健美的形体是着装美的天然条件。三是要掌握着装的常识、着装原则和服饰礼仪的知识，这是达到内外和谐统一美的不可或缺的条件。

一、服饰文化

服饰的历史源远流长，可以上溯至原始社会。《鉴略·三皇纪》："袭叶为衣裳。"《物原·衣原第十一》："有巢氏始衣皮。"人类最早用树叶、动物毛皮做成衣服，服饰文化史可以看作由此发端。

服饰是人类文明的标志，也是人类生活的要素。它除了满足人们物质生活需要外，还代表着一定时期的文化。"衣"字，在古代除了统指身上穿的衣服，另有广义和狭义两个解释。狭义上的衣，专指上衣；广义的衣，包括一切蔽体的东西。饰，以增加人们形貌的华美。服饰主要具有三方面作用：御寒、遮羞、装饰。它的产生和演变，与政治、经济、思想、文化、地理、历史、宗教信仰以及生活习俗等都有密切关系，相互间有着一定影响。

我国素有"衣冠上国"的美誉，独特的中国服饰文化内涵，既是中华民族智慧的结晶，又是传统文化的组成部分。各个时代、不同民族，都有各不相同的服饰。自夏、商起，开始出现冠服制度，到西周时，已基本完善。春秋战国时期，诸子百家兴起，思想活跃，织绣工艺有了很大的进步，服饰材料品种名目繁多，衣服款式也空前丰富多样，上层人物的服装宽而博，下层社会的窄而小，在形式上最有特点的服饰一是深衣，二是胡服。隋唐时期，经济繁荣，服饰愈益华丽，形制开放，甚至有袒胸露臂的女服。宋明以后，强调封建伦理纲常，服饰渐趋保守。清代末叶，西洋文化东渐，服饰日趋适体、简便。而今人对于新事物的认识不断进步，服饰的材质、款式也多种多样。几千年来，我国服饰始终保持着中华民族固有的特色，同时又不断吸取外来元素。服饰文化的发展充分显示出劳动者的聪明和才智，体现出他们的匠心和创造精神。灿烂悠久的中华服饰文明需要我们了解、传承并且珍惜。

思考： 为什么说我国享有"礼仪之邦，衣冠上国"的美誉？

二、服饰分类

1. 按性别、年龄分类

① 年龄。有婴儿服、儿童服、成人服，或少年服、青年服、中年服、老年服。

② 性别。有男子服、女子服、男女通用服。

2. 按着装方式分类

① 体形型。按照体形分别包装的着装类型，基本上是上下分开的两部分。如当今中国男女绝大部分的穿着方式。

② 佩戴型。把天然的或人工的装饰品固定在身体的某一部分。这类型多见于原始时期或现代民族的服饰形态。

③ 系扎型。把绳、线、带等材料系扎于人体的一部，特别是系扎于腰部、颈部、腕部、脚部等。

④ 挂覆型。用布类披挂于身上的形式，如披肩、斗篷、坎肩等。

⑤ 缠裹型。用长方形或半圆形的布把躯干部缠裹起来的形式。如印度妇女用的纱丽等。

⑥ 垂曳型。上下连在一起的全身衣，长长地垂下的形式，如婚礼服等。

⑦ 贯头型。即贯头式、套头式、钻头式。这种类型在长方形或椭圆形的布中央挖个洞的贯头衣，如现代人的套头衫等。

3. 按用途分类

① 家居服。如睡衣、内衣等一切与家有关，能体现家文化的一切服饰产品。包括传统的穿着于卧室的睡衣和浴袍、性感吊带裙，包括出得厅堂、体面会客的家居装，可以入得厨房的工作装，可以出户到小区散步的休闲装等。

② 职业装。又称工作服，是为工作需要而特制的服装。西装、时装、夹克、中（西）式服装、制服和特种服装等一切适用办公场所的服饰产品。

③ 运动装。专用于体育运动竞赛的服装。广义上还包括从事户外体育活动穿着的服装。泛指用于日常生活穿着的运动休闲装。

三、穿着的礼仪哲学

1. 穿着的TPOR原则

TPOR是西方人提出的服饰穿戴原则，分别是英文中时间（Time）、地点（Place）、场合（Occasion）、角色（Role）4个单词的缩写。穿着的TPOR原则，要求人们在着装时以时间、地点、场合、角色四项因素为准。

（1）时间原则

时间既指每一天的早、中、晚三个时间段，也包括每年春夏秋冬的季节更替，以及人生的不同年龄阶段。时间原则要求着装考虑时间因素，做到随"时"更衣。

比如，服饰应当随着一年四季的变化而更替变换，不宜标新立异，打破常规。夏季以凉爽、轻柔、简洁为着装格调，使自己凉爽舒服的同时，让服饰色彩与款式给予他人视觉和心理上的好感受。夏天，层叠折皱过多、色彩浓重的服饰不仅使人燥热难耐，而且一旦出汗就会影响女士面部的妆容效果。冬季应以保暖、轻便为着装原则，避免臃肿不堪，也要避免要风度不要温度，为形体美观而着装太单薄。

（2）地点原则

地点原则代表地方、场所、位置不同，着装应有所区别，特定的环境应配以与之相适应、相协调的服饰，才能获得视觉和心理的和谐美感。

比如，穿着只有在正式的工作环境才合适的职业正装去娱乐、购物、休闲、观光，或者穿着牛仔服、网球裙、运动衣、休闲服进入办公场所和社交场地，都是与环境不和谐的表现。我们无法想象在静谧严肃的办公室穿着一身很随意的休闲服，穿一双拖鞋，或者在绿草如茵的运动场上穿一身笔挺的西装，脚穿皮鞋，这样的人肯定会被讥讽为不懂穿衣原则。

（3）场合原则

不同的场合有不同的服饰要求，只有与特定场合的气氛相一致，相融合的服饰，才能产生和谐的审美效果，实现人景相融的最佳效应。

例如，在办公室或外出处理一般类型的公务，服饰应是符合一般的职业正装要求。

在庄重场合，比如参加会议、庆典仪式、正式宴会、商务或外事谈判、会见外宾等隆重庄严的活动，服饰应当力求庄重、典雅，凡是请柬上规定穿礼服的，可以按规定办事。在国外，按礼仪规范，有一般礼服、社交礼服、晨礼服、大礼服、小礼服的区分。在我国，一般以中山装套装、西服套装、旗袍等充当礼服。庄重场合，一般不宜穿夹克衫、牛仔裤等便装，更不能穿短裤或背心。

而且，正式场合应严格符合穿着规范。比如，男子穿西装，一定要系领带，西装里面有背心的话，应将领带放在背心里面。西装应熨得平整，裤子要熨出裤线，衣领袖口要干净，皮鞋锃亮等。女子不宜赤脚穿凉鞋，如果穿长筒袜子，袜子口不要露在衣裙外面。

（4）角色原则

"云想衣裳花想容"，相对于偏于稳重单调的男士着装，女士们的着装则亮丽丰富得多。得体的穿着，不仅可以显得更加美丽，还可以体现出一个现代文明人良好的修养和独到的品位。

如果你的角色是学生，则你的着装需要简单清爽；如果你是职场人士，你的着装则要得体，还要体现干练；如果你是孕妇，则你要选择不一样材质以及尺码的服装；角色不同，意味着你的选择也不同。

【案例赏析】

某个夏日星期天，小李和几个外国朋友相约一起聚会娱乐，为了不失礼节，小李一早就对着镜子系上领带，西装革履地打扮好。上海的七月已是高温酷暑了，在一家农家乐餐馆坐定后，小李发现外国朋友都是T恤的休闲打扮。他们边吃边聊，很是开心，只有小李热得汗流浃背。饭后，大家相约去打保龄球，当小李摆好姿势用力把保龄球投出去时，只听到"嚓"的一声，西装上衣的袖子扯开了一个大口子，小李的脸一下红了……

思考：小李穿着正装会朋友，为何还会这么尴尬？

2. 穿着与形体肤色相协调

人的身材有高矮胖瘦之分，肤色有深浅之差，这是上天赋予的，我们不能选择，但我们可以根据服饰的质地、色彩、图案、造型工艺，选择适合我们身材的服饰，达到美化自己的目的。

比如说，胖子穿横条衣服会显得更肥胖。身材矮小者适宜穿造型简洁、色彩明快、小花型图案的服装。脖子短的人穿低领或无领衣可以使脖子显得稍长。

同时，穿着最好与肤色在色彩上相协调。肤色白净者，适合穿各色服装；肤色偏黄者不宜穿蓝色、紫色或偏黄色服装；肤色较暗者不穿深褐色、黑紫色服装，皮肤较黑的人宜穿暖色调的弱饱和色服装；肤色偏红的人最好避免绿色系的服装，因为这样的颜色会与肤色形成强烈的对比。

3.服饰的色彩哲学

色彩因其物理特质，常对人的生理感觉形成刺激，诱发人们的心理定势和联想等心理活动，色彩还具有某种社会象征性，许多色彩象征着某种性格、情感、追求等。如：

黑色，象征神秘、悲哀、静寂、死亡，或者刚强、坚定、冷峻；

白色，象征纯洁、明亮、朴素、神圣、高雅、恬淡、空虚、无望等；

黄色，象征炽热、光明、庄严、明丽、希望、高贵、权威等；

大红，象征活力、热烈、激情、奔放、喜庆、福禄、爱情、革命等；

粉红，象征柔和、温馨、温情等；

紫色，象征高贵、华贵、庄重、优越等；

橙色，象征快乐、热情、活跃等；

褐色，象征谦和、平静、沉稳、亲切等；

绿色，象征生命、新鲜、青春、新生、自然、朝气等；

浅蓝，象征纯洁、清爽、文静、梦幻等；

深蓝，象征自信、沉静、平稳、深邃等；

灰色是中间色，可象征中立、和气、文雅等。

服饰的色彩搭配的基本方法一般包括同色搭配法、相似搭配法和主辅搭配法三种。同色搭配法是指把同一颜色按深浅、明暗不同进行搭配，如浅灰配深灰、墨绿配浅绿等；相似搭配法是指邻近色的搭配，如橙色配黄色、黄色配草绿、白色配灰色等；主辅搭配法则是指以一种色彩为整体的基调，再适当辅以一定的其他色的搭配。但无论如何服饰配色都要坚持一条最为基本的原则，即调和。一般来说，黑、白、灰三色是配色中的最安全色，最容易与其他色彩搭配以取得调和的效果。

再有，值得注意的是，服饰色彩还与一个人的身材、肤色等协调一致，比如深色有收缩感，适宜肥胖者穿戴，而浅色的料子有扩张性，身材瘦小者穿上后有丰腴的效果。

四、男士服饰礼仪

（一）男士服饰类别

男士服饰可分为职业正装、商务休闲装、生活休闲装三类。

1.职业正装包括西装、礼服等

西装是最为常见的职业正装，在后面内容中单独介绍。

礼服也称社交服，参加晚宴、婚礼、祭礼等郑重或者隆重仪式时所穿用的服饰。礼服可以分为中式礼服和西式礼服。中式礼服中，男士礼服可以是少数民族服装或中山装。西式礼服主要有燕尾服、平口式礼服、晨礼服、西装礼服、韩版礼服等。

（1）中式礼服

中山装是孙中山先生在广泛吸收欧美服饰的基础上，综合了当时日式学生服装与中式服装的特点，设计出的一种立翻领有袋盖的四贴袋服装，被世人称为中山装。中山装的诞生，结束了中国几千年来袍服制一统天下的局面，颠覆了中国人原有关于传统服装与身体空间的观念。中山装的流行，也代表着服装平等化观念的出现，是中国服装发展史上一场震撼性的革命。中山装作为中国人一度推崇的常式礼服，承载着一种文化，一种礼仪，一份民族自尊和自豪感，深得政治领袖和时尚圈明星达人的喜爱。

中山装的样式大约在20世纪20年代初基本成型，其基本形制是：立翻领、四个有笔架形袋盖的贴袋，袋盖上有纽扣，前门襟有七粒纽扣，袖口有三粒扣，背部有腰带和开衩。自20世纪20年代以后，中山装虽然在款式上有个别的变动，但总体变动不大，主要的改动就是把七粒扣改为五粒扣；后背取消腰带、开衩；上口袋有褶裥式的贴袋改为平贴袋。这些改变在20世纪30年代完成后，中山装的形制基本稳定下来。中山装款式的总体变化趋势是局部变化，整体不变，并且由繁到简，结构更加清晰，线条简练滑顺。

中山装的色彩很丰富，除常见的蓝色、灰色外，还有驼色、黑色、白色、灰绿色、米黄色等。一般来说，南方地区偏爱浅色，而北方地区则偏爱深色。在不同场合穿用，对其颜色的选择也不一样，作礼服用的中山装色彩要庄重、沉着，而作便服用时色彩可以鲜明活泼些。

中山装讲究沉稳大气，避免搭配各种烦琐的配饰。对于那些显得轻浮的时尚单品也要退避三舍。

思考：中山装有哪些文化内涵？

（2）西式礼服

燕尾服：最常见、最能够修饰身材的礼服种类（图2.10），特色是前短后长，前身长度于腰际，后摆拉长，可变现出修长的双腿，并有收缩腰身的效果，燕尾服是正式礼服的一种，在晚间6点以后穿着，燕尾款式的礼服除了要配上背心以外，也可以搭配胸针和领巾，以增加正式华丽感。

平口礼服：也是人称王子式礼服（图2.11），单排扣和双排扣都可以，他不及燕尾服与晨礼服的正式，可用于婚宴派对上的穿着，平口式礼服的特色是裁剪设计较类似于西装，适合较为瘦高的新郎穿着，平口礼服的正式穿法，是外套、衬衣、长裤，搭配领结、腰封。

晨礼服：又称为英国绅士礼服，是礼服中最为正式的一种，特色是外套剪裁为优雅的流线型，充满了贵族感（图2.12）。因此，较适合有书卷气或是整体身材不错的新郎穿着，晨礼服的正式穿法为外套、衬衣、长裤，搭配背心、领结。

西装礼服：普通西装并不能应用于正式场合，尤其是在自己的婚礼上，穿礼服才够隆重（图2.13）。如果将西服的戗驳领用缎面制成，成为西装礼服，再配领结和腰封（或者背心），衬衣再选择胸前打褶皱设计的礼服衬衣，也是可以出席隆重场合。西装礼服也可以说是一种现代的改良礼服。西装礼服的正式穿法为外套、衬衣、长裤，搭配背心、领带。

韩版礼服：顾名思义，韩版礼服是专为亚洲人所设计的一种礼服（图2.14），亚洲人相比欧洲人，体型较小。韩版礼服在胸、腰、袖、裤上做了一点收饰，韩版礼服比较适合体型瘦小的人穿着，很多人会有一种误区，收身就是韩版，其实收身最早出现在欧版礼服当中。韩版礼服的正式穿法为外套、衬衣、长裤、背心、领带。

图2.10 燕尾服　　图2.11 平口礼服　　图2.12 晨礼服　　图2.13 西装礼服　　图2.14 韩版礼服

2. 商务休闲装

以商务、时尚气息为主设计出来的男装，职业而又偏带休闲。一般可在办公室、不太正式场合的会议场所，与客户一般洽谈时进行穿着。

3. 生活休闲装

有别于严谨、庄重服装，主要是在现代生活中能够体现人的自然体态及简洁，适用于运动的便装及运动服。休闲服装一般可以分为：前卫休闲、运动休闲、浪漫休闲、古典休闲、民俗休闲和乡村休闲等。随着人们生活方式的改变，服装风格也在不断变化。休闲装似乎正在成为一种主流，在一些较为正式的场合越来越多地看到休闲装的影子。不少职场人士认为，现在很多场合都适合穿休闲装。比如，有时出去拜访别的公司领导人，穿得太正规显得太严肃，但太随意又显得不够庄重，于是穿休闲装就成为比较理想的选择。

（二）男士西装服饰礼仪

西装是一种国际性服装，穿起来给人一种彬彬有礼、潇洒大方的深刻印象，所以现在越来越多地被用于正式场合。许多涉外机构，包括国内一些大企业，明文规定职员不能穿短裤、休闲装上班，要求男士必须穿西服打领带，各个星级酒店也更多地以西装为职业装。"西装一半在做，一半在穿"，得体的西装穿着会使你显得气质高雅、内涵丰富、卓尔不凡。男士服装的流行式样变化较小，因而应准备几套做工考究的西装以应付各种社交场合。

1. 西装的款式

按件数，西装有单件与套装之分。单件西装属于休闲装，正式场合必须着套装。套装分为二件套与三件套，二件套是上衣外套与裤装，三件套是两件套西装再加上同色同料的背心（马甲），按传统来说，三件套更显得经典与正式。

按西装上衣开扣方式分为单排扣和双排扣两种，根据上衣纽扣的数目各自呈现不同的风格。一般认为，双排扣西装上衣比较传统，单排扣西装上衣则较为时尚。西装的扣子遵循"扣上不扣下"的原则，如单排二粒扣西装，只扣上面一粒，下面则不扣；单排三粒扣西装，只扣中间一粒或上面二粒，下面也不扣；而单排一粒扣的西装，可扣可不扣，扣上表示庄重，不扣则表示轻松、随意的氛围；双排扣西装，最下面一粒一般是不扣的。

按西装外观形状大致可分为欧式、英式、美式、日式。

欧式西装的主要特征：上衣呈现倒梯形，多为双排扣，衣领较宽，强调肩部与后摆，垫肩较高，腰身中等，后摆无开衩。这种版型源自欧洲人身材高大，肩部宽阔的体型。欧式对排扣西服由于纽扣位置较低，有一种上半身显长的感觉，所以身材较矮的男士应该慎重穿着。

英式西装的主要特征：多为单排扣，讲究自然、贴身，衣领较窄，腰部略收，垫肩较薄，后摆两侧开衩。

美式西装的主要特征：肩部没有明显衬垫；腰身不明显；袖子宽松舒适；裤管宽而直，较为宽松，后摆中间开衩，多为单排扣式。

日式西装的主要特征：上衣呈"H"型，不过分强调肩和腰，领子较短、较窄，不过分收腰，后摆也不开衩，多为单排扣式。

2. 西装的搭配

（1）与衬衫的搭配

与正装西服相搭配应为长袖正装衬衫。

面料应为高织精纺的纯棉、纯毛面料，或以棉、毛为主要成分的混纺衬衫。

条绒布、水洗布、化纤布、真丝、纯麻皆不宜选。

衬衫颜色以纯色或较细的竖条纹为主，但竖条纹衬衫避免与竖条纹西装同时穿着。过于艳丽的颜色（如红、粉、紫、绿、黄、橙色等）有失庄重，不宜选。

穿西装的时候，衬衫的第一粒纽扣，穿西装打领带时一定要系好，否则松松垮垮，给人极不正规的感觉。相反，不打领带时，一定要解开，否则给人感觉好像忘记打领带似的。打领带时衬衫袖口的扣子一定要系好，而且绝对不能把袖口挽起来。衬衫的袖口一般以露出西装袖口以外1.5厘米为宜。这样既美观又干净，但要注意衬衫袖口不要露出太长，那样就是过犹不及了。衬衫的下摆不可过长，而且下摆要塞到裤子里。经常会出现某些服务行业的员工，穿着统一的制式衬衫，系着领结，衬衫的下摆却没有塞到裤裙中去，给人一种不伦不类，很不正规的感觉。

不穿西装外套只穿衬衫打领带仅限室内，而且正式场合不允许。

（2）与领带的搭配

领带，是穿着西装时的重要配件，有"西装灵魂"之称。领带、手表和装饰性袖扣并称为"成年男子的三大饰品"。

领带的款式，有宽窄之分，这主要受到时尚流行的左右。进行选择时，应注意最好使领带的宽度与自己身体的宽度成正比，而不要反差过大。它还有箭头与平头之别。前者下端为倒三角形，适用于各种场合，比较传统。后者下端平头，比较时髦，多适用于非正式场合。

最好的领带，是用真丝或者羊毛制作而成，一般正式场合，不宜选用棉、麻、绒、皮、革、塑料、珍珠等物制成的领带；颜色也不要超过三种，最好是单色无图案的，常见花色为斜条纹、格纹和点状纹等。

另外，在涉外场合，我们与不同国家友人交往时应注意不同的礼仪。一般来讲，与英国人交往时，不要系带条纹的领带。另外，阿拉伯人从来不买绿色领带，荷兰人从来不戴橙色领带，法国人不戴红、白、蓝三色混合的领带。

打领带时，应对领带的结法、领带的长度、领带的位置、领带的佩饰多加注意，才有可能将领带打得完美无缺。打领带结有三点技巧。其一，要把它打得端正、挺括，外观上呈倒三角形。其二，可以在收紧领结时，有意在其下压出一个窝或一条沟来，使其看起来美观、自然。其三，领带结的具体大小不可以完全自行其是，而应令其大体上与同时所穿的衬衫领子的大小成正比。需要说明的是，穿立领衬衫时不宜打领带，穿翼领衬衫时适合扎蝴蝶结。领带打好之后，宽片下端正好触及腰带扣的上端，窄片不能长于宽片。

与领带相配的还有领带夹。正确地使用领带夹，要注意夹的部位。一般来讲，对于五粒扣的衬衫，将领带夹夹在第三粒与第四粒纽扣之间；六粒扣的衬衫，夹在第四粒与第五粒扣子之间。还有一条规则，就是系上西装上衣的第一粒纽扣尽量不要露出领带夹。

现在越来越多的白领人士不用领带夹，他们选择把窄的一片放到宽的一片背部的商标里。因为，无论多么高级的领带夹，使用不当，都有可能损坏领带。

（3）与袜子的搭配

袜子的颜色以深色、单色为主，最好选用黑色。忌用白色袜子配西装。袜子长度宁长勿短，宜选用商务男士袜，袜口可达到小腿肚。

（4）与皮鞋的搭配

与西装配套的鞋只能选择皮鞋，没有任何图案、装饰，颜色为单一色，应与西装颜色相搭配。款式应当庄重而正统，推荐选择系带皮鞋为佳。需要注意，磨砂皮鞋、翻毛皮鞋大都属于休闲皮鞋，不太适合与正装西装相搭配。

（5）西装的扣子

西装的扣子有单排扣与双排扣之分。单排扣有1粒、2粒、3粒；双排扣有2粒、4粒和6粒。

单排扣的西装穿着时可以敞开，也可以扣上扣子。照规矩西装上衣的扣子在站着的时候应该扣上，坐下时才可以敞开。单排扣西装的扣子并不是每一粒都要系好的。单排扣1粒的扣与不扣都无关紧要，但正式场合应当扣上；2粒的应扣上面的一粒，底下的一粒为样扣，不用扣。对于2粒扣子的单排扣西装有这么四句话，可以帮助我们记忆："只系上扣是正规，全部打开是潇洒，只系下扣是流气，全部系上是土气。"3粒扣子的扣上中间一粒，上下各一粒不用扣（图2.15）。

图2.15　单排扣西装扣子扣法

双排扣的西装要把扣子全系上。双排扣西装最早出现于美国，曾经在意大利、德国、法国等欧洲国家很流行，不过现在已经不多见了。

西装背心的扣子。西装背心有6粒扣与5粒扣之分。6粒扣的最底下的那粒可以不扣，而5粒扣的则要全部都扣上。

（6）西装的口袋

西装讲求以直线为美。所以，西装上面有很多口袋为装饰袋，是不能够装东西的。我们知道，男性也有许多小东西，如果在穿西装时不注意，一个劲地往口袋里装，弄得鼓鼓囊囊，那么肯定会破坏西装直线的美感，这样既不美观、又有失礼仪。

上衣口袋。穿西装尤其强调平整、挺括的外观，就是线条轮廓清楚，服帖合身。这就要求上衣口袋只作装饰，不可以用来装任何东西，但必要可装折好花式的手帕。

西装左胸内侧衣袋，可以装票夹（钱夹）、小笔记本或笔。

右侧内侧衣袋，可以装名片、香烟、打火机等。

裤兜也与上衣袋一样，不能装物，以求裤型美观。但裤子后兜可以装手帕、零用钱等。

千万需要注意的是，西装的衣袋和裤袋里，不宜放太多的东西，避免鼓鼓囊囊的。而且，把两手随意插在西装衣袋和裤袋里，也是有失风度的。如要携带一些必备物品，可以装在提袋或手提箱里，这样不但看起来干净利落，也能防止衣服变形。

（7）男子着西装"三个三"原则

商务交往、正式社交场合，男士着西装如何体现自身的身份和品位。

● 三色原则

正式场合，着西装套装全身上下不超过三种颜色。

● 三一定律

着西装正装，腰带、皮鞋、公文包应保持同一颜色，黑色最佳。

● 三大禁忌

西装左袖的商标没有拆；

穿白色袜子、尼龙袜子出现在正式场合；

佩带劣质的、图案花哨的领带。

思考： 你在公众场合见到哪些衣冠不整的行为？

五、女士服饰礼仪

（一）女士服装分类

女士服装按功能区分为：礼服、职业装和生活休闲装。

1. 礼服

礼服是指以裙装为基本款式，在特定礼仪场合穿着的服装。

① 晚礼服，即西式大礼服，是一种最正式的礼服。主要适用于晚间举行的各种正式活动，如官方举行的大型宴会、交际舞会、庆典活动等。这类礼服大多是下摆及地的长裙，比较多地显露颈、胸、背和手臂部位，充分体现女性美。穿大礼服时，必须戴上与其色彩相同的帽子或面纱，配礼服长手套，耳环、项链等饰品也不可少。

② 小礼服，主要适用于参加晚上6点以后举行的各种宴会、音乐会或观看歌剧等场合穿着。小礼服为长及脚面的露背式连衣裙，衣袖可长可短，配手套。为方便交谈，穿着小礼服时可不戴帽子或面纱。

③ 常礼服，也称西式晨礼服。常礼服为质地、色泽一致的衣裙组合或单件连衣裙，裙长过膝。主要在白天穿着，适于出席白天举行的庆典、茶会、游园会和婚礼等。配帽子、薄纱短手套及小巧的手袋等。

④ 旗袍，是代表中国女性魅力的裙装（图2.16），深受国内外女性喜爱。在各种宴会、酒会等社交活动中，旗袍作为礼服被世界认可。虽然其定义和产生的时间至今还存有诸多争议，但它仍然是中国悠久的服饰文化中最绚烂的现象和形式之一。2011年5月23日，旗袍手工制作工艺成为国务院批准公布第三批国家级非物质文化遗产之一。

汉服秀

图2.16 旗袍

其实，同质、同色的西式套裙也可以作为礼服穿着，但要注意质地精良，款式简洁大方；连衣裙也可作为日间社交活动的礼服，但要注意选用单色、图案简洁，面料高档，质地厚实，且裙长及膝。

【礼仪小知识】

汉服

汉服，全称为"汉民族传统服饰"。汉服的最早起源在黄帝时期，在黄帝之前的原始人类基本都不穿衣服。汉服经过五千年发展到如今样式已经变得多式多样，有古老的天子六服、王后六服、剑服、儒服等具有中国特色文化气息的汉服。汉服体现着杰出的染、织、绣工艺与民族特色，传承了30多项中国非物质文化遗产，汉服同时还承载着华夏的礼仪文化，"衣冠上国、礼仪之邦、锦绣中华"等称呼皆由此来。

现代人一般情况下不穿汉服，到了某些正式场合和表演场合才穿，或者是有人想体验一下穿汉服是什么样的感觉才穿。汉服的穿着方面和中国古典礼仪有着很大的关系。

汉服的穿着一定要合乎礼法，其中最典型的要数"交领右衽"。交领就是衣服的领口交叉起来，右衽就是将左边的衣服领子覆盖在右边领子上面，反之则成为左衽。假如交领左衽的话是对人极大的不尊敬。身穿汉服，就要做出与其相符合的言行举止，处处注意礼仪。

2. 职业装

职业装分成两类，一类是行业或企业标志的职业装；另一类是指女性在工作场合穿着的职业套装或套裙，这种服装没有明确的组织标识，主要为了体现干练的精神风貌、弱化女性的性别特征。

3.生活休闲装

生活休闲装是指有别于庄重、隆重场合穿着的服装类型，用于日常生活及一般的社会交际场合。

（二）女士职业装礼仪

女士职业服装根据下身服装的不同可分为套裙（衬衣+半截裙）和套裤（衬衣+长裤）两种。一般较为正式的场合要求女士穿裙装，显得正式、庄重。

1.西服套裙的选择

① 面料：职业套装所用的面料讲究平整、润滑、光洁、柔软、挺括，并且不起皱、不起球、不起毛。上衣、裙子、背心应选择同一质地、同一颜色为好。

② 色彩：以冷色调为主，体现着装者的典雅、端庄与稳重。套裙颜色的选择遵循TPOR原则，兼顾着装者的肤色、体型、年龄与性格。

套裙的颜色不仅仅是单一色，也可以两种色彩互相搭配。上浅下深或上深下浅的组合，形成鲜明的对比，给人留下深刻的印象。注意：一套套裙的全部色彩不要超过两种，不然会显得杂乱无章。

③ 图案：按惯例，套裙可以不带任何图案。也可按着装者的喜好，选择格子、圆点或条纹为主要图案的套裙，不能选择花卉、宠物、人物、文字、符号为主体图案的套裙。

④ 点缀：女士套裙不宜有过多的点缀，一般可以加些装饰扣、包边、蕾丝等点缀物，以起到"画龙点睛"的效果，点缀物宜少不宜多，宜精不宜糙，宜简不宜繁。

⑤ 尺寸：从具体的尺寸上来讲，套裙可以变化无穷。上衣与裙子的长短没有明确的规定。但裙短则不雅，裙长则无神。套裙之中的超短裙，裙长应以不短于膝盖以上15厘米为限，裙子下摆及膝或稍过膝，是最为标准、最为理想的。

⑥ 版型：套裙的版型，是指整体外观与轮廓。从总体上来讲，可以大致分为"H"型、"X"型、"A"型、"Y"型。

● "H"型套裙：上衣较为宽松，裙子亦多为筒式。这样一来，上衣与下裙便给人以直上直下，浑然一体之感。它可以让着装者显得优雅、含蓄。

● "X"型套裙：上衣多为紧身式，裙子则大都是喇叭式。实际上，它是以上宽与下松来有意识地突出着装者腰部的纤细。此种造型的套裙轮廓清晰而生动。

● "A"型套裙：上衣为紧身式，裙子则为宽松式。此种上紧下松的造型，既能体现着装者上半身的身材优势，又能适当地遮掩其下半身的身材劣势。不仅如此，它还在总体造型上显得松紧有致、富于变化和动感。

● "Y"型套裙：上衣为松身式，裙子多为紧身式，并且以筒式为主。它的基本造型，实际上就是上松下紧。一般来说，它意在遮掩着装者上半身的短处，同时表现出下半身的长处。

⑦ 款式：套裙之中上衣的变化，主要表现在衣领方面。除了最为常见的一字领、圆状领、"V"字领、"U"字领之外，还有披肩领、燕翼领、蟹钳领、束带领等领型。

2. 套裙的搭配

（1）与衬衫的搭配

穿衬衫时，须注意以下事项：一是衬衫的下摆必须掖入裙腰之内，不得任其悬垂于外，或是将其在腰间打结。二是衬衫的纽扣要一一系好。除最上端一粒纽扣按惯例允许不系外，其他纽扣均不得随意解开。以免在他人面前显示不雅之态。三是衬衫在公共场合不宜直接外穿。按照礼貌，不许可在外人面前脱下上衣，直接以衬衫面对对方，特别是身穿紧身而透明的衬衫时。

（2）与内衣的搭配

在穿着套裙时，按惯例亦须对同时所穿的内衣慎加选择，并注意其穿着之法。内衣应当柔软贴身，并且起着支撑和烘托女性线条的作用。有鉴于此，选择内衣时，最关键的是要使之大小适当，既不能过于宽大，也不能过于窄小。内衣的具体款式甚多。在进行选择时，应特别注意，穿上内衣以后，不应使它的轮廓一目了然地在套裙之外展现出来。

（3）与衬裙的搭配

衬裙，特指穿在裙子之内的裙子。一般而言，穿套裙时里面必须配衬裙。穿套裙时，尤其是穿丝、棉、麻等薄型面料或浅色面料的套裙时，假如不穿衬裙，就很有可能会使自己的内裤动辄为外人所见。

选择衬裙时，可以考虑各种面料，以透气、吸湿、单薄、柔软者为佳。衬裙的色彩，宜为单色，如白色、肉色等，但必须使之与外面套裙的色彩相互协调。衬裙上不宜出现任何图案。

（4）与鞋袜的搭配

一般来说，黑色的船型牛皮皮鞋与职业套裙基本万搭，当然，也可选择与套裙颜色一致的船型皮鞋。避免选择颜色较鲜艳的鞋，如鲜红、明黄、艳绿、浅紫。穿套裙时所穿的袜子是尼龙丝袜或羊毛袜，有肉色、黑色、浅灰、浅棕等几种常规颜色可选择。高筒袜与连裤袜则是与套裙的标准搭配。中筒袜和低筒袜绝对不宜与套裙同时穿着。

（5）与丝巾的搭配

对于掩藏个性的职业装来说，最温柔的配饰莫过于丝巾，让人觉得端庄和活泼。与现有服装风格合理搭配，能诠释女性自然、温和、内敛的东方气质。丝巾是衣服的点缀，一件普通的衣服通过一条丝巾小小的点缀就活色生香起来。

选择丝巾时应注意：搭配做工精良的套装时，选择有光泽、色彩与外套颜色和谐，体现出精致品位。

3. 套裙的穿着礼仪

（1）穿着到位

上衣的领子要完全翻好，衣袋的盖子要拉出来盖住衣袋；不允许将上衣披在身上，或者搭在身上；裙子要穿得端端正正，上下对齐之处务必好好对齐。按照规矩，商界女士在正式场合穿套裙时，上衣的衣扣一律全部系上。

（2）协调装饰

穿着打扮讲究的是着装、化妆和配饰风格统一、相辅相成。穿套裙时，必须维护好个人的形象，所以不能不化妆，但也不可过浓。

选配饰也要少，合乎身份。在工作岗位上，不佩戴任何首饰也是可以的。不宜佩戴与个人身份有关的珠宝首饰，也不允许佩戴过度张扬的耳环、手镯、脚链等首饰。

（3）兼顾举止

套裙最能够体现女性的柔美曲线，这就要求穿着者举止优雅，注意个人仪态。当穿上套裙后，站姿要又稳又正，不可双腿叉开。就座以后，务必注意姿态，切勿双腿分开过大，或是翘起一条腿来，抖动脚尖；更不可脚尖挑鞋直晃，甚至当众脱鞋。走路时不能大步地奔跑，步子要轻而稳。拿自己够不着的东西，可以请他人帮忙，千万不要逞强，尤其是不要踮起脚尖、伸直胳膊费力地去够，或是俯身、探头去拿。

（4）职业女性着裙装的"五不准"

- 黑色皮裙不能穿；
- 正式的高级场合不光腿，尤其是隆重正式的庆典仪式；
- 袜子不能出现残破；
- 不准鞋袜不配套；
- 不能出现"三截腿"。

思考：现在有些人追求"时尚"，流行穿破洞装、乞丐装，并以此为美，你怎样看待这种行为？

六、配饰礼仪

配饰指能起到装饰点缀作用的首饰。女性配饰的种类很多，如头饰、耳饰、颈饰、腕饰、腰饰、首饰、脚饰等，具体有帽子、发卡、耳环、项链、围巾、胸针、胸花、手表、手链、手镯、腰带、手袋、手套、戒指、脚链等，眼镜也是很重要的饰品，而男士的配饰相对比较简单，主要有领带、皮带、手表、戒指、公文包等。

（一）饰品的佩戴原则

饰品佩戴总的原则——符合身份，以少为佳

1. 数量原则

选择佩戴饰品应当是起到锦上添花、画龙点睛的作用，而不应是过分炫耀，刻意堆砌，切不可画蛇添足。对于服务人员，我们提倡不戴，如果在特定场合需要佩戴，则上限不过三件。

2. 质色原则

人际交往中，女士佩戴两种或两种以上的首饰，怎样表现出自己的品位和水准？答案是同质同色，即质地色彩相同。

3. 搭配原则

首先，饰品的佩戴应讲求整体的效果，要和服装相协调。一般穿着考究的服装时，才佩戴昂贵的饰品，服装轻盈飘逸，饰品也应玲珑精致，穿运动装、工作服时不宜佩戴饰品。

其次，饰品的佩戴还应考虑所处的季节、场合、环境等因素。这些因素不同，其佩戴方式和佩戴取舍也不同。如春秋季可选戴耳环、别针，夏季选择项链和手链，冬季则不宜选用太多的饰品，因为冬天衣服臃肿，饰品过多反而不佳；上班、运动或旅游时以不戴或少戴饰品为好，只有在交际应酬的时候佩戴饰品才合适——展示自己时尚个性有魅力的一面。

4. 扬长避短原则

饰品的佩戴应与自身条件相协调，如体形、肤色、脸型、发型、年龄、气质等。

5. 习俗原则

饰品佩戴要注意寓意和习俗。如戒指、手镯、玉坠等的佩戴。

【案例赏析】

小黄去一家外企进行最后一轮总经理助理的面试。为确保万无一失，她做了精心的打扮。一身前卫的衣服，时尚的手环，造型独特的戒指，亮闪闪的项链，新潮的耳坠，身上每一处都是闪光点。而她的对手只是一个相貌平平的女孩，学历也并不比她高，所以小黄觉得胜券在握。但结果却出乎意料，她没有被这家外企所认可。主考官抱歉地说："你确实很漂亮，你的服装配饰无不令我赏心悦目，可我觉得你并不适合干助理这份工作，实在很抱歉。"

思考：小黄没有面试成功，问题出在哪？

（二）常见饰物的选择与佩戴

1. 戒指

戒指的佩戴往往暗示着佩戴者的婚姻和择偶状况。国际上较为通行的戒指佩戴规范是戴在左手上，拇指不戴戒指；戴在食指上，表示无偶求爱；戴在中指上，表示正在恋爱；戴在无名指上，表示已订婚或结婚；中指和无名指上同时戴，表示已婚并且夫妻感情很好；戴在小指上，表示奉行独身主义。在不少西方国家，未婚女子的戒指戴在右手而不是左手上。

2. 项链

项链是戴于颈部的环形首饰，可装饰人的颈项、胸部，男女均可使用。项链可分为四种：第一种是短项链，约长40厘米，适合搭配低领上装。第二种是中长项链，约50厘米，可广泛使用。第三种是长项链，约60厘米，适合于女士用于社交场合。第四种是特长项链，约70厘米，适合女士在隆重的社交场合佩戴。项链的粗细应与脖子的粗细成正比，与脖子的长短成反比。体型较胖、脖子较短的人宜佩戴较粗、较长的项链，身材苗条修长、脖子细长的人最好选择略粗一些的短项链。

3. 耳环

耳环是女性的重要饰品之一，由于它显露在人体的重要部位，直接刺激他人的注意力，因此选择耳环时要考虑自己的脸型、头型、发式、服饰等诸方面的因素。脸型较长的，特别是下颌较尖的脸形应佩戴面积较大的扣式耳环和圆拱形大耳环，以使脸部显得圆润丰满；脸型较宽的，宜佩戴面积较小的贴耳式耳环；圆脸型的人宜佩戴有坠耳环，可以利用挂坠所形成的纵长度，使圆脸轮廓有所改观。

4. 手镯

佩戴手镯，强调的是手腕和手臂的美丽，男士一般不戴手镯。手镯可以只戴一只，也可以同时戴两只。戴一只时，通常戴于左手，戴两只时，可一手戴一只或都戴在左手上。在正式场合不要在一只手上同时戴多个手镯。

5. 手链

手链男女均可戴，一只手上仅限戴一条，且不能与手表同时戴在一个手腕上。

6. 胸针

胸针是别在胸前的饰物，多为女士所用。穿西装时，应别在左侧领上；穿无领上衣时，宜别在左侧胸前。发型偏左时，胸针居右，发型偏右时，胸针偏左。高度在自上往下第一与第二粒纽扣之间。

7. 胸花

胸花是指女性胸、肩、腰、头等部位的各种花饰，胸花与衣服既有对比美，又有协调美。最常见的是将胸花佩戴于左胸，也可按服饰设计要求和服饰整体效果将其佩戴于肩部、腰部、前胸或发际。佩戴时，花茎向下，使之与花自然开放的姿态形同。个子矮小的女性宜选择小一点的花，佩戴得稍高一些，个子高的女性宜选大一点的花，佩戴位置可稍微低一点。

8. 帽子

帽子是由头巾演变而来的。在现代生活中，帽子不仅有御寒遮阳的作用，还具有装饰功能。参加各种活动及上门做客时，进入室内后应脱帽。女士的传统礼帽，作为服饰的一部分则允许在室内穿戴。

9. 围巾

围巾不仅能御寒，而且还能使服装增色。围巾的配色原则是：深色衣服宜配鲜艳围巾，浅色衣服宜配素色围巾。

10. 提包

女士小型提包是女士日间出席正式场合时使用的重要饰物，可以使女性在动态中显示出独特的魅力。

11. 墨镜

墨镜也称太阳镜，原本是用作抵挡阳光保护眼睛的，现已成为一种装饰五官的脸部饰品了。礼仪规范对墨镜的要求是：在参加室内活动时，不要戴墨镜；在室外，遇有礼仪性活动，也不应戴墨镜。有眼疾需戴墨镜时，应向主人或客人说明并致歉意。在与人握手、说话时，应将墨镜摘下。

交流拓思

古籍赏析

> 冠必正，纽必结。袜与履，俱紧切。
> 置冠服，有定位。勿乱顿，致污秽。
> 衣贵洁，不贵华。上循分，下称家。

> ——《弟子规·谨》

思考：如何理解这段话的意思？

职场模拟

一、练习打领带、系丝巾

职场场景：领带和丝巾是男女西服重要的饰物，熟练掌握领带、丝巾的几种系法，灵活运用。

模拟要求：将全班同学分成同性别的若干组，男生练习打领带，女生练习系丝巾，小组展示，教师进行总结评价。

1.领带的系法

马车夫结（Simple Tie）（图2.17）

难度：★☆☆☆☆

适用场景：适用于质料较厚的领带，标准式及扣式领口的衬衫。

四手结（Four in hands Tie）（图2.18）

难度：★☆☆☆☆

适用场景：四手结适合所有人，特别适合脖子较短的男士。适用于各种款式的衬衫及领带。

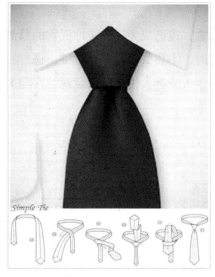

图2.17　马车夫结

图2.18　四手结

温莎结（Windsor Tie）（图2.19）

难度：★★★★☆

适用场景：适合宽衣领衬衫及商务和政治场合佩戴；不太适合配搭狭窄衣领的衬衫。如果使用厚的领带，打出来的温莎结将会显得太大。

半温莎结（Half Windsor Tie）（图2.20）

难度：★★★☆☆

适用场景：半温莎结适合大多数的衣领及场合，最适合搭配在浪漫的尖领及标准式领口系列衬衣。最适宜使用中等到稍有厚度的领带。

图2.19　温莎结

图2.20　半温莎结

普瑞特结（Pratt Tie）（图2.21）

难度：★☆☆☆☆

适用场景：打法简单易学，适合大部分人群。适合大多数衬衫和场合，缺点是领带的小领反面朝外，如不藏好在大领之后，观感较差。

亚伯特王子结（Prince Albert Tie）（图2.22）

难度：★★☆☆☆

适用场景：适合意气风发的年轻精英们使用。适用于质地柔软的细领带以及搭配扣领及尖领衬衫。

图2.21　普瑞特结

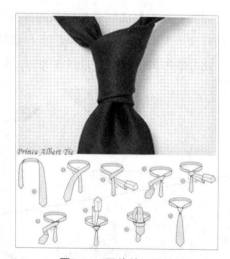

图2.22　亚伯特王子结

开尔文结（Kelvin Tie）（图2.23）

难度：★☆☆☆☆

适用场景：打法简单，适合大部分人群。

巴尔萨斯结（Balthus Tie）（图2.24）

难度：★★★☆☆

适用场景：身高中等或偏矮，窄胸围，细脖子。适用于柔软轻薄丝质材料，宽领带。

蝴蝶结（Bow Tie）（图2.25）

难度：★★★★☆

适用场景：适合所有人，主要在正式场合中使用，在日常使用上也越来越普遍。

 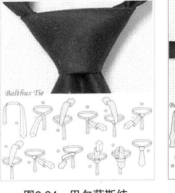 

图2.23　开尔文结　　　　图2.24　巴尔萨斯结　　　　图2.25　蝴蝶结

2.丝巾的系法

（1）基础打法

方法：基础打法就是连续系两次打个结（图2.26）。丝巾的一切打法，都是在这个基础打法上发展而来的。如果想有一点技巧，可以按照领带的打法，如果是在最前方，颇有几分领巾风情；如果是斜在旁边，就是公主结。

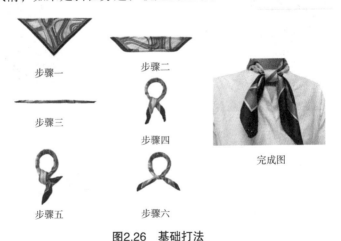

步骤一　　　　　步骤二

步骤三　　　　　步骤四

完成图

步骤五　　　　　步骤六

图2.26　基础打法

（2）玫瑰花开

方法：将丝巾对折起来，对折的两个角进行打结，将打结的两个角稍微打开，接下来将另外两边的对角拉进来，左右交叉而过，从打结的对角内穿过去（图2.27）。这种系法看起来十分的优雅大方，是一种较正式的系法。

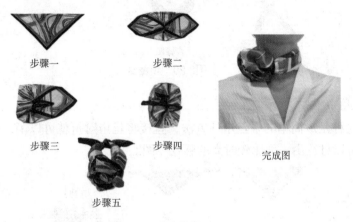

图2.27　玫瑰花开

（3）颈间蝴蝶

方法：将丝巾对折，一共对折三次，同一个方向对折。丝巾就会变成一条比较纤细的丝巾。将丝巾直接系在脖子上，打一个结就可以了（图2.28）。这种系法是比较精致可爱的，比较适合甜美可爱的女生。

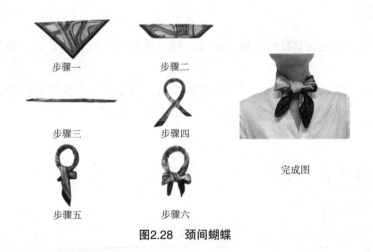

图2.28　颈间蝴蝶

（4）项链结

方法：将丝巾卷成细长条，围着脖子于前面交叉后，在后面打结即可（图2.29）。这种系法比较简洁，适合成熟的女性。

图2.29　项链结

（5）三角巾

方法：这种是最简单的系丝巾的方法，直接将丝巾对折就可以了，对折直接斜着绑在脖子上就可以打造出一种比较时尚的感觉（图2.30）。

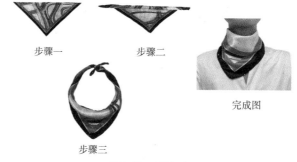

图2.30　三角巾

二、制服穿着

职场场景：明确制服着装的重要意义，树立规范制服着装的意识，养成良好的着装习惯。

模拟要求：将全班同学分成同性别的若干组，每组同学整理仪容仪表，展示职业风采，小组互评，教师进行总结评价，评出"最佳职业风采"。

评价考核

目标达成考核表

内　容		评　价	
学习目标	评价内容	小组评价 （5、4、3、2、1）	教师评价 （5、4、3、2、1）
德	注重仪表美，树立正确的审美观		
	较好的职业素养和职业精神		
	热爱中国服饰文化，坚定文化自信		

续表

内　容		评　价	
学习目标	评价内容	小组评价 （5、4、3、2、1）	教师评价 （5、4、3、2、1）
知	服饰文化的概述		
	服饰的分类和功能		
	穿着的礼仪哲学		
	男女士职业着装规范		
行	根据场合有针对性地选择和搭配合适的服饰		
	识别出不同的制服及其体现出的企业文化		
努力的方向：		建议：	

拓展阅读

西装的起源

西装起源于欧洲，西装的结构源于北欧南下的日耳曼民族服装。

13世纪，法国的海滨城市蔡纳泽尔风景优美，有一群渔民，他们终年与海洋为伴，因为需要在海洋里讨生活，所以，他们不会穿贵族式的宽衣大袍，只有着散领、少扣的服装，捕起鱼来才会方便。它以人体活动和体形等特点的结构分离组合为原则，形成了以打褶（省）、分片、分体的服装缝制方法，并以此确立了日后流行的服装结构模式。

传说，把渔夫装改成现代西装样式的是法国贵族菲利普。在一次海上钓鱼取乐中，菲利普感到自己穿紧领多扣的贵族服装很不方便，有时拉力过猛，甚至把扣子也挣脱了。可他看到渔民却行动自如，再仔细观察渔民穿的衣服，得到了启发。回到巴黎后，菲利普马上找来一班裁缝共同研究，力图设计出一种既方便生活又美观的服装。不久，一种时新的服装问世了。它与渔夫的服装相似，敞领少扣，但又比渔夫的衣服挺括，既便于行动又能保持传统服装的庄重。新服装很快传遍了巴黎和整个法国，后来又流行到整个西方世界。这就是西装的雏形！

任务四　仪态礼仪

文化传承

扫二维码
看翻译

子曰："君子不失足于人，不失色于人，不失口于人。是故君子貌足畏也，色足惮也，言足信也。"

——《礼记·表记》

【赏析】

"不失足于人"包含两个意思，一是与人相处要尊崇礼仪，言谈举止尊重对方；二是不要背地里损害别人的利益，使自己德行有亏。一个人如果能做到这两点，自然能行事磊落，做一个坦荡的谦谦君子。"不失色于人"指的是喜怒克制于心，合乎礼仪，发乎情而止乎礼。尤其不能轻易对别人动怒，或者把自己的怒气发泄到无关的人身上，这些都是不成熟的表现。"不失口于人"讲的是说话谈吐应考虑听者的感受，懂得换位思考，先思后言。

教学目标

德　① 培养学生庄重、优雅的行为举止，并成为一种习惯；

　　② 通过仪态礼仪训练提升学生个人素质，塑造良好的职业形象；

　　③ 增强学生的民族自豪感和爱国情怀，培养学生艰苦奋斗、吃苦耐劳的劳模精神。

知　① 了解仪态礼仪的含义及重要性；

② 熟悉仪态礼仪中站、坐、走、蹲男女士的差异、动作要领和基本规范；

③ 掌握仪态礼仪站、坐、走、蹲常用训练方法，以及运用禁忌。

行　① 掌握正确的站姿、坐姿、走姿、蹲姿，运用于日常生活以及未来职场中；

　　② 结合专业特点，开展仪态礼仪站、坐、走、蹲训练；

　　③ 体会运用得体仪态礼仪的好处，以及感受无声语言传递的信息。

课堂导入

旌湖宾馆（旌湖国际酒店）常用礼节示意图

走姿　　　　　　　　　站姿

- 挺胸收腹，目视前方，两手前后自然摆动。

- 挺胸收腹、面带微笑、双目平视前方，两臂自然下垂在身体两侧，脚跟并拢，脚尖呈V字形。

- 挺胸收腹、面带微笑、双目平视前方，双手在体前交叉，右手放于左手上，脚跟并拢，脚尖呈V字形。

坐姿

- 上身保持直立，左脚自然向前移动半步；双手自然下垂，右脚置于椅前。

- 身体保持直立前倾，双手扶裙部下摆，准备就坐。

- 落座时坐椅子的三分之二。

- 小腿与地面垂直，两腿并紧，两臂自然弯曲，右手握左手自然放于腿部。

迎宾　　　　　带客提行李　　　　让道

- 挺胸收腹，目视前方，面带微笑，双手在体前交叉，右手放于左手上，脚跟并拢，脚尖呈V字形。

- 宾客到来时主动微笑问好，引领时做这边请的手势，左手自然弯曲放于腹前，右手臂打开手指伸直五指并拢进行指引。

- 宾客到来时，礼貌问好，主动问询宾客是否需要行李服务，征得宾客同意后，双手接过宾客手中的行李。

- 遇见宾客，礼貌问好，靠边站立，礼貌请宾客先行。

引领

- 宾客走近时，向前一小步，向宾客施礼、问好。
- 在指引方向时，身体要侧向来宾，眼睛要兼顾所指方向和来宾。
- 在宾客前方指引宾客前行，请宾客小心台阶，指引宾客上行。
- 请宾客小心台阶，指引宾客下楼梯。

介绍

- 将管理人员介绍给宾客。
- 向管理人员引见宾客。
- 身体前倾15度左右，双手同时将名片递出，名片上的内容正朝向收受方。
- 双方握手交谈。

接听电话

- 电话铃响三声之内面带微笑接起电话，接听电话时中英文报岗、问好，注意嘴和话筒保持四厘米的距离，把耳朵贴近话筒，仔细倾听对方的讲话。

上、下车

- 左手拉开车门，右手护顶，请宾客上车，向宾客道别。
- 热情相迎，拉开车门，向宾客表示欢迎，左手固定车门，右手护住车门上沿，防止宾客碰到头部，请宾客下车。

蹲姿

- 右脚前移半步，身体略前倾，手臂自然下垂，目视地面物品。
- 身体保持直立前倾，双手扶住裙部下摆，目视地面物品。
- 下蹲时右脚在前，前脚着地，左脚掌着地，后跟提前，左膝低于右膝，左手自然放于腿上，右手拾地面物品。

递送物品

● 礼貌称呼宾客，文字正面朝向宾客，手握物品的三分之一处，双手递交。

● 递交笔应把笔尖向自己，使对方容易接；递交剪刀等利器应把刀尖向着自己。

● 礼貌称呼宾客，目视宾客，身体微微前倾，手握物品的三分之一处，双手递交。

员工仪容仪表规范标准

1. 员工在工作期间必须穿着宾馆工作制服，工号牌端正佩戴在工装左胸上方，制服干净整洁，熨烫平整，无污迹，纽扣齐全，无开线之处。
2. 皮鞋要光亮，女员工只允许着规定色彩袜子，袜子不能有破洞或抽线。
3. 员工要注意自己的修饰，发型应整洁大方，男员工不允许留胡须，发脚不盖过耳部及后衣领；女员工不得披头散发或梳理怪异发型，长发在工作时须盘起
4. 员工应勤剪指甲，保持干净，不得涂有色指甲油，使用化妆品不宜气味过浓，女员工着淡妆上班。
5. 员工上班不得佩戴首饰（手表，结婚戒指除外）。

前不遮眉，侧不过耳，后不盖领

面化淡妆，表情自然，面带笑容

必须着工装上岗，不外漏个人衣服，保持工装清洁，工号牌端正佩戴于左胸上方位置

除结婚戒指外，不能佩戴任何其他饰品，勤剪指甲，指甲缝内无污垢

皮鞋保持整洁光亮，着深色无花纹袜子

前不遮眉，侧不过耳，后不盖领

保持面部皮肤清洁，不油腻，不留胡须，面带微笑

必须着工装上岗，不外漏个人衣服，保持工装清洁，工号牌端正佩戴于左胸上方位置

除结婚戒指外，不能佩戴任何其他饰品，勤剪指甲，指甲缝内无污垢

皮鞋保持整洁光亮，着深色无花纹袜子

前不遮眉，侧不过耳，后不盖领

面化淡妆，表情自然，面带笑容

必须着工装上岗，不外漏个人衣服，保持工装清洁，工号牌端正佩戴于左胸上方位置

不能佩戴任何饰品，勤剪指甲，指甲缝内无污垢；

皮鞋保持整洁光亮，着深色无花纹袜子

前不遮眉，侧不过耳，后不盖领

保持面部皮肤清洁，不油腻，不留胡须，面带微笑

必须着工装上岗，不外漏个人衣服，保持工装清洁，工号牌端正佩戴于左胸上方位置

不能佩戴任何饰品，勤剪指甲，指甲缝内无污垢；

皮鞋保持整洁光亮，着深色无花纹袜子

精讲点拨

　　仪态是指人们在外观上可以明显地被察觉到的活动、动作，以及在活动、动作中身体各部分所呈现出的姿态。简言之，仪态是指人的身体姿态和风度。姿态是身体表现出来的样子，风度是内在气质的外在表现。仪态和仪容仪表一样，能客观地传达出个人信息，从一个人的动作、身体姿态、手势常常能判断出他的性格、能力、学识、修养等。"站如松，坐如钟，行如风"，古人很早就对人的行为举止提出了要求。举止并不是单独出现的，往往我们说这个人有气质时，举止、谈吐就成了重要的指标，一个有文明举

止的人，可以给人一种好感。温文尔雅、大方从容、彬彬有礼的人更容易受到欢迎。所以，一定要用美好的仪态为自己赢得好感和机会。

我们说，播下行为的种子，你会收获习惯；播下习惯的种子，你会收获性格；播下性格的种子，你会收获一生的命运。

仪态主要包括形体、站姿、坐姿、走姿、蹲姿、鞠躬和手势。

一、形体

形体，顾名思义，指人的身体或体态，它是人在先天遗传和后天锻炼的基础上表现出来的身体形态上的相对稳定的特征。形体美非常重要，它能改善外在形象，调整不良肢体形态，提高自身素质。

形体美的标准是健壮有力，体形匀称，线条分明，精神饱满。具体来说，女性形体和男性形体又稍有不同，女性形体强调的是线条和优美的身形，男性形体更注重肌肉、力量和阳刚之气。

二、站姿

站姿是人身体静态美的展现，是人动态美的基础和起点。它的基本范式是其他各种工作姿势的基础，也是发展不同体姿美的起点。站立姿态有标准式、礼仪式、休闲式几大类别。站立要点是"端正、自然、亲切、稳重"。一般来说，男士要求"站如松"，潇洒挺拔；女士则应秀雅优美，亭亭玉立。

（一）站姿的基本规范

站姿的具体要求是：身体站正，挺胸收腹，腰脊挺直，两肩自然打开下沉，这样脖子就会很舒展，头要摆正，双目平视，面带微笑，但是要微收下颌，这是一种谦逊而且亲切的姿态，双臂自然下垂，两腿相靠站直，两腿关节与髋关节舒展伸直，女性任何时候都不能分腿站立，身体重心放在两腿之间，肌肉略有收缩感。

① 头部：抬头若悬，勿往前或下垂。

② 下颌：下巴与地呈平行线，不宜高扬下颌或过分收下颌。

③ 脖子：脖子应伸直，与身体形成一条直线。

④ 肩膀：两肩宜平衡、勿高耸，肩应自然并稍微往后。

⑤ 背脊：背脊立直。

⑥ 胸部：胸直挺，不宜勉强高耸。

⑦ 腹部：应收腹部，不可突出，保持肋骨上升的姿态。

⑧ 腰部：保持腰部挺直，才能显得有精神。

⑨ 臀部：收缩臀部的肌肉并往前提，使臀部有结实感。

⑩ 脚部：身体重量平均分布于两脚，重心不能落在脚尖或是脚跟的任何一边上。

练习方法：将身体靠墙壁站立，让后脑勺、脊背、臀部、小腿和脚后跟成一条直线，后脑勺靠墙，下颌微微收回，把双腿绷直尽力贴靠在墙壁上。这时脚后跟抵住墙壁，可以尝试把手掌塞在腰和墙之间，如果刚好塞进去就是非常合适的站姿；如果塞进去空隙太大，可把手一直放在背后，然后屈腿慢慢下蹲，直到腰与墙壁之间的空隙刚好只可以放一只手，就站直，寻找站立时挺拔的感觉。找到感觉后要经常练习，坚持不懈才能够有挺拔的身姿，好的仪态绝对不是一朝成就的。

（二）站姿类别

① 标准站姿：该姿势适用于男士和女士。要求身体直立，抬头挺胸，下颌微收，双目平视，嘴微闭，面带微笑，两膝并严，脚跟靠紧，双脚并拢，提臀立腰，吸腹收臀，两手臂自然下垂于体侧，中指接触裤缝，其余手指自然弯曲。适用场合：升旗仪式等庄重严肃的场合（图2.31、图2.32）。

图2.31　男士标准式站姿　　　　图2.32　女士标准式站姿

② 女士前腹式站姿：双脚呈"V"（脚尖分开15°~45°）字形或丁字步（右或者左脚跟放在左或者右脚1/2处，两脚间夹角15°~45°），双手虎口相交叠放于小腹位置，右手在上左手在下，手掌尽量舒展，手指伸直但不要外翘。上身正直，头正目平，腰直肩平，双臂自然下垂，挺胸收腹，两腿站直，肌肉略有收缩感，微收下颌，面带微笑。适用场合：工作及社交场合（图2.33）。

图2.33　女士前腹式站姿

③ 女士交流式站姿：双手轻握放在腰际，手指可自然弯曲。适用场合：商务活动或与朋友聚会等场合（图2.34）。

④ 男士前腹式站姿：双脚跨立步，左手在腹前握住右手手腕，或右手握住左手手腕。适用场合：在工作中与客户或同事交流场合（如图2.35）。

⑤ 男士后背式站姿：双脚跨立步，双手在背后腰际相握，左手握住右手手腕或右手握住左手手腕。适用场合：迎宾场合（如图2.36）。

图2.34　女士交流式站姿　　　图2.35　男士前腹式站姿　　　图2.36　男士后背式站姿

（三）站姿应避免以下不良动作

① 垂头含胸，弯腰驼背而站；② 手位不当而站，将手插在衣服或裤袋内，双手抱于胸前或脑后，双手叉腰或托下巴等；③ 身体倚靠在物上而站；④ 屈腿而站，双腿交叉而站；⑤ 双腿分得过开（宽于肩膀）；⑥ 全身抖动，身躯扭曲，腿脚抖动频繁。

【礼仪小知识】

古人的立容

贾谊在《新书·容经》中写道："固颐正视，平肩正背，臂如抱鼓。足闲二寸，端面摄缨。端股整足，体不摇肘，曰经立；因以微磬曰恭立；因以磬折曰肃立；因以垂佩曰卑立。"

古人的立容

三、坐姿

（一）坐姿的基本规范

① 挺胸收腹，保持背部挺直，双肩平正，将重心移至腰部和臀部后缓缓坐下，根据椅子的宽度，坐满椅子1/3或2/3。

② 双目平视，下颌微收。

③ 双臂自然弯曲，双手掌心向下，右手扣左手置于腿部。

④ 双腿双膝自然并拢，双脚尖向正前方或交叉。

⑤ 入座和离座的基本要求

入座要求：照顾长者入座；在座位左侧入座；入座后向周围人打招呼；无声入座。

离座要求：先有示意；注意次序；从左离开；起身轻缓；站好再走。

（二）女士坐姿

1. 正襟危坐姿

正位坐姿适合大多数场合，具体坐法是身体的重心垂直向下，双腿并拢，大腿和小腿成90°角，双手虎口相交轻握放在左腿上，挺胸直腰面带微笑。一般在比较庄重的场合应该采用正位坐姿，比如作为观看演出的方阵，或是重要会议听领导发言等（图2.37）。

图2.37　正襟危坐姿

2. 双腿斜放式坐姿

首先，在落座后身体的重心垂直向下，双腿并拢，大腿和小腿成90°角，平行斜放于一侧，双手虎口相交轻握放在腿上，如果双腿斜放于左侧，手就放在右腿上，如果双腿斜放于右侧，手就放在左腿上，挺胸直腰，面带微笑。这种姿势适用场合非常广泛，在比较重要的场合这是女性最得体、最优美的坐姿。比如拍照、录像时，建议女性采用双腿斜放式的坐姿（图2.38）。

3. 双腿交叉式坐姿

双腿交叉式坐姿是一种既舒服又漂亮的坐姿。在落座后，将身体的重心垂直向下，双腿并拢，大腿和小腿成90°角，平行斜放于一侧后，双脚在脚踝处交叉，双手虎口相交轻握放在腿上，如果双腿斜放于左侧，手就放在右腿上，如果双腿斜放于右侧，手就放在左腿上，挺胸直腰面带微笑。这种坐姿适用于工作场合，如与客户或领导交谈时，采用双腿交叉式坐姿既不会太累又端庄自然（图2.39）。

图2.38 女士双腿斜放式坐姿　　图2.39 女士双腿交叉式坐姿

4. 前伸后屈式坐姿

长时间采用坐式服务的女性建议采用这种前伸后屈式坐姿，因为这种坐姿可以长时间保持也不会觉得累。具体坐法是将身体的重心垂直向下，双膝并拢，左脚前伸右脚后屈或右脚前伸左脚后屈，双手虎口相交轻握放在左腿上，更换脚位时手可不必更换，挺胸直腰，面带微笑（图2.40）。

5. 叠放式坐姿

叠放式坐姿是最能体现女性腿部完美曲线的一种坐姿，尤其是坐在矮沙发上更是十分漂亮且具有性感的味道。一般情况下女性不跷二郎腿，但坐的时间较长并且在非正式场合可以跷二郎腿，比如在一些室内的圆桌会议上，或者社交场合。方法是先将左脚向左踏出45°，然后将右腿抬起放在左腿上，大腿和膝盖紧密重叠，重叠后的双腿没有任何空隙，犹如一条直线，双手虎口相交轻握放在右腿上；也可以将右脚向右踏出45°，然后将左腿抬起放在右腿上，大腿和膝盖紧密重叠，双手虎口相交轻握放在左腿上（图2.41）。

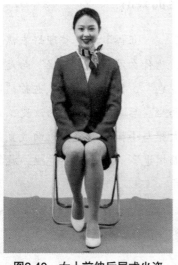 

图2.40 女士前伸后屈式坐姿　　图2.41 女士叠放式坐姿

（三）男士坐姿

1. 正襟危坐姿

男士的身体重心垂直向下，两腿并拢（同女士正位坐姿），稳当坐好，但与人交谈或会面时不要坐满整个椅面，很轻松自然地把手放在双腿上，大腿和小腿成90°角，表现出男性的练达和自信。不要把小腿交叉蜷缩在椅下，这样显得腿短且姿态窝囊。

2. 垂腿开膝式坐姿

在正位坐姿的基础上，两腿分开不宽于肩部，双手自然放于大腿（图2.42）。

图2.42　男士垂腿开膝式坐姿

正襟危坐

【礼仪小知识】

正襟危坐的来历

"正襟危坐"出自司马迁的《史记》。"正襟"就是整理好衣襟。"危坐"是形容端端正正地坐着，不过有趣的是，为什么没有用"端坐"而是用"危坐"呢？汉代的字书《释名》记载，"跪，危也"，因此"跪坐"也称"危坐"，表示双膝着地跪坐，要求上身挺直，端正而坐。后来随着坐姿的改变，尤其是宋代以后，"正襟危坐"变成上身与大腿、大腿与小腿、小腿与地面成直角，双腿并拢、腰身挺直的一种坐姿。"危，在高而惧也"。君子正襟危坐，就算内心恐惧时也要保持端正和从容，体现君子之正气。

四、走姿

（一）走姿的基本规范

① 抬头，挺胸，收腹，上体正直，精神饱满，两眼平视前方，下颌微收，面带微笑，两肩平稳（图2.43）。

② 手臂伸直放松，手指自然弯曲，摆动时，以肩关节为轴，上臂带动前臂，向前、向后自然摆动，以前摆35°，后摆15°为宜（图2.44）。

③ 身体稍向前倾，提髋屈大腿带动小腿向前迈。

④ 正常的行走，脚尖应是正对前方，保持膝关节和脚尖正对前进的方向，然后脚尖略抬，脚跟先接触地面，依靠后腿将身体重心推到前脚脚掌，使身体前移；行走线迹要成为"一条线"或"两条平行线"，步幅一般是前脚的脚跟与后脚尖相距为一个脚长。

⑤ 步高（指行走时脚抬起的高度）不宜过高，也不宜过低，行走速度男士一般为每分钟110步，女士一般为每分钟120步。

走姿的口诀：

以胸领动肩轴摆，提髋提膝小腿迈。

跟落掌接趾推送，双眼平视肩放松。

图2.43　男士走姿

图2.44　女士走姿

（二）走姿的类别

1. 后退步

与他人告别时，应该是先用后退步，再转身离去。一般以退二至三步为宜。退步时，脚轻擦地面，步幅小，协调地往后退；转身时要身先转，头稍后一些转。

2. 侧行步

一般用于引导来宾或在较窄的走廊与人相遇时。引导来宾时要尽量走在宾客的左侧前方，左髋部朝着前行的方向，上身稍向右体转，左肩稍前，右肩稍后，侧身向着来宾，保持往前两三步的距离。在较窄的路面与人相遇时，要将身体正面转向对方，以示礼貌。

3. 前行左右转身步

在行进中，当要向左（右）转身时，要在右（左）脚迈步落地时，以右（左）脚掌为轴心，向左（右）转体90°，同时迈左（右）脚。

4. 后退左右转身步

当后退向左（右）转体走时，以左脚先退为例，要在退两步或四步时，赶在右（左）脚掌为轴心时，向左（右）方向转身90°，在迈出左（右）脚，继续往前方走出。

5. 后退向后转身步

当后退向后转身时，以左脚先退为例，要在退一步或三步时，赶在左脚后退时，以左脚为轴，向右转体180°，同时右脚后侧移重心，再迈出左脚。

（三）走姿常用训练方法

走姿常用训练方法（表2.4）。

表2.4 走姿常用训练方法

训练方法	训练标准
走直线	在地上画一条直线，沿直线行走，检查自己的步位和步幅是否符合要求。纠正"外八字""内八字"及脚步过大或过小。
稳定训练	在规范的标准走姿的基础上，要求学生头顶着一本书或者两手各端一碗水行走，保持行走时头正、颈直、目不斜视。
步态综合	训练各种动作的协调统一，行走时，身体平衡，双臂摆动对称，各种动作协调一致。
协调性训练	配有节奏感较强的音乐，行走时注意掌握好走路的速度、节拍，保持身体平衡，双臂自然摆动，动作协调。
摆臂训练	身体直立，以两肩为支点，双臂前后自然摆动，前后摆幅30°~40°。
以上的走姿训练，不论朝哪个方向行走都应注意形体的变化，做到先转身后转头，再配合一些体态语及礼貌用语，以达到整体动作的完美。	

（四）走姿应避免的不良姿态

① 方向不定。行走时不可忽左忽右，方向要明确。

② 瞻前顾后。行走时不可左顾右盼，尤其不要反复回头看。

③ 速度多变。行走时不可突然快步奔跑，又突然止步不前。

④ 横冲直撞。行走时不要在人群中乱冲乱闯，甚至碰到他人的身体。

⑤ 悍然抢行。行走时要注重"先来后到，礼让三分。"

⑥ 阻拦道路。行走时不要在道路狭窄处走走停停或多人并排而行。

⑦ 不守秩序。行走时要遵循交通规则。

⑧ 蹦蹦跳跳。行走时要保持自己的风度，不可出现连蹦带跳的失态行为。

⑨ 步态不雅。行走时不要出现"八字步"或"鸭子步"。

⑩ 声响过大。行走时应轻手轻脚，落地不能过猛，避免响声过大。

（五）走姿可显示人的性格特点

① 双脚双手放平，走起路来异常斯文之直线型，这种人性格胆小、保守、缺乏远大理想，但遇事沉静、不易发怒。

② 双脚向内或向外勾之八字形状，走路时用力而急躁，但上半身不会左右摇摆，这种人的性格有守旧和虚伪的倾向，不喜交际；但却有着聪明的头脑，做起事来，总是不动声色。

③ 步伐随时变更之摇荡型，没有什么固定的规律，有时双手放在裤袋里，双肩紧缩，有时又双手伸开，挺起胸膛，这种人的性格开朗、大方、不拘小节，慷慨有义气，有建立事业的雄心，目标远大，但有时稍嫌夸大、争执、不肯让人。

④ 双脚落地有声、挺胸、举步快捷之踏地型，这种人胸怀大志、富于进取心、理智与感情并重。

【礼仪小知识】

行不由径

孔子的学生子游在鲁国的武城做官时，要选拔贤才。孔子问他："你在那里得到了人才没有？"子游回答说："有澹台灭明者，行不由径。飞公事，未尝至于偃之室也。不至吾处。"从澹台灭明"行不由径"，子游认为他是一个正直磊落得人，推断他是难得的人才。行不由径指不抄小路，提倡走正道、大道，正道可能路途遥远、辛苦，但是更安全，也显示出行动的正大光明，是一个人正直磊落得体现。

五、蹲姿

（一）蹲姿的基本规范

上体正直，两腿合力支撑身体，靠紧向下蹲，臀部向下，举止大方、得体、自然。

（二）蹲姿的类别

1.高低式蹲姿

男性在选用这一方式时往往更为方便。其要求是：下蹲时，双腿不并排在一起，而是左脚在前，右脚稍后。左脚应完全着地，小腿基本上垂直于地面；右脚则应脚掌着地，脚跟提起。此刻右膝低于左膝，右膝内侧可靠于左小腿的内侧，形成左膝高右膝低的姿态。臀部向下，基本上用右腿支撑身体（图2.45、图2.46）。

2. 交叉式蹲姿

交叉式蹲姿通常适用于女性，尤其是穿短裙的人员，造型优美典雅。其特征是蹲下后两腿交叉在一起，其要求是：下蹲时，右脚在前，左脚在后，右小腿垂直于地面，全脚着地，右腿在上，左腿在下，二者交叉重叠；左膝由后下方伸向右侧，左脚跟抬起，并且脚掌着地；两脚前后靠近，合力支撑身体；上身略向前倾，臀部朝下（图2.47）。

3. 半蹲式蹲姿

半蹲式蹲姿多于行进之中临时采用。基本特征是身体半立半蹲，其要求是：在下蹲时，上身稍微弯下，但不宜与下肢构成直角或锐角；臀部向下而不是撅起；双膝略为弯曲，其角度根据需要可大可小，但一般均应为钝角；身体的重心应放在一条腿上。

图2.45　男士高低式蹲姿　　　　图2.46　女士高低式蹲姿　　　　图2.47　女士交叉式蹲姿

（三）蹲姿应避免以下不良姿态

① 弯腰、撅臀。下蹲时不要有臀部向后撅起的动作，以免给人不雅观之感。

② 毫无遮掩。在大庭广众下，不要两腿叉开平衡下蹲，否则个人隐私部分会暴露在外。

③ 突然下蹲。下蹲时，速度切勿过快。

④ 方位失当。在他人面前下蹲，最好是与之侧身相向，正面或背面面对他人是不礼貌的。

⑤ 随意滥用。服务时，若在毫无必要的情况下采用蹲姿，只会给人弄虚作假之感。另外，不可蹲在椅子上，不可蹲着休息。

六、手势规范

手势是一种非常重要的体势语，在职业形象塑造中起着重要作用。它是指人的两只手所做的具体动作，它是体态语言中最重要的传播媒介，可以传达语言所不能表达的微妙感情，所以奥地利作家茨威格说："在泄露感情的隐秘上，手的表现是最无顾忌的。"

由于手是人体上最灵活的器官，因此手势的种类也是多种多样，目前可以分为情感性手势、象征性手势、形象手势、递接性手势和指示性手势。如V字形手势是"胜利、成功"之意，成为世界最通用的象征手势；握手是情感性手势，下面主要探讨的是指示性手势。

（一）手势的基本规范

① 五指自然伸直并拢，腕关节和手臂在一个平面上。

② 注意肘关节不要呈90°直角，也不要完全伸直，弯曲以130°~140°为宜。

③ 掌心斜向上方，手掌与地面呈45°角。

④ 运用手势时，一定要目视来宾，面带微笑，体现出对宾客的尊重。

（二）手势的类别

① 直臂式。又称高手位手势，交往中，用于引领较远方向。

具体做法：手臂从身侧举至与眉同高，身体侧向客人，眼睛看着手指引方向或客人脚前10 cm左右，并说"楼上请""您请走好"等礼貌用语（图2.48）。

② 横摆式。又称中手位手势，指引较近的方向一般用这种手势。

具体做法：大臂自然垂直，以臂肘为轴，小臂轻缓地一旁摆出时微微弯曲，与腰间呈45°左右，另一只手下垂或背在身后，面带微笑，并说如"请进"等礼貌用语（图2.49）。

③ 斜摆式。又称低手位手势，引领客人入座时常用这种方式。用一只手屈臂向前抬起，以肘关节为轴，前臂由上而下摆动，使手臂向下呈一斜线，向椅子方向摆出，双轴微弯曲，左肘弯曲度小于右肘弯曲度，上身微微前倾，面带微笑，并说"请坐"等礼貌用语（图2.50）。

④ 双臂横摆式。当业务繁忙或客人较多时，一般用这种手势。

具体做法：两手从身体两侧经过腹前抬起，双手掌向上，两肘微曲，向两侧摆出，上身稍前倾，微笑施礼，加上礼貌用语"朋友们，大家请"等礼貌用语（图2.51）。

图2.48　直臂式手势　　图2.49　横摆式手势　　图2.50　斜摆式手势　　图2.51　双臂横摆式手势

（三）手势常用训练方法

手势常用训练方法（表2.5）。

手势舞

表2.5 手势常用训练方法

训练类型		训练方法及标准
手位训练	手的位置	1.低手位：手位在腰线，所示意义为距离在1米左右，如"请坐手势"；
		2.中手位：手位在腰与肩之间，一般在胸位，所示意义为距离2~5米；如"请进手势""引导手势"；
		3.高手位：手位在头与肩之间，一般平行于眼部位，所示意义为距离在5米以外的较远或较高处。
职业手势训练	请进	1.站在来宾的右侧，施颔首礼；
		2.然后左手下垂，右手手指伸直并拢，从腹前抬起，向右横摆到身体的右前方；
		3.微笑友好地目视来宾，直到宾客走过去，再放下手臂。
	请坐	1.接待来宾入座时，要用双手扶椅背将椅子拉出；
		2.然后右手由前抬起，从上向下摆动到距离身体45°处，使手臂向下形成一斜线表示请来宾入座；
		3.当来宾椅前站好，服务人员用双手将椅子往前放到合适的位置。
	里边请	1.当服务员一只手拿着物品，或推扶房门、电梯门，并需引领来宾时可用左手拿托盘或用左手将门扶住，两脚站成左丁字步；
		2.右手从身体的右斜前方抬起45°，然后以肘关节为轴，前臂向左摆动成曲臂状，请来宾进去。
	请往前走	1.给来宾指引方向，用语言回答来宾询问的事项，并用手势指出方向或电梯的位置；
		2.可将来宾带到适当地段，将手抬到与肩同高的位置，前臂伸直，用掌指向来宾要去的地方；
		3.眼睛要兼顾所指的方向和来宾，直到来宾表示清楚了，再把手臂放下，向后退一步，施鞠躬礼并说"请您走好"。
	拿、递物品	1.拿、递物品与他人时，应用双手或右手，手掌向上，轻而稳地拿、递，并使用礼貌言辞；
		2.递交有图案的物品时，图案的正面应朝向对方；
		3.递交有文字的物品时，文字的正面应朝向对方；
		4.递交带尖的物品时，带尖的一面应朝向自己。

（四）手势应避免以下不良姿态

① 随意指点。社交场合和交谈过程中，不能随意用手指对着别人指指点点。

②　随意摆手。与人交往时，既不要掌心向外，指尖向上，在胸前左右摆动，也不要掌心向内，由内而外向对方摆手。

③　端起双臂。在交往中慎用抱起双臂这一姿势。会给人以孤芳自赏、自我放松、置身事外、看其笑话之意。

④　双手抱头。双手或单手抱头体现的是自我放松的状态。

⑤　摆弄手指。交往中，要么活动手指关节，要么将其捻响，要么手指动来动去这些手势会给人一种无聊的感觉。

⑥　手插口袋。交往中将一只手或双手放在自己的口袋里无论姿势是否优雅都是不允许的。

⑦　搔首弄姿。工作中如果当众整理自己的服饰或自己梳妆打扮会给人以矫揉造作、工作不专心之感。

⑧　抚摸身体。在工作场合摸脸、擦脸、搔头、剔牙、抓痒会给人以缺乏公德意识、不讲卫生、不注意维护个人形象、自身素质低下等印象。

七、鞠躬礼仪

鞠躬礼源于中国先秦时期，两人相见，弯腰屈身待之，是为鞠躬礼。现在世界上鞠躬礼运用最多的是日本人。在日本，百货商店、旅馆、饭店的服务业平均每天每人要向顾客鞠近1 000个躬。日本人即使是在电话里与人问安、道别、承诺、请求时，也会不自觉地鞠躬。

鞠躬礼

（一）鞠躬礼基本要求
一般情况下，行鞠躬礼的基本要求是：

①　行礼者和受礼者之间相互注目，不得斜视或环顾。

②　行礼时不可戴帽，如需脱帽，脱帽所用之手应与行礼之边相反，即向左边的人行礼时应用右手脱帽，向右边的人行礼时应用左手脱帽。

③　行礼者在距受礼者两米左右进行。行礼时，身体上部前倾15°~90°，具体前倾幅度视行礼者对受礼者的尊重程度而定（图2.52）。

一度鞠躬（15° 致意礼）

头颈背成一条直线，双手自然放在裤缝两边（女士双手交叉放在体前）前倾15°，面带微笑，目视对方。

二度鞠躬（30° 或45° 迎宾、致谢礼）

头颈背成一条直线，双手自然放在裤缝两边（女士双手交叉放在体前）前倾30° 或45°，目光约落于体前1米处，再慢慢抬起，注视对方。

三度鞠躬（90° 行大礼）

头颈背成一条直线，双手自然放在裤缝两边（女士双手交叉放在体前）前倾90°，目光约落于体前，再慢慢抬起，注视对方。

图2.52 鞠躬礼的度数对比

"站、坐、走、蹲、手势、鞠躬"练习组合

（二）鞠躬礼适用场合

在我国，鞠躬礼目前主要用在以下五种场合：

① 演员谢幕。当一场精彩的演出结束时，观众往往报以热烈的掌声，以感谢演职人员的辛勤劳动。为了对热情的观众表示感谢，这时演员们常以鞠躬来谢幕。

② 演讲和领奖。有的报告人在演讲开始前和结束后，都要以深深的鞠躬来表示自己对听众的敬意。得奖人在上台领取奖状、奖品或奖旗时，应向授奖人和全体与会者鞠躬，以示感谢上级领导的关心和爱护，感谢大家出席领奖会和对他的支持与鼓励。

③ 举行婚礼。在我国的多数城镇以及广大的农村，婚礼上一般都保留着"新郎新娘三鞠躬"的传统礼仪，以代替过去的"交拜礼"。此时，新郎和新娘要向尊长、亲友和来宾行诚挚的鞠躬礼。

④ 悼念活动。在亲朋好友去世之后，为其举行的种种悼念活动，如在灵堂吊丧，举哀哭灵，或参加追悼会，向遗体告别，赠送花圈，祭奠死者等，都要向遗像、遗体和骨灰盒行鞠躬礼。

⑤ 接待宾客见面相识。当你被介绍给多人时，我们多以鞠躬表示友好。这是鞠躬礼最主要的用途。

交流拓思

一、孔子谦恭以行己

入公门，鞠躬如也，如不容。立不中门，行不履阈。过位，色勃如也，足躩如也，其言似不足者。摄齐升堂，鞠躬如也，屏气似不息者。出，降一等，逞颜色，怡怡如也。没阶，趋进，翼如也。复其位，踧踖如也。

讨论："立不中门"在现代礼仪中体现在哪些地方？

二、您的英姿，就是我们心中强大祖国的样子

"总统阁下，中国人民解放军仪仗队列队完毕，请您检阅！"

7月25日，在国家仪仗队营地9 600平方米的训练操场上，中国人民解放军三军仪仗队执行队长郭凤通声音洪亮地进行报告。

关于这句简洁的报告词，有一个有趣的细节：它不是喊出来的，而是说和喊相结合。这样温文尔雅，不卑不亢，更有大国端庄气度。

"要成为一个合格的仪仗兵，必须做到'五个一流'"，仪仗队大队长韩捷说，"就是要具备一流的政治品质、一流的工作标准、一流的军事动作、一流的外在形象、一流的精神状态！"

在人员选拔上，仪仗队员的征集都要经过严格的政治考核和特殊挑选。不仅要求五官端正，男仪仗兵还要求身高在1.80米以上，女仪仗兵要求身高在1.73米以上。即便达标，要成为一名合格的仪仗兵，还必须经历精神、体力、心理和生理上的艰苦磨炼。

军姿是军人最基本的姿态，也是军人形象的基础。仪仗兵的军姿标准更高，要求更严，不仅要威武、挺拔，还要能在炎炎烈日和凛冽寒风中纹丝不动地站立3个小时以上。

"不光要你站正了，还要你站得好看。"仪仗队四中队副中队长李茂廷说，"军姿的训练要求是三挺一顶一收：挺胸、挺膝、挺颈、顶头、收腹。你只有把这些要领掌握好以后，练别的动作才能够标准。咱们在阅兵的时候看仪仗队像钢板一块，横看竖看斜看都是一条直线（图2.53）。

图2.53 中国人民解放军三军仪仗队

思考：结合案例谈谈我们应该如何从我做起，养成良好的仪态习惯。

职场模拟

一、体验古人的站姿和坐姿

按照古人四种站姿（经立、恭立、肃立和卑立）和坐姿（经坐、恭坐、肃坐和卑坐），体验一下他们的姿态礼仪。

二、你将如何做好涉外接待工作

酒店迎客
礼仪接待
情景剧

职场场景：为向世界展示中国形象，模拟迎接世界大学生夏季运动会参会嘉宾入住酒店的迎客礼仪。

模拟要求：请每个小组分配任务角色，如大堂副理、VIP客人、茶水服务人员、礼宾员角色等，设计情景并展示。

评价考核

目标达成考核表

内 容		评 价	
学习目标	评价内容	小组评价 （5、4、3、2、1）	教师评价 （5、4、3、2、1）
德	培养庄重、优雅的行为举止，并成为一种习惯；		
	提升个人素质，塑造良好的职业形象；		
	增强民族自豪感和爱国情怀，培养艰苦奋斗、吃苦耐劳的劳模精神。		
知	了解仪态礼仪的含义及重要性；		
	熟悉仪态礼仪中男女士站、坐、走、蹲的差异、动作要领和基本规范；		
	掌握仪态礼仪站、坐、走、蹲常用训练方法，以及运用禁忌。		
行	掌握正确的站姿、坐姿、走姿、蹲姿，运用于日常生活以及未来职场中；		
	结合专业特点，开展仪态礼仪站、坐、走、蹲训练；体会运用得体仪态礼仪的好处，感受无声语言传递的信息。		
努力的方向：		建议：	

拓展阅读

高峰论坛现场悄悄流行起一个手势，到底啥意思？

一个神秘手势悄然流行，横扫第二届"一带一路"国际合作高峰论坛新闻中心现场！来自土库曼斯坦、俄罗斯、法国、菲律宾、多米尼加、巴西、科摩罗、阿尔及利亚、乌克兰等十几个国家的外国朋友们竟纷纷路转粉，一齐加入这波手势小热潮（图2.54）！

等等，这个手势好像有点儿眼熟？

它并不是头一回出现，它千变万化又不离其宗。

它曾温暖人"心"，为阿富汗先天性心脏病患儿送去新的心跳。

它曾助力乌兹别克斯坦摆脱被崇山峻岭阻碍通途的烦恼。

它曾让巴西亚马孙热带雨林地区同享科技和绿色，它曾为斯里兰卡小镇带来纯净甘甜的水源……

它是互联互通的大桥铁路，是拔地而起的宏伟建筑，也是畅通贸易的跨国平台，是联络情感的文化舞台……

它包罗万象，又简单美好。

古人常叹：世界之大，人如芥子。但这个手势所代表的神奇力量，正将天下命运悄然相连。从此，山海同一卷，人间共美四月天。

它是什么呢，你猜对了吗？

图2.54 第二届"一带一路"国际合作高峰论坛

学习项目三　社交礼仪

任务一　称呼介绍礼仪

扫二维码
看翻译

　　乐正子从于子敖之齐。乐正子见孟子。孟子曰："子亦来见我乎？"曰："先生何为出此言也？"曰："子来几日矣？"曰："昔者。"曰："昔者，则我出此言也，不亦宜乎？"曰："舍馆有罪。"

——《孟子》

【赏析】

　　古人一向重视礼仪，在称谓方面尤其讲究，因而在日常交往中的自称和相互称呼方面都有一套较为严格的规矩。一般来说，在相互交谈或者书信往来中，凡提到自己则用谦称或者卑称，如：鄙人等。而与此不同的是，古人在相互称呼对方时，则往往使用尊称。如：父、子、长者、先生、公、君、足下等，对象不同，使用的尊称也会有所不同。

　　中国是一个礼仪之邦，不同的身份、不同的地位、不同的性别，称谓各有不同。这些不同的称谓传递着中华民族文明、礼貌的信息，同时也让中国人以彬彬有礼的风貌著称于世。

教学目标

德　①激发学生自信、真诚友善、敬业乐业的品质；

　　②引导学生树立乐观向上的人生态度；

　　③引导学生深刻理解并自觉实践职业精神和职业规范。

知　①了解称呼的常见形式；

　　②掌握称呼的禁忌；

　　③理解介绍的原则。

行　①熟悉称呼的艺术以及如何进行得体的称呼；

　　②熟悉三种不同介绍方式的运用。

课堂导入

您是大姐

　　2013年11月3日至5日，习近平总书记在湖南考察，当他沿着狭窄山路辗转来到湘西土家族苗族自治州花垣县排碧乡十八洞村特困户施齐文家时，施齐文的老伴石大妈把总书记迎入家中，她不识字而且只会说苗族话，她非常客气地问："怎么称呼您？"。习近平总书记听到村主任的翻译后笑得很开心，亲切地向大妈介绍自己说："我是人民的勤务员。"接着，习近平总书记握住老人的手询问年纪，听说老人64岁了，他说："您是大姐。"脱口而出的朴实话语，为民情怀溢于言表。称呼是一门学问。习近平同志在厦门任副市长时，时任市计委副主任吕拱南对这样一个细节记忆深刻："近平同志非常谦虚、低调、平和，对别人很尊重，不管是什么职务的人，他都按厦门地方的习惯称呼，不会直呼其大名（连名带姓），使人感到亲切。"习近平总书记的平易近人、重情重义，就体现在这一声声称呼里。

　　思考：习近平总书记这样的自我介绍给你什么启示呢？他为什么称呼对方"大姐"呢？

精讲点拨

一、称呼礼仪

称呼是人们在日常交往中所采用的称谓语。称呼是交谈前的"敲门砖"，具有"交际语言先行官"的美誉。在人际交往中，选择正确的、恰当的称呼能体现出自身的教养和对对方的尊敬，是社交的起始点，也是关键点。一声充满感情而得体的称呼，能使对方深感愉快和亲切，易于交流双方的情感。因此，称呼使用得当与否，将决定社交成功与否。

（一）称呼的种类和用法

1. 职务性称呼

职务性称呼是指在工作中以交往对象的职务相称，以示身份有别、敬意有加，这是一种常见的称呼方法。一般在较为正式的官方活动，如政府活动、公司活动、学术活动等使用较多，显得非常庄重、正式、规范，如"部长""经理""主任"等。运用时，可在职务之前加上姓氏，例如："周总理""张处长""马委员"等；也可在职务之前加上姓名，如："周恩来总理"等，但仅适用极其正式的场合。

2. 职称性称呼

职称性称呼是指对于具有职称者，尤其是具有中、高级职称者，可以在工作中直接以其职称相称，如："教授""研究员""工程师"等。称呼技术职称说明被称呼者是该领域内的权威人士或专家，暗示他在这个领域有一定的话语权。称呼时，可在职称前加上姓氏，如："李教授""王律师"等；有时，这种称呼也可加以约定俗成的简化，如，"王工程师"简称为"王工"。但使用简称应以不发生误会、歧义为限。当然，也可在职称前加上姓名，它适用于十分正式的场合。例如："安文教授""杜锦华主任医师""郭雷主任编辑"等。

3. 学衔性称呼

学衔性称呼跟职称性职称不完全一样，是指在工作中，以学位、军衔作为称呼，可增加被称呼者的权威性，有助于增强现场的学术气氛，如："博士"等。使用时，可在学衔前加上姓氏，例如："徐博士"，也可在学衔前加上姓名，例如："徐建辉博士"。此外，还可将学衔具体化，说明其所属学科，并在其后加上姓名。例如："经济学博士焦瑾璞""工学硕士郑伟"等。

4. 职业性称呼

职业性称呼是指直接以被称呼者的职业作为称呼。例如："老师""教练""律师""警官""大夫"等。在日常的商务往来中，如果不知道对方的职务、职称等具体情况，则可采用此类称呼方式。使用时，可在此类称呼前加上姓氏或姓名，如"王大夫""李慧老师"等。对商业、服务业从业人员，一般约定俗成地按性别的不同分别称呼为"小姐""女士"或"先生"。其中，"小姐""女士"二者的区别在于前者用于称呼未婚者，后者则用于称呼已婚者或不明确其婚否者。在公司、外企、宾馆、商店、餐馆、歌厅、酒吧、交通行业，这种称呼极为通行。

【礼仪小知识】

老师称学生为"兄"

尊师重教是中华民族的传统美德，自古以来，学生对于老师的称呼都是非常注重礼仪规范的。其实，老师称呼学生也是很注意礼仪的。如果是他正式传授过学业的学生，可以称之为"弟"，指弟子。如果彼此虽有师生名分，但没有授过课，则老师一般称学生为"兄"，表示对对方的尊重。

民国时期，胡适曾经担任北京大学的校长。著名的历史学家顾颉刚当时是北大的学生，他们彼此之间有师生的情谊。胡适在给顾颉刚的书信中，就称其为"兄"。

5.姓名性称呼

姓名，即一个人的姓氏和名字。姓名性称呼是使用比较普遍的一种称呼形式，一般仅限于同事、熟人之间。其具体方法大致有以下几种：（1）全姓名称呼，即直呼其姓名，如："李大伟""刘建华"等。全姓名称呼有一种庄严感、严肃感，一般用于学校、部队或其他郑重的场合。但这里要特别说明的是，一般情况下，在人们的日常交往中，指名道姓地称呼对方是不礼貌的，甚至会被看作是粗鲁的。（2）姓氏加修饰称呼，即在姓之前加一修饰字，如"老""大""小"等，这种称呼亲切、真挚，一般用于在一起工作、劳动和生活中相互比较熟悉的同志之间。过去的人除了姓名之外还有字和号，这种情况直到新中国成立以前还很普遍，这也是相传已久的一种古风。例如，古时男子20岁取字，女子15岁取字，表示已经成人。平辈之间用字称呼既尊重又文雅，为了尊敬不甚相熟的对方，一般宜以号相称。（3）名字称呼，即省去姓氏，只呼其名字，如"大伟""建华"等，这样称呼显得既礼貌又亲切，运用场合也比较广泛，如同性之间，尤其是上司称呼下级，长辈称呼晚辈，亲友、同学、邻里之间都可使用这种称呼。

除了姓名称呼以外，还可以用"你"和"您"来进行称呼。但使用时要注意"你"和"您"有不同的界限，"你"主要用于称呼自家人、熟人、朋友、平辈、晚辈和儿童，表示亲切、友好、随意；而"您"主要用于称呼长辈、上级和不熟识的人，以示对对方的尊重。

思考："老"字在姓氏前与姓氏后有什么区别？

6. 亲属性称呼

亲属性称呼是对有亲缘关系的人的称呼，中国古人在亲属称谓上尤为讲究，主要有：对亲属的长辈、平辈决不称呼姓名、字号，而按与自己的关系称呼，如：祖父、父亲、母亲、胞兄、胞妹等。有姻缘关系的，前面加"姻"字，如：姻伯、姻兄、姻妹等。称别人的亲属时，加"令"或"尊"，如：尊翁、令堂、令郎、令爱（令嫒）、令侄等。对别人称自己的亲属时，前面加"家"，如：家父、家母、家叔、家兄、家妹等。对别人称自己的平辈、晚辈亲属，前面加"敝""舍"或"小"。如：敝兄、敝弟或舍弟、舍侄，小儿、小婿等。对自己亲属谦称，可加"愚"字，如：愚伯、愚兄、愚甥、愚侄等。随着社会的进步，人与人的关系发生了巨大变化，原有的亲属、家庭观念也发生了很大的改变，亲属性称呼上已没有那么多讲究，只是在书面语言上偶尔使用。所以，现在我们在日常生活中，使用亲属性称呼时，一般都用于与自己有亲属关系的人，如：爸爸、妈妈、哥哥、弟弟、姐姐、妹妹等。有姻缘关系的，在当面称呼时也有了改变，如：岳父、岳母等。称别人的亲属和对别人称自己的亲属时也不那么讲究了，如：您爹、您妈、我哥、我弟等。不过在书面语言上，文化修养高的人，还是比较讲究的，不少仍沿袭传统的称呼方法，显得高雅又礼貌。

【礼仪小知识】

邻里之间的称谓

邻里之间的称谓是从家庭关系中延伸出来的亲缘式称谓。古人讲究辈分，对方如果与父母同辈，并且年长于父亲就称伯伯，如果对方比父亲年纪小，就称叔叔。在同辈人中，则按照年龄大小，以兄弟姐妹相称。

在现代社会中，人们通常居住在相对独立的高楼大厦中，邻里之间很难再有传统辈分排行，因此，人们通常直接以年龄的长幼来确定，与父母年纪相似的，就以父母辈称呼相称；与自己年纪相仿，则称兄弟姐妹。

---

7. 泛尊称

泛尊称是一种最简单、最普通的称呼方式，是指对社会各界人士在较为广泛的社交场面中都可以使用的，表示尊重的称呼，如"先生""同志"等。在面对陌生人，或者不知道对方姓名及其他具体情况（如职务、职称、行业）时均可采用泛尊称。此外，还有一些称呼在人际交往中也可以采用，比如，可以使用表示亲属关系的爱称，如"叔叔""阿姨"等。当然，这样称呼对方并不意味着他（她）就一定是你的亲叔叔、亲阿姨，仅仅表达的是尊重、友好之意。

（二）称呼的艺术

第一，称呼他人时应遵循"就高不就低"的原则。例如：交往对象为"副教授"，应称呼其"教授";为"副处长",应称呼其"处长";为"副经理",则应称呼其"经理"。当然,如果正式场合正副总同时在一起时,还是使用全称更为妥当。初次与人见面或谈业务时,要称呼姓加职务,还要一字一字地说得特别清楚,比如:"王总经理,你说得真对"。这里要特别提醒一下,若对方是总经理,切不可为了方便把"总"字去掉,而变为"经理"。

第二,要坚持入乡随俗的原则。"十里不同风,百里不同俗",在工作场所,人们称呼彼此都是独一无二的,一般要求是要庄重、规范。但同时也需要了解并尊重当地的风俗。比如,每个企业都有自己的企业文化,同事之间的称呼也是企业文化的一种外在体现。如果大家都比较习惯称谓"张姐""王哥",你就不要独树一帜地称呼"张小姐""王先生"了,这就是我们强调的入乡随俗。但是要记住称呼并不代表工作能力和关系亲疏,还是要时刻记住自己的身份,不要别具一格地使用一些称呼,初入职场的新人尤其需要重视这个问题。

第三,要尊重个人习惯。如何称呼他人是一门博大精深的学问,并不像我们想象得那样简单,有的人喜欢你称呼他的英文名,也有的人更愿意听到大家称呼他中文名。有的人不喜欢称呼比自己小的人叫"哥",如果你叫错了,别人可能会认为你挑衅他,不利于接下来的沟通。所以,称呼别人之前,可以先听听他人是怎么称呼的,如果别人明确告诉你不要叫他什么,你一定不要这样叫他,否则很容易引起他人的不快。

第四,关系越熟越要注意称呼。与商务合作伙伴熟悉之后,千万不要因此而忽略了对对方的称呼,一定要坚持称呼对方的姓加职务或职称,尤其是有其他人在场的情况下。因为人人都需要被人尊重,越是熟悉的合作伙伴,越是要彼此尊重,如果熟络了就变得随随便便,"老王""老李"甚至用一声"唉""喂"来称呼,这样是极不礼貌的,往往容易招致对方的反感,影响后续的商务合作。

第五,称呼对方时不要一带而过。在交谈过程中,称呼对方时要加重语气,称呼完了停顿一会儿,然后再谈要商榷的事,这样才能引起对方的注意。如果你称呼得很轻又很快,有种一带而过的感觉,对方听着不会太顺耳,有时也听不清楚,就引不起继续听下去的兴趣。相比之下,如果太不注意对方的姓名,而过分强调了要谈的事情,那就会适得其反,对方不会对你的事情感兴趣了。所以,一定要把对方完整的称呼很认真、很清楚、很缓慢地讲出来,同时,注意始终用眼神和对方保持交流并面带微笑,以显示对对方的尊重。

【案例赏析】

一句称呼换来一份工作

王露是合肥一家电脑城的小职员,去年刚刚毕业。说起职场称呼,她满脸兴奋。"我应聘时就是因为一句称呼转危为安的。"去年应聘时,由于她在考官面前太过紧张，有些发挥失常，就在她从考官眼中看出拒绝的意思而心灰意冷时，一位中年男士走进了办公室和考官耳语了几句。在他离开时，她听到人事主管小声说了句"经理慢走"。那位男士离开时从王露身边经过，给了她一个善意鼓励的眼神，王露说自己当时也不知道哪儿来的灵光一闪，忙起身，毕恭毕敬地对他说："经理您好，您慢走！"她看到了经理眼中些许的诧异，然后他笑着对自己点了点头。等她再坐下时，她从人事主管的眼中看到了笑意。

思考：这个案例给你什么样的启示？

（三）称呼的禁忌

我们在使用称呼时，还要注意避免以下几种失敬的做法。

第一，无称呼，就是不称呼别人就没头没脑地跟人家搭讪、谈话。这种做法要么令人不满，要么会引起误会，所以要力戒。

第二，替代性称呼，就是用非常规的称呼代替正规性称呼。比如：在服务行业，我们常听到称呼顾客"下一个"，医院里护士称呼病人床号"十一床"等，其实这样都是很不礼貌的做法。

第三，错误的称呼。常见的错误称呼主要是误读或是误会。误读也就是念错姓名。为了避免这种情况的发生，对于不认识的字，事先要有所准备；如果是临时遇到，就要谦虚请教。误会主要是对被称呼的年纪、辈分、婚否以及与其他人的关系作出了错误判断。比如，将未婚妇女称为"夫人"，就属于误会。此外，在称呼中给对方取绰号是非常不可取，如："拐子""四眼"等。不要自作主张给对方起绰号，更不能用道听途说来的绰号去称呼对方，也不能随便拿别人的姓名乱开玩笑。

第四，易于引起误会的称呼。因为习俗、关系、文化背景等的不同，有些容易引起误会的称呼切勿使用。这里特别指出如下几个称呼：① 同志。志同道合者才称同志，如：政治信仰、理想、爱好等相同者，都可称为同志。在同一政党内，或者国内的普通公民间，这一称呼都可使用。但对于具有不同政治信仰、不同价值观、不同国家的人甚至包括我国的港澳地区，这个称呼都要尽量少使用或不使用。② 师傅。师傅这个称呼的使用也是由来已久，古时曾用作对老师、僧道和衙门中吏役的尊称。现代是对有手艺的工匠的尊称，也是对陌生劳动者的称呼。北京人爱称别人为"师傅"，山东人爱称呼"伙计"，但是，在南方人听来，"师傅"等于"出家人"，"伙计"就是"打工仔"，如果用这些来称呼其对方，可能会让对方产生自己被贬低的感觉。

第五，使用庸俗的称呼。有些称呼在正式场合是极不适合的。例如："兄弟""哥们儿"等，虽然听起来很亲切，但在正式的场合却显得档次不高。

总之，称呼是交际之始，交际之先。慎用称呼、巧用称呼、善用称呼，将使你赢得别人的好感，将有助于你的人际沟通自此开始顺畅地进行。

【案例赏析】

　　在广告公司上班的王先生与公司门卫的关系一直不错，平时进出大门时，门卫都对王先生以"王哥"相称，王先生也觉得这样的称呼很亲切。有一天，王先生陪同几位香港客人一同进入公司，门卫看到王先生一行人，又热情地招呼道："王哥好！几位大哥好！"，谁知随行的几位香港客人很是诧异，其中一位还面露不悦之色。

　　思考：为什么门卫平时亲切的称呼，在这时却让几位香港客人诧异甚至不悦呢？

二、介绍礼仪

　　在社会交往中，相互自我介绍和为他人介绍是最常见，也是最重要的礼节之一，是人们从陌生走向熟识的第一步。所谓介绍，通常指在人们初次相见时，经过自己主动沟通，或者借助第三者的帮助，从而使原本不相识者彼此之间有所了解、相互结识的过程。由此可见，人际沟通大都始于介绍。在商务活动中，如果能正确地利用介绍，既可以使自己多交朋友、广结善缘、扩大交际圈，又可以适当地展示自我，促进自己与交往对象之间的相互沟通。根据介绍者具体身份的不同，介绍可分为自我介绍、为他人介绍和集体介绍等三种，它们的具体操作方式各有其不同。

（一）自我介绍

　　顾名思义，就是当自己与他人初次相见时，由自己充当介绍者，自己把自己介绍给别人，以便使对方认识自己，或者借此认识对方。在人际交往中，自我介绍是人们所用最多的一种介绍方式，是人际交往的第一张有声名片。好的、有特点的自我介绍能够让对方快速记住自己，并给对方留下良好而深刻的印象。自我介绍的基本程序一般是：先向对方点头致意，得到回应后再向对方介绍自己的姓名、身份和工作单位，同时还可递上事先准备好的名片。下面，我们将从介绍的时机、方式、注意事项等多方面逐一展开说明。

1. 自我介绍的时机

　　在社会交往中，何时有必要向他人介绍自己呢？掌握自我介绍的时机是一个颇为复杂的问题，它需要涉及时间、地点、气氛、当事人、旁观者及其相互之间的互动等多种因素。就一般情况而言，在以下几种时机有必要向他人介绍自己：一是希望他人认识自己。让他人了解自己的最佳方式，就是主动把自己介绍给对方，这种自我介绍叫作主动型自我介绍。二是他人希望结识自己。当别人表现出想了解自己的意图时，就有必要进行自我介绍，这种自我介绍叫做被动型自我介绍。三是希望自己结识别人。所谓将欲取之，必先予之。想要结识别人的一大妙法，就是先向对方介绍自己，以取得对方的呼应，这种自我介绍叫作交互型自我介绍。四是确认他人熟悉自己。有时，担心长期没有交往，他人健忘或不能完全掌握自己的情况，则不妨再次向对方介绍一下自己的情况，这一类自我介绍叫作确认型自我介绍。

2. 自我介绍的方式

介绍自己时，其具体内容往往多有不同。在一般情况下，自我介绍的内容应当兼顾实际需要、双边关系、所处场合等多种因素，并应具有一定的针对性。若以基本内容进行区分，自我介绍可分为下述四种：一是应酬式。有时，面对泛泛之交或者不愿深交者，或有必要再次向他人确认自己时，可使用应酬式自我介绍。其内容最为简洁，通常只需介绍姓名一项即可，例如："你好！我叫李大志。"二是问答式。在一般性的人际交往中，对于他人需要了解的自己的情况，必须有问必答，即问答式自我介绍。它的要求是被问什么，就答什么。例如，某甲问："先生，您好！请问该如何称呼您呢？"某乙答："您好！我叫杨舟。"某甲再问："请问您在哪里高就呢？"某乙答："我在大洋集团人力资源部供职，我是那里的经理。"三是交流式。在社交场合里，需要与他人进行进一步交流时，不妨就交往对象有可能感兴趣的问题，向对方择要介绍。例如，你可向对方介绍自己的籍贯、学历、兴趣爱好等。有时它也被称为交际式自我介绍。例如："我叫钱飞飞，苏州人。我见您在听评弹，我想您也是苏州人吧？"第四种是工作式。在工作场合，自我介绍也应公事公办。其主要内容应包括单位、部门、职务、姓名四项，因此也被称为公务式自我介绍。例如："你好！我是途牛公司销售部的经理，我叫李玉。"

3. 自我介绍的注意事项

进行自我介绍时，对下述几点必须认真注意，如此方能使自己表现出众，不失分寸。

① 见机行事。自我介绍一定要见机行事，当交往对象有此兴趣、情绪良好，或外界影响较少时，都是进行自我介绍的良机。

② 实事求是。自我介绍必须实事求是，介绍自己时既不宜过分谦虚，贬低自己，也没有必要自吹自擂，夸大其词。必要时，不妨在进行自我介绍前先向交往对象递上一张自己的名片，以供对方参考。

③ 态度大方。在介绍自己时，介绍者一定要保持大方而自然的态度，以求给人以见多识广、训练有素的感觉。为此，在自我介绍时，语气要平和，语音要清晰，语速要正常。切勿显得敷衍了事、生硬冷漠，或矫揉造作、虚张声势，抑或畏首畏尾、小里小气。

④ 控制长度。介绍自己时，必须有意识地控制其具体内容。若无特殊要求，自我介绍的内容一定要力求简明扼要，努力做到长话短说，废话不说。大体上来说，一般的自我介绍在时间上应限定在一分钟之内结束。

【礼仪小知识】

记住别人名字的方法

我们每天都会和许多不同的人打交道，对于见过的人，哪怕只是泛泛之交，如果下次见面时能准确无误、亲切流畅地说出对方的名字，毫无疑问都会让对方倍感惊喜，进而迅速对你产生好感，以致在日后的交往中拉近距离，创造机会。

那么，我们怎么能快速、准确地牢记别人的名字呢？方法有如下几种：

（1）礼貌重复法

礼貌重复法是指在交谈中尽量多次称呼对方的名字，少用"您""先生""书记"这类无名无姓的通用代词。即使用头衔和尊称时，也尽量和姓名一起使用，如"张恒先生，不知您是在哪里高就呢？""王华书记，听了您的讲座后，我获益匪浅，希望以后还能有机会向您学习。"这样，在交谈中不断重复对方的姓名，并在谈话结束分手时再次重复对方的姓名，会非常有助于我们记住对方。

（2）词汇记忆法

词汇记忆法是指把对方的姓名和一些有可能与之联系起来的词汇关联起来记忆，当然，也可以选择把单个文字拆成词汇来记忆。比如"凯利"可以记为"凯旋胜利"等。

（3）图像记忆法

图像记忆法是指把对方的姓名与对方形象中的某个特点关联起来，以达到记忆的目的。比如"王华就是那个矮矮胖胖的小个子书记""张恒长得很像一个明星"，这种方法对于擅长图像记忆的人尤为有效。

每天的日常工作结束后，都可以在晚上睡觉前回顾一下今天白天你见过、交谈过的人，他们都叫什么名字，有什么特点，甚至可以自制一些小卡片留存，长此以往坚持下去，你的人际关系会越来越宽广。

（二）为他人介绍

在社会交往中，除了自我介绍之外，往往还有必要为他人介绍。为他人介绍又称第三者介绍，它指的是由第三者替彼此不认识的双方所进行的介绍。在为他人介绍时，替他人所进行介绍的第三者为介绍者，而被介绍的双方则为被介绍者。在绝大多数情况下，介绍者应对被介绍者双方一一进行具体的介绍。在个别时候，也可只将被介绍者中的一方介绍给另外一方，但那样做的前提是前者认识后者，而后者却不认识前者。介绍他人大都应当对以下四个方面的具体问题予以重视。

1. 谁充当介绍者

需要为他人介绍时，由谁来充当介绍者是颇有讲究的。在一般情况下，商务交往中的介绍者应由下述人员担任。一是专司其职者。在大多数时候，介绍者应由本单位专门负责此项事宜的人员担任，例如：秘书、办公室主任、公关人员或专职接待人员等。二是业务对口者。有时，在外单位人员来访时，而对方又与我方其他人员互不认识的情况下，则与对方有业务联系的本单位职员就有担当介绍者的义务。三是身为主人者。当来自不同单位的客人互不认识时，则主方人员应主动充当介绍者。四是身份地位最高者。假设来访的客人身份较高，本着身份对等的原则，一般应由东道主一方在场人士中的身份地位最高者来担任介绍者，以示对被介绍者的重视。

思考： 如果本市人力资源与社会保障局局长到公司人力资源部调查了解情况，该由谁来充当介绍者呢？

2. 被介绍者意愿

为他人进行介绍之前，介绍者需要事先征得被介绍者双方的首肯，以防止被介绍者双方早已认识，不需要再介绍，或者被介绍者之中的一方不希望结识另外一方等情况出现。有的时候，被介绍者之中的一方可能会主动要求介绍者把自己介绍给另外一方。此时，介绍者一定要想方设法玉成此事。在正常情况下，征求被介绍者双方意见时，应当先征求身份较高者的意见，后征求身份较低者的意见，并且应当优先考虑前者的意愿。

3. 介绍的顺序

为他人进行介绍时，被介绍双方的前后顺序往往最为讲究。根据礼仪规范，处理这一问题时，应遵循"尊者拥有优先知情权"的原则，即在为他人介绍时，应首先介绍身份地位较低者，然后介绍身份较高者，以便使后者优先了解前者的具体情况。因此，应当将年轻者介绍给年长者；将身份低者介绍给身份高者；将下级介绍给上级；将男士介绍给女士；将后到者介绍给早到者；将本单位同事介绍给外单位人士；将自己家里人介绍给客人；将未婚女性介绍给已婚女性等。当然，以上顺序不是教条，应视具体环境情况灵活运用，如：一位年轻女士和一位年长男士相识，就有可能需要将女方介绍给男方。

4. 介绍的内容

为他人进行介绍时，不仅应注意前后顺序，还应当斟酌介绍的具体内容。通常替他人进行介绍的具体内容有以下几种基本模式：一是标准式。它主要适用于各种正规场合，基本内容应包括被介绍双方的单位、部门、职务与姓名。例如："我来介绍一下，这位是五洲集团总经理夏光金先生，这位是新大为公司董事长王鑫小姐。"二是简介式。它适用于一般性的交际场合，其主要内容往往只需要包括被介绍者双方的姓名即可，有时甚至只提到双方的姓氏。例如："我想替两位做个介绍。这位是小赵，这位是老贺。大家认识一下吧。"三是引见式。它多用于普通的社交场合。介绍者在介绍时只需要将被介绍者双方引导到一块儿，而往往不需要涉及任何具体的实质性内容。例如：

"想必两位还不认识吧？其实大家都是同行，只不过以前不曾相识。要不你们自报家门吧！"四是强调式。它多用于一些交际应酬之中，其主要内容除被介绍者双方的姓名外，通常还会刻意强调其中一方或双方的某些特殊之处。例如："这位是日本大德公司的大岛健先生，这位是《成都商报》的记者张丹丹小姐。顺便提一下，张丹丹小姐是我的外甥女。"

最后，为他人介绍时还应注意手势和表情。被介绍时，眼睛要正视对方。除年长或位尊者外，被介绍双方最好站起来点头致意或握手致意，同时应说声："您好，很高兴认识您"或"认识您真荣幸"等得体的礼貌语言。

【案例赏析】

　　Thomas是一个英国人，在大学读书时学习非常刻苦，成绩也非常优秀，几乎年年都拿特等奖学金，为此同学们给他起了一个绰号"超人"。大学毕业后，顺利地获取了继续攻读硕士学位的机会，毕业后又顺利地进入一家公司工作。一晃八年过去了，Thomas现在已成为公司的部门经理。一天，Thomas受邀参加一个商务酒会，刚到不久，就发现有一男一女2个人向他们走来。其中一个人边走边伸出手大声地叫。这时，Thomas才认出说话的人正是他大学时候的中国同学王峰，今天正好也来参加酒会。此时，王峰和Thomas彼此都既高兴又激动。两人寒暄了很久，王峰这时才想起介绍自己的妻子。于是把妻子介绍给了Thomas。

　　思考：王峰是否存在失礼之处呢？

（三）集体介绍

集体介绍实际上是为他人介绍的一种特殊情况，它是指被介绍的一方或者双方不止一人的情况。在这种情况下，介绍的顺序应遵循以下原则。

1. 先少数人，后多数人

若被介绍的双方地位、身份不相上下或者难以确定高低，应当让人数较少的一方礼让人数较多的一方。先介绍人数较少的一方或者个人，后介绍人数较多的一方或多数人。

2. 尊者居后

若被介绍者在身份、地位之间存在明显差异，则较为尊贵者即便人数较少，依然是后被介绍。

3. 整体介绍

在被介绍的对象较多而又无须一一介绍的情况下，则可采取笼统的方法进行整体介绍。例如，"这是我的家人""这是我同学"。

4.人数较多各方的介绍

被介绍的有多方，就需对被介绍的各方进行位次排列。常用的排列依据是，以距离介绍者的远近为准；或者以被介绍单位的规模为准；又或者以其负责人身份为准等。

最后，在进行集体介绍时，介绍者在态度上还应注意两点：一是平等待人。进行具体介绍时，对被介绍者双方一定要平等对待。不论介绍的态度、内容还是其他具体方面，均应有规可循，切忌厚此薄彼。二是郑重其事。介绍集体时，一定要表现得庄重大方，给人以郑重其事之感。此刻不宜乱开玩笑，或显得过于随意。

交流拓思

一、古人的称呼

古人的称呼

古人一向重视礼仪，在称谓方面尤其讲究，因而在日常交往中的自称和相互称呼方面都有一套较为严格的规矩。一般来说，在相互交谈或者书信往来中，凡提到自己则用谦称或者卑称，如：鄙人。即自谦为见识浅陋之人；不才，即自谦为无才能之人；不敏，即自谦为不聪明之人；不肖，即自谦为不贤之人。此外，一般男子自称"臣""仆"，女子自称"妾""奴""奴家"，年轻者在年长者面前自称"学生""晚生""后学"，老百姓在官吏面前自称"小人""小民"等，都是常见的自谦之词。即使是地位尊贵的帝王和诸侯也有谦称，一般自称"孤""寡"，只是后来"孤家寡人"渐渐成为帝王的专有自称。

与此不同的是，古人在称呼对方时，往往使用尊称。古时，常用的尊称有：父、子、长者、先生、公、君、足下等，对象不同，使用的尊称也会有所不同。"父"是对年长男子的尊称，如仲尼父、伯禽父；"子"多用于表达学生对老师的敬意，如孔子、孟子等，有的也在字的前面加"子"，如子产（公孙桥）、子贡（端木赐）；"长者"一般用于对有德行之人的尊称，古代名人伍子胥、信陵君等都被人尊称为"长者"。"先生"是古人对师长、老人、有德行者的泛称。至于"公""君"和"足下"，它们的运用则更为广泛。在古代官场中还有一些专用的尊称，如君称臣为"爱卿"，臣称君为"陛下"等。另外，人的字、号也属尊称，但只能用于特指的个人。

思考： 你知道为什么古人尊称对方的母亲为"令堂"吗？

二、岳父、岳母称呼的来历

这两个称呼得从唐朝说起，唐玄宗曾到泰山封禅，封禅是我国古代最隆重、最盛大的礼仪之一，其意义在于告命于天。封禅完毕后，唐玄宗从泰山下来突然看到身边一个侍从官郑镒一下从九品官员升到了五品官员，就奇怪地问："郑镒啊，你的官怎么升得这么快呢？"郑镒当然张口结舌无法回答，这个时候黄幡绰就在旁边说道："皇上，这全赖泰山之力啊。"大家哈哈大笑，这事就此抹过，因为封禅升官本来就是一个潜规则，但是为什么郑镒升得这么快呢？因为郑镒娶了张说的千金。正是仰仗了妻子的父亲，借泰山封禅的机会，郑镒才有机会从九品一下升迁到五品，因此，从此就称呼妻子的父亲为泰山，又因为泰山是五岳之首，仰仗五岳之首的力量，故称岳丈、岳母。

讨论：请你谈谈家庭相处过程中，得体称呼的重要性。

职场模拟

一、初入职场的你会正确称呼对方吗？

职场场景：王亮亮是一名刚大学毕业的学生，目前在一家外贸公司从事销售工作，工作中时常需要和陌生客户打交道，初次见面，对对方的情况完全不了解，他该如何称呼对方呢？

模拟要求：根据情景，两个同学为一组进行情景模拟。要求设计不同的客户身份和角色，并逐一进行模拟。情景表演结束后，进行小组互评，最后进行模拟过程总结。

二、礼貌得体的自我介绍

职场场景："您好！我是天高集团公司总经理办公室主任，我叫李竹林。"请采用多种不同的方式进行自我介绍。

模拟要求：根据不同场景要求，两两一组进行职场模拟，要求至少使用3种不同情景下的自我介绍，然后进行小组互评，最后进行模拟过程总结。

三、为他人介绍

职场场景：德翔有限公司是珠江货代公司的重要客户。现在德翔有限公司代表王二先生陪同经理李四小姐前往珠江货代公司，与对方公司营销经理张三经理见面，并商谈有关业务方面的事宜。此前王先生曾与张经理有过业务接触，而李经理一直未见过张经理。请问该由谁来做介绍者呢？以及如何介绍呢？

模拟要求：根据情景三人一组进行职场模拟，要求根据不同角色要求，规范使用为他人介绍的方式及原则，然后进行小组互评，最后进行模拟过程总结。

评价考核

目标达成考核表

内　容		评　价	
学习目标	评价内容	小组评价 （5、4、3、2、1）	教师评价 （5、4、3、2、1）
德	积极乐观向上的人生态度		
	真善美的品德		
	敬业、乐业的职业道德操守		
知	称呼的几种常见形式		
	称呼的禁忌		
	介绍的原则		
行	能够灵活运用称呼的艺术		
	独立运用三种不同的介绍方式开展商务往来活动		
努力的方向：		建议：	

拓展阅读

国外称呼礼仪介绍

在商务活动中，称呼他人是一件极为重要的事情，若称呼得不妥当则很容易让他人产生反感，甚至嫉恨在心，久久无法释怀。对于外国友人，以下几点我们还需加以注意：

① 认识的人，对于自己已经认识的人多以Mr.、Ms.或Mrs.等加在姓氏之前称呼，如Mr.Wang、Mrs.Huang等，千万不可以用名代姓。比如：美国前总统乔治·华盛顿，人们一定称其为华盛顿总统、华盛顿先生，因为这是他的姓，如果称他为乔治先生就很失礼了，因为只有以前的黑奴才会如此称呼主人。

② 重要人士，对于重要人物最好加上他的头衔，如校长、大使、参议员、教授等，以示尊重，当然也如前述是以头衔之后加上其全名或姓氏称呼，千万别接上名字。一般而言有三种人在名片上和头衔上是终身适用的，这三种人是：大

使Ambassador、博士Doctor以及公侯伯子男皇室贵族爵位。在称呼他们时一定要加头衔，否则表示十分不敬，甚至视为羞辱。

③ 不认识的人，可以Mr.、Madam来进行称呼，我国公民在涉外交往中不习惯使用"Sir"这个称呼，只有对看起来明显十分年长者或是虽不知其姓名但显然是十分重要的人士方才使用，其实这是不对的。当然，面对正在执行公务的官员、警员等是可以用"Sir"来进行称呼的，以表示尊敬。对于女士则一律以"Madam"称呼之，不论她是否已婚。

④ 青年人，可以称呼其"Young Man"，青年女孩则称呼其"Young Lady"，小孩子可以称其"Kid（s）"，较礼貌地会称呼其"Young Master"。在此特别说明一下，"Master"并非主人之意，有点类似中文的"小王子"之类的称呼。

任务二 见面礼仪

文化传承

凡揖人时，则稍阔其足，其立则稳。揖时须是曲其身，以眼看自己鞋头，威仪方美观。揖时亦须直其膝，不得曲了，当低其头，使手至膝畔，又不得入膝内。喏毕，则手随时起，而叉於胸前。

——《事林广记》

扫二维码
看翻译

【赏析】

中国自古作为礼仪之邦，非常注重见面礼仪。中国传统见面礼仪讲究以人和人之间的距离来表现尊敬，而不像西方礼仪中常见肢体接触。中国传统见面礼如拱手礼、揖礼、拜礼、叩首礼、鞠躬礼等，礼仪动作根据各地文化、风俗、习惯不同，行礼方式有基本定式，也会有差异。

教学目标

德　① 激发学生充满自信、真诚友善、敬业乐业的品质；

　　② 引导学生明白细节决定成败的道理，学会尊重他人，树立文明礼貌新风尚，践行社会主义核心价值观。

知　① 了解握手礼仪的适用场合；

　　② 了解握手礼仪的基本规范；

　　③ 掌握握手礼仪常用的训练方法，以及运用禁忌；

　　④ 了解具有中华传统文化特色的拱手礼、鞠躬礼等见面礼节；

　　⑤ 了解合十礼、拥抱礼等见面礼节。

行　① 掌握规范的握手礼仪的技巧；

　　② 握手礼仪训练；

　　③ 熟练运用握手礼仪，展示大气、优雅、沉稳的职业素养；

　　④ 熟练运用拱手礼，传承中华传统文化。

课堂导入

跨越三百多年 宋应星和袁隆平在稻田里"握手"

　　《典籍里的中国》是中央电视台一档重点文化类创新节目，节目聚焦中华优秀文化典籍，通过时空对话的创新形式，讲述典籍在五千年历史长河中源起、流转及书中的闪亮故事，让书写在典籍里的文字"活"起来，展现典籍里蕴含的中国智慧、中国精神和中国价值。

　　其中有一期：跨越三百多年 宋应星和袁隆平在稻田里"握手"，聚焦中国首部关于农业和手工业生产技术的百科全书《天工开物》，致敬"古有《天工开物》，今人继往开来"的科学精神。

　　主持人撒贝宁带领由演员饰演的宋应星去看三百多年后的"天工开物"，那里有中国的高铁、飞机、火箭、"奋斗者"号深潜器……不禁让宋应星感慨道："这三百多年后的'天工开物'，了不起啊！"

节目中，相隔300多年的袁隆平与宋应星透过一粒种子，产生了属于科学家们的共鸣：求真务实、造福人民。他们以现代礼仪在稻田里上演跨越三百多年的"握手"令人动容，带领观众感受千百年来中华民族经世致用、为民谋福祉的不懈追求，也让观众看到中国古人的伟大创造仍有取之不尽的宝藏。

我们说，古有宋应星"贵五谷而贱金玉"，写就《天工开物》；今有袁隆平心怀"禾下乘凉梦"，致力杂交水稻的研究。尽管相隔300多年，他们却都透过一粒种子找到了造福人民的共同梦想。这是千年追寻、今朝圆梦的故事，也是少年有志、民族无量的故事。

思考： 握手时应注意哪些礼仪规则呢？

精讲点拨

一、握手礼

握手礼是一切社交场合最常使用、适应范围最广泛的见面致意的方式。多用于见面时的问候与致意，也多用于告别时致谢与祝愿，这是世界各国通行的礼节。握手礼据说起源于原始社会，当时人们手中常常握着棍棒和石块，用作猎取动物和自我防卫的武器。当无利害冲突、无意侵犯对方的陌生人相遇时，就会主动放下手中的东西，并让对方摸摸掌心，以示没有武器；另一个传说称，在中世纪的欧洲打仗的骑兵穿着厚厚的盔甲，全身包裹严密，随时准备冲锋杀敌。如果表示友好，就要脱掉右手的铁甲，伸手相握。如果双方和谈成功，表示愿意和平共处，表示友好，也伸手相握。这种习惯被沿袭下来，最后演变为今天人们见面和告别的礼节。握手虽是日常生活中司空见惯、看似平常的社交礼仪，但从中却可以传递出许多信息。在轻轻一握之中，可以传达出热情的问候、真诚的祝福、殷切的期盼、由衷的感谢，也可以传达出虚情假意、敷衍应付、冷漠与轻视。通过握手，可以了解一个人的情绪和意向，还可以推断一个人的性格和感情，有时握手比语言传递的信息更丰富，更充满感情。

（一）握手的场合

握手是沟通交流、增进友谊的重要方式。文雅而得体的握手礼仪往往蕴含着令人愉悦、信任、接受的契机。因此，把握好握手的时机和场合，是非常重要的。

以下场合经常使用握手礼：

① 介绍相识时，当你被介绍与第三者相识时，应马上向对方伸手并趋前相握，以表

示很高兴认识他（她），并表示今后愿意建立联系、友谊和商谈工作等。

② 久别重逢时，与自己久别重逢的老朋友或多日不见的同事相见时，应该主动热情握手，以示自己的问候、关切和高兴之情。

③ 突遇熟人和上级时，在社交场合如果突然遇到了自己的熟人和上级，除口头问好外，还应上前握手表示问候和欣喜之情。

④ 迎接客人到来时，当你所邀请的客人如约而至时，应同他们握手，以示欢迎。

⑤ 拜访告辞时，在拜访顾客、友人、同事或上司之后，辞别时应握手，以示感谢对方的接待和希望再见之意。

⑥ 送别客人时，邀请客人参加活动，在客人告别时，作为主人应同所有客人握手，以表示感谢对方的光临和支持。

⑦ 与有喜事的熟人见面时，当你获知自己的友人或熟人有喜事，如晋升职衔、喜结良缘、比赛获奖等，与之见面时应主动握手，以表示祝贺。

⑧ 别人向自己祝贺、赠礼时，当有人向自己颁发奖品（奖金）、赠送礼品、发表祝词和表示祝贺时，应与其握手以表示感谢。

⑨ 拜托别人时，当拜托别人帮自己做某件事时，应握手以表示感谢和恳切企盼之情。

⑩ 别人为自己提供帮助时，当别人为自己、包括自己的亲友提供某种帮助时，应握手致谢。

⑪ 参加追悼会告别仪式时，当参加友人、同事或其家属追悼会后离别时，应与死者的主要亲属握手，表示安抚和安慰节哀之意。

（二）握手的姿势

握手的姿势、力度与时间的长短等细节往往能够表达出不同礼遇与态度，显露自己的个性，给人留下不同的印象。也可通过握手了解对方的个性，从而赢得交际的主动，开启成功之路。

① 标准的握手姿势是：握手时，两人相距约一步，上身稍前倾，各自伸出自己的右手，四指并拢、拇指张开与对方相握。相握时，两人的手掌应与地面垂直，上下微微抖动3~4次，稍许用力，眼睛注视对方，微笑致意或简单地用言语致意、寒暄，然后与对方的手松开。有人会用双手与人握手，这种姿势是想向对方传递出一种真挚、深厚的友好感情。这种形式的握手一般有两种情形：第一，主动握手者的右手与对方的右手相握，左手移向对方的右臂，或轻拍右肩，这样，他伸出的左手可以向接受者传递出更多的关爱与鼓励；第二，被动握手者伸出双手握住对方的右手，这样，他的双手传递的是一份尊敬与仰慕。

② 握手要注意力度。握手时，既不能有气无力，也不能握得太紧，甚至握疼了对方的手。握得太轻，或只接触到对方的手指尖，不握住整只手，对方会觉得你傲慢或缺乏

诚意；握得太紧，对方则会感到你过度热情，或觉得粗鲁、轻佻而不庄重，这些都是失礼的。

【礼仪小知识】

海伦·凯勒的握手"说"

美国著名盲人女作家海伦·凯勒曾说道："我接触过的手，虽然无言，却极有表现性。有的人握手能拒人千里，我握着他们冷冰冰的指尖，就像和凛冽的北风握手一样；而有些人的手却充满阳光，他们握着你的手，能使你感到温暖。"

---

③ 握手应注意时间。握手时，既不宜轻轻一碰就放下，也不要久久握住不放。一般来说，表示完欢迎或告辞之意的话后，即应放下（图3.1）。

图3.1 握手礼

（三）握手的次序

行握手礼有先后次序之分，次序主要根据握手人双方所处的社会地位、身份、性别和各种条件来确定，总的原则是"尊者先伸手"。

职位、身份高者与职位、身份低者握手，应由职位、身份高者先伸手；女士与男士握手，应由女士首先伸手；已婚者与未婚者握手，应由已婚者先伸手；年长者与年幼者握手，应由年长者先伸手；迎客时主人应先伸出手与到访的客人相握；客人告辞时，客人应先伸出手与主人相握。

除了上述情况，握手的次序还应考虑以下情况：

① 若两人之间身份、年龄、职务都相仿时，可先伸手表示礼貌。

② 男女初次见面，女方可以不与男方握手，互致点头礼即可；若接待来宾，不论男女，女主人都要主动伸手表示欢迎，男主人也可对女宾先伸手表示欢迎。

③ 一人与多人握手时，应是先上级、后下级，先长辈、后晚辈，先主人、后客人，先女士、后男士。

④ 若一方忽略了握手的先后次序，先伸出了手，另一方应立即回握，以免尴尬。

在公务活动中，握手时伸手的先后次序主要取决于职位、身份；而在社交、休闲场合，则主要取决于年纪、性别、婚否。

【案例赏析】

张先生与王小姐在公园相遇，由于好久没见，张先生大方、热情地向王小姐伸出手去想与王小姐握手，谁知王小姐却不将手伸出来与之相握，甚至将手放进裤袋里。张先生只好尴尬地摸着自己的手。

思考： 如果你是张先生或者王小姐，你会怎么做呢？

（四）握手时的禁忌

① 贸然伸手。握手时要遵循先后顺序，贸然伸手容易失礼。

② 左手握手。握手必须使用右手（右手残疾者除外），如果恰好右手正在做事，一时抽不出来或者当自己右手脏或湿时，应向对方说明并表示歉意或者立即将手洗干净后与对方热情相握。

③ 左手插在裤袋里。有的人认为握手时把左手插在裤袋里比较潇洒，实际上这样的随意显得不够尊重对方。握手时，左手自然垂放身体左侧即可。

④ 戴帽子、手套握手。如戴着帽子、手套，握手时应取下。但女士穿晚礼服时戴镂空的蕾丝边的手套时可以与人握手。

⑤ 握手时戴着墨镜。握手时要热情，双目注视对方眼睛传达情感，戴着墨镜无法较好地进行眼神交流。

⑥ 隔着人握手。两人握手时不宜中间隔着人，避免尴尬或者距离太远。

⑦ 目光游移飘忽。与人握手时不要左顾右盼，更不能一边握手，一边跟其他人打招呼。

⑧ 不要坐着与人握手。握手一般是站着相握，除非年老体弱或行动不便，坐着握手是很失礼的。

⑨ 敷衍了事。握手时漫不经心，轻轻碰触一下就松开手或者没有力度地冷淡握手，都是不够尊重对方的表现。

⑩ 交叉相握。争先恐后地握手容易形成交叉相握，有的国家视交叉握手为凶兆的象征，交叉成"十"，意为十字架，认为这种握手姿势会招来不幸。

⑪ 握手后用手帕揩手。握手后，当众或者当着对方用手帕擦手是非常不礼貌的行为。

思考： 异性之间握手时，男士只握住女士的指头部分，正确吗？

二、其他见面礼仪

（一）拱手礼

1. 拱手礼的由来

中国自古以来作为礼仪之邦，"礼"无处不在。自周公制周礼，礼乐文化几千年来都影响着中国人。见面常用的拱手礼，又叫作揖礼，是中国特有的传统礼仪形式，体现了中华民族自谦敬人的品质，至今已有数千年的历史。作揖礼自古行之，直到民国时期才渐渐被世界通行的握手礼取代。

拱手礼始于上古，有模仿戴手枷奴隶的含义，意为愿做对方奴仆，以表自谦。自西周以来，同辈间见面交往已广泛使用。《礼记·曲礼上》记载道，"遭先生于道，趋而进，正立拱手"。《论语·微子》也记载了子路对孔子行拱手礼，"子路拱而立"。

2. 拱手礼的施礼方法

拱手礼的核心动作便是"拱手"。《尔雅·释诂》郭璞注曰："两手合持为拱。"即双手相交而握（图3.2）。中国古人以"左"为敬，因此男子行拱手礼时，左手包右手，以左示人，表示真诚、友善与尊重；女子行礼时，右手在外，左手在内。如遇丧事，则正好相反。

图3.2　拱手礼

3. 拱手礼的运用场合

拱手礼可运用范围甚广，重大节日可以用，重要场面也少不了；见面可以用，告别也能用；祝贺恭喜可以用，感谢道歉同样行。拱手礼几乎不受时间、空间的限制，在同一时间和目所能及的距离范围内都可行礼，可一对一行礼，也可一对多、多对一行礼。不仅效率高，而且一视同仁，十分公平，可以弥补握手、拥抱、贴面等礼仪形式的不足。

作为中国传统礼仪的拱手（作揖）礼，在现代社会已不常使用，尤其年轻人很少学习、使用，但是拱手礼庄重、得体、敬人，承载中华人文精神，契合文化自信理念，

《说文解字》曰"揖，攘也。"推手曰揖，揖让为敬，作揖礼含有自尊、尊他之意，能表达谦让、推让、礼让、承让的敬人之心。推行拱手作揖礼，将于无形中兴起谦虚、爱敬、朴实之风，助推精神文明建设，提升国民素质，彰显国民素养。

拱手礼还可以构筑健康屏障。尤其是2020年初以来，新冠病毒肆虐全球，病毒或将长期与人类共存。部分研究显示，握手可能会传播疾病。拱手礼行礼时，人与人之间相隔一米半左右，无须肢体接触，符合疫情防控和复工复产期间流行病学专家要求的人与人之间的安全距离。面对疫情蔓延的迅猛态势，应当革新相见礼节。拱手作揖礼简单易行，意蕴深厚，既可化解疫情之忧，又从容承载文明和自信，因此，复兴中华传统文化，在全国乃至全世界推行拱手礼，有可能成为一种新的趋势。

（二）合十礼

合十礼，是佛教徒的一种敬礼方式，盛行于印度和东南亚佛教国家，并在人们见面时施用，表示敬意。我们在与信仰佛教的人士交往时，若对方施以此礼，我们也应以合十礼相答。

1. 合十礼的施礼方法

合十礼的施礼正规庄严，身体直立，双目注视对方，面带微笑，两手掌在胸前约20厘米处对合，五指并拢向上，向外前倾，然后欠身低头，口诵："阿弥陀佛。"

通常行合十礼的双手举得越高，表示对对方的尊敬程度就越高。向一般人行合十礼，指尖与胸部持平即可；若是平辈相见，指尖应举至鼻尖；若是晚辈向长辈施礼，指尖应举至前额。施合十礼不得戴帽子，必须先将帽子摘下夹于左腋下，方可施合十礼。

2. 合十礼的种类

不同国家或地区的佛教徒习俗各异，故合十礼的施礼方法也各式各样，主要有"站立合十""俯首合十""点首合十""躬身合十""下蹲合十""跪拜合十""摸脚合十"等（图3.3）。其中最常见的有以下三种：

图3.3　合十礼

① 跪拜合十礼。行礼时，右腿跪地，双手合掌于两眉中间，头部微俯，以示恭敬虔诚。此礼一般为佛教徒拜佛祖或高僧时所用。

② 下蹲合十礼。行礼时，身体要下蹲，将合十的指尖举至眉间，以示尊敬。此礼为佛教盛行的国家的人拜见父母或师长时所用。

③ 站立合十礼。行礼时，要站立端正，将合十的指尖置于胸部或口部，以示敬意。此礼为佛教国家平民之间、平级官员之间相拜或公务人员拜见长官时所用。

（三）拥抱礼

拥抱礼，一般指的是交往双方互相以自己的双手揽住对方的上身，借以向对方致意（图3.4）。在中国，人们对此不甚习惯，而在国际社会中，它却得到广泛的运用。无论是私人生活中的交际，还是政府的正式外交场合，如国家元首之间的会面，都会见到这种见面礼。拥抱作为礼节形式，有正式和非正式两种。

图3.4　拥抱礼

1. 拥抱礼的施礼方法

施拥抱礼，一般是两人相对而立，右臂偏上，左臂偏下，右手环抚于对方的左后肩，左手环抚于对方的右后腰；按各自的方位，两人头部及上身都向左相互拥抱；然后头部及上身向右拥抱；再次向左拥抱，礼毕。

2. 施拥抱礼应注意的事项

① 礼节性的拥抱，双方身体不可贴得过紧，拥抱的时间也很短，不能用嘴去亲吻对方的面颊。

② 在正式外事接待场合，行拥抱礼都为男士，对女宾不宜用此礼，而应改行握手礼。

③ 在正式场合，使用拥抱礼应事先了解对方是否习惯或喜欢此种礼节，不可贸然使用。对不喜欢拥抱礼的外国客人，如印度、日本及东南亚人等应慎用。

交流拓思

一、握手力度的影响力

长期以来，商界人士和求职者长期以来得到的专家建议是，握手有力友好，成功机率更大。《认知神经科学杂志》刊登了一项新研究发现，科学证据表明握手适当有助于改善第一印象。握手有力度，第一印象好。

新研究负责人，心理学博士后桑达·道尔科斯博士表示，这项新研究清晰地表明，握手得体，特别是注意力度，有助于给对方留下很好的第一印象。握手有力度不仅可以对顺畅的人际交往产生积极的影响，而且可以消除负面印象的不良影响。社交中或多或少会出现这样或那样的错误，但是简单的握手动作就能够达到消除误解的负面影响，改善交际质量的目的。

新研究合作者，伊利诺伊大学贝克曼研究所研究员弗洛林·道尔科斯表示，握手可提高积极情绪，有力、自信而友善的握手最关键。在商务场合，人们都期待这种握手礼，知道这一点的人都会付诸实施。良好得体的握手可能会使求职或生意成功机率大大提高。长期以来，人们一直凭直觉判断握手的重要性，如今科学家已经找到了其科学依据。

讨论：握手合适的力度是多大呢？如何把握呢？

二、与大师的握手

"钢琴王子"克莱德曼的中国巡演刚一结束，等待索要签名的拥趸就排成了长龙。大厅里人头攒动，拿到签名的"粉丝"欣喜若狂，好多人都流下了激动的泪水。

这时，一对引人注意的父子排到队伍前头。克莱德曼习惯性地拿起签字笔，客气地问他们想签到哪里。不料，这位父亲竟然说："我们不要签名。"此言一出，众人惊诧不已，纷纷把目光聚集在这一对等候几个小时却不要签名的父子身上。

"我有一个不情之请，"这位父亲看着克莱德曼说，"我想让我的孩子握一下您的双手。"周围的人更加不解了，纷纷上前看个究竟。

这位父亲向克莱德曼深鞠一躬："您是我非常尊敬的钢琴大师。"然后把儿子拽到身前，摸着他的头说："这个孩子对钢琴很有悟性，打小就苦心练琴。这两年，他接连获奖，每次比赛总是拿第一。"克莱德曼眼里流露出赞许之意，示意他说下去。

"他有些飘飘然了，觉得自己很了不起。尤其是最近，他到处炫耀琴技，根本没有心思练琴。我今天一是为仰慕大师风采而来，二是想让孩子明白一个道理，怎样才算真正的钢琴家。"克莱德曼当然不会错过这个发掘天才钢琴家的良机。他把自己那双与钢琴打了半辈子交道的大手伸到孩子面前，微笑着说："来吧，孩子，你是好样的。"看着那双手，孩子的小手竟迟迟不肯伸上前去。和克莱德曼的十指接触的瞬间，他似乎被克莱德曼指头上厚厚的老茧电到了一般，猛地一缩。那双小手就这样久久地悬在空中，孩子明亮的双眼痴痴地望着对方，嘴里不停地念叨着："钢琴家，钢琴家……"此后，这个在钢琴方面天资极高的少年又开始夜以继日地苦练琴技，终于获得巨大的成功。当初的这个孩子就是现在中国知名青年钢琴家——郎朗。

讨论：这个案例带给你怎样的启示呢？

职场模拟

一、初入职场的小张该采用什么样的见面礼仪呢？

职场场景：A公司新入职的小张今天将前往B公司，与B公司销售部王经理会面商谈一笔业务，王经理是一位泰国人，请模拟双方见面时致意的场景。

模拟要求：根据情景两两一组进行职场模拟，要求根据不同角色进行见面礼仪的施礼练习，然后进行模拟过程总结。

二、该谁先伸手呢？

职场场景：下面情景中，见面的双方应该由谁首先伸出手来促成握手呢？

① A公司的张小姐与B公司的王先生；

② 公司的总经理与人事主管；

③ 退休的老李与他的接任者何小姐；

④ 宴会的主办方与嘉宾；

⑤ 有着十年公司工龄的公关部经理与刚到任的公司总经理。

模拟要求：根据情景两两一组进行职场模拟，要求根据不同角色模拟双方见面时握手的场景并说明原因，然后进行模拟过程总结。

评价考核

目标达成考核表

内　容		评　价	
学习目标	评价内容	小组评价 （5、4、3、2、1）	教师评价 （5、4、3、2、1）
德	积极乐观向上的人生态度		
	真善美的品德		
	敬业、乐业的职业道德操守		
知	握手礼仪使用的规范		
	握手礼仪的禁忌		
	握手礼仪的训练方法		
行	能关注身边的礼仪现象，用正确的方法观察、分析有关礼仪的事件		
	能理论联系实际，把小我融入大我		
努力的方向：		建议：	

拓展阅读

不简单的握手礼仪

中国古代对握手的记载，最早见于《后汉书·李通传》"及相见，共语移日，握手极欢"，距今已两千多年。唐代元结《别王佐卿序》中"在少年时，握手笑别，虽远不恨"，宋陆游《斋中杂兴》诗中"道逢若耶叟，握手开苍颜"，清纳兰性德《于中好·送梁汾南还为题小影》中"握手西风泪不干，年来多在别离间"等句，说明中国古人曾用握手相互表达悲欢离合。

将握手作为见面礼节引入中国的，应首推"民国之父"孙中山。1905年，孙中山在日本组织同盟会时规定入盟"同志相见之握手暗号"，并亲自教导会员如何行握手礼。孙中山认为，在我国流行了数千年的跪拜礼，是封建等级礼教制度的象征，推翻满清封建统治，一定要摧毁它的礼制。用新式的体现平等理念的握手礼取代跪拜礼，是辛亥革命任务的一部分。那么，历史上都有哪些珍贵的"握手"呢？

　　二战即将结束之际，有一张图片曾振奋了整个反法西斯阵营——三名美军士兵与三名苏联士兵在德国托尔高附近易北河上的一座桥头，正相互将手伸向对方，他们脚下的桥是断的，但显然他们正在用伸向对方的手架起另外一座无形的桥梁。正是因为极富画面冲击力和强烈的象征意义，这张握手照成为二战经典照片（图3.5）。

图3.5　美军士兵与苏联士兵的握手

　　被历史铭记的握手照片，还少不了这一张——1972年2月21日，美国总统专机空军一号降落在北京首都机场。机舱门打开，美国总统尼克松独自出现在舷梯上，随行人员均被挡在飞机内。当尼克松沿舷梯下行至离地面还有三四梯时，就向中国国务院总理周恩来伸出了右手。几秒钟后，尼克松和周恩来的手紧紧握在一起（图3.6）。新中国刚成立时，在日内瓦发生过美国国务卿杜勒斯拒绝与周恩来握手一事。因此这短短一瞬，中美之交翻开了新的一页。尼克松在回忆录中写道："当我们的手相握时，一个时代结束了，另一个时代开始了。"

图3.6　尼克松和周恩来握手

　　看来，不论是在东方还是西方，看似简单的握手，从来不是件简单的事情。

任务三　名片礼仪

文化传承

扫二维码
看翻译

不求见面惟通谒，名纸朝来满敝庐。
我亦随人投数纸，世情嫌简不嫌虚。
——文徵明《拜年》

【赏析】

　　名片最早出现，始于封建社会。秦朝时期，各路诸侯王每隔一定时间就要进京述职，诸侯王为了拉近与朝廷当权者的关系，经常地联络感情也在所难免，于是开始出现了早期的名片，史称"谒"， 就是拜访者把名字和其他介绍文字写在竹片或木片上（当时纸张还没发明），作为给被拜访者的见面介绍文书。随着时代的进步，古代名片的用途也越来越广泛。文徵明的这首诗歌反映的就是明代时期，人们相互用名片拜年的情景。由于过年时大家都会出去拜年，为了避免错失见面的时间，于是演变出两个很有趣的习俗。比如说，在出门拜年的时候，随身带着一些红帖子。帖子上面写着自己的名字，如果遇到主人不在家时，就留下一张红帖，表示已经来拜过年。这便叫"留帖"。各家门前贴着一红纸袋，上面便写着"接福"，即承放飞帖之用。还有一种情况是，有些人官大势大，交游广阔，无法各家一一亲自拜年，便派遣仆人带着他的红帖去拜年，这种拜年的形式，称之为"飞帖"。

教学目标

德 ① 培养学生学会使用名片礼仪，并成为一种良好的职业习惯；
　 ② 通过专业训练提升学生个人素质，塑造良好的职业形象；
　 ③ 名片传递最真实的自己，在递接名片过程中培养工作自信。

知 ① 了解名片礼仪的含义及重要性；
　 ② 掌握名片的制作规范；
　 ③ 掌握名片礼仪的使用方法以及运用禁忌。

行 ① 掌握正确的名片礼仪，运用于日常生活以及未来职场中；
　 ② 结合专业特点，进行名片递接的训练；
　 ③ 体会运用名片礼仪的好处，为未来职场工作做准备。

课堂导入

丢了名片，更丢了生意

图3.7 乔·吉拉德

　　乔·吉拉德（图3.7）是吉尼斯世界纪录汽车销售冠军，在他还未成名前，他曾做过某公司的采购部经理。有一次，他负责采购一批金额约300万美元的办公设备，本来他已经决定向S公司购买。一天，S公司的销售负责人打来电话，说要来拜访他。他心想，当对方来时就可以在订单上盖章了。不料对方提前来访，原来是因为对方打听到其公司的子公司打算要更新办公设备，希望子公司需要的各种设备也能向S公司购买，所以S公司的销售负责人带着一大堆资料，摆满了桌子。当时，吉拉德正有事，于是便让秘书请对方稍等一下，对方等了一会儿，不耐烦地收起资料说："您先忙吧，我改天再来打扰!"也许对方认为他没有决定权吧。这时，乔·吉拉德突然回来，发现对方在收拾资料准备离去时不小心把他的名片丢在地上，而且上面还留下了非常清楚的脚印。不仅如此，那位销售负责人捡起了他的名片后，随手就塞到了裤袋里。这种失误等于是亵渎他的尊严。于是，他一气之下，便向别的厂家购买了办公设备。

　　思考：这位S公司销售负责人的失礼之处表现在哪些地方？案例给你什么样的启示呢？

精讲点拨

名片是现代社会中应用最为广泛的交流工具之一，名片常常代表个人和企业的第一印象，是一个人身份的象征，对商业活动和交际行为起着积极的作用。但名片不能滥用，要讲究一定的礼节，以避免留下不好的印象。因此，名片的递送、接受、存放也要讲究社交礼仪。

一、名片的用途

在人际交往中，名片的具体用途有如下几种。

1.自我介绍
与他人初次见面时，以名片作为自我介绍的辅助工具，效果最好。

2.结交朋友
主动把名片递给别人，意味着对对方的友好、信任和希望深交之意。

3.业务介绍
由于公务名片上均印有归属单位等内容，因此利用名片也可为本人及其所在企业进行业务宣传，达到扩大交际面，争取潜在的合作伙伴的目的。

4.通知变更
利用名片，可以及时地向老朋友通报自己的最新情况，如：职务的晋升、工作单位的变换以及电话的更改等。

> 【礼仪小知识】
>
> 名片最早出现于秦朝，时称"谒"，就是拜访者把名字和其他介绍文字写在竹片或木片上，作为给被拜访者的见面介绍文书，东汉末年改称为"刺"，并由竹木片改成了便于携带的纸张，唐宋时称为"门状"，明朝时称为"名帖"，清朝才正式称为"名片"，是官员、商贾、文人雅士相互拜访时呈递的、简单自我介绍的卡片。清朝是中国封建社会的终结，由于西方的不断入侵，与外界交往增加了，和国外的通商也加快了名片普及。

二、名片的分类

因为内容、用途各有不同，在日常生活与工作中所用的名片也可分为应酬名片、社交名片、公务名片和单位名片四类，前三类统称为个人名片。在正式的场合，讲究面对不同的交往对象时使用不同的名片。此外，如果希望给人以不同的印象，也可使用不同的名片。因此，一个人同时制作并携带多种名片不足为怪，而不分对象、不讲目的滥用同一种名片反倒是失礼的。

1.应酬名片

应酬名片，又叫本名式名片（图3.8）。顾名思义，其内容通常只有个人姓名一项，至多还可以再加上本人的籍贯与字号。应酬名片主要适合在社交场合应付泛泛之交，拜会他人时说明身份，馈赠时替代礼单以及用作便条或短信。

2.社交名片

社交名片特指适用于社交场合，做自我介绍与保持联络之用的个人名片（图3.9）。其内容主要有两个：一是个人姓名，应以大号字体印于名片中央；二是联络方式，应以较小字体印于名片右下方。在社交名片的联络方式一项中，主要包括家庭住址、邮政编码等内容，必要时还可加印住宅电话号码。一般不会印办公地址，以示公私分明。若不喜欢被人上门打扰，可只印住宅电话号码，而不印家庭住址与邮政编码。

3.公务名片

公务名片指的是在商务、政务、学术、服务等正式的业务交往中所使用的个人名片，它是目前最为常见的一种个人名片（图3.10）。一张标准的公务名片应由归属单位、本人称谓、联络方式等三项内容构成，即我们通常所说的"三个三"。一是归属单位。此项内容应由企业标识、供职单位、所在部门等三个部分组成，当然可酌情增减。但供职单位与所在部门均不宜多于两个，以免给人以用心不专的感觉，必要时可多印几种专用的名片以应对不同场合的需要。另外，供职单位与所在部门均应采用全称，切不可使用简称。二是本人称谓。本人称谓由本人姓名、所任职务以及学术头衔等三个部分组成，如无职务或头衔则可不印制，但不可在本人姓名后加先生、小姐等称呼。如有多个职务或者头衔，则可挑选两个最有分量的印制，或者印制多种适用于不同场合的名片，切忌头衔过多。三是联络方式。此项内容通常由单位地址、办公电话、邮政编码等三个部分组成。因其不可或缺，所以，又称联络方式三要素。在此，需要特别强调的是，公务名片是不宜提供家庭住址与住宅电话的。至于手机号码、传真号码与电子邮箱地址是否需要列出，则应根据自己的实际情况而定。

通常本人称谓应以大号字体印在名片正中央，归属单位与联络方式则应分别以小号字体印在名片的左上角与右下角。如有必要，可在名片的另一面印上本单位的经营范围或所在方位，而不必非印外文不可。

4.单位名片

单位名片多为单位所用，主要用于单位对外宣传、推广活动等（图3.11）。其主要内容分为两项：一是单位的全称及其标识；二是单位的联络方式。单位的联络方式通常由单位地址、邮政编码、单位电话（包括总机号码或部门号码）所构成。

图3.8 应酬名片

图3.9 社交名片

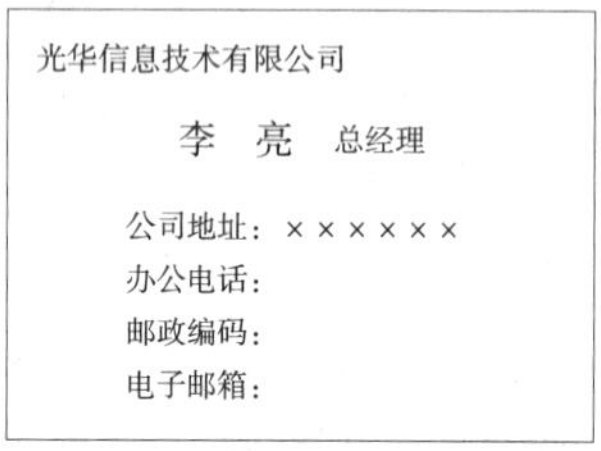

图3.10 公务名片

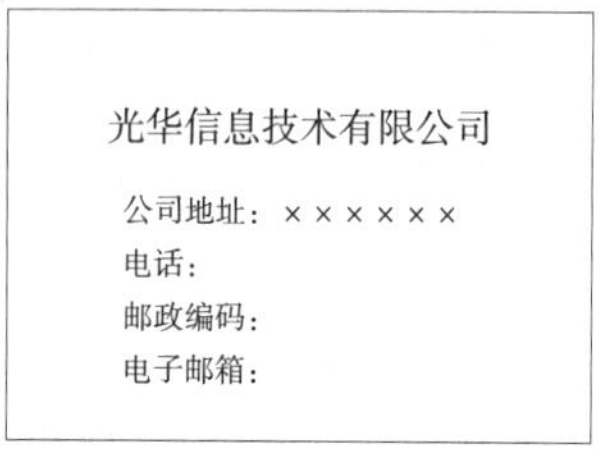

图3.11 单位名片

【案例赏析】

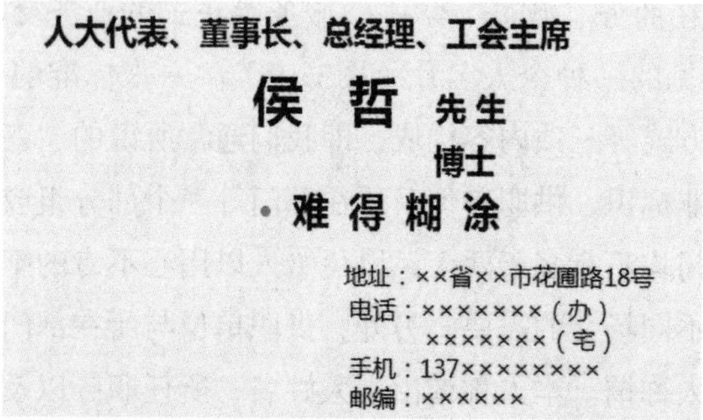

思考：这张名片设计有何不妥之处？

三、名片的交换

欲使名片在人际交往中正常地发挥作用，还须在交换名片时做法得体。交换名片时，需要注意的问题有以下几方面：

1. 交换的时机

在职场上，名片有时可与人交换，有时则不必与人交换。以下几种情况，我们认为应与他人交换名片：一是希望认识对方；二是表示自己重视对方；三是被介绍给对方；四是对方提议交换名片；五是对方向自己索要名片；六是初次登门拜访对方；七是通知对方自己的变更情况；八是打算获得对方的名片。碰上以下几种情况，则不必把自己的名片递给对方，或与对方交换名片：一是对方是萍水相逢的陌生人；二是不想认识对方；三是不愿与对方深交；四是对方对自己并无兴趣；五是经常与对方见面；六是双方之间地位、身份、年龄悬殊。

2. 交换的方法

交换名片也是有一定讲究的，具体做法如下：

（1）递送自己的名片

递名片给对方时，应郑重其事。最好是起身站立，走上前去，使用双手或者右手，将名片正面朝向对方，递给对方（图3.12）。切勿用左手递交名片，也不可将名片背面面对对方或是颠倒着面对对方，更不可将名片举得高于胸部或以手指夹着名片给对方。若对方是少数民族或外宾，则最好将名片上印有对方认得的文字的那一面面对对方。同时，将名片递给对方时，口头上应有所表示。你可以说："这是我的名片，请多指教""请多多关照""今后多联系""我们认识一下吧"等，又或是先做一个自我介绍。与多人交换名片，应讲究先后次序，由近而远，或由尊而卑。一定要依次进行，切勿挑三拣四，采用跳跃式递送的方法。当然，也没有必要滥发自己的名片。双方交换名片时，最正规的做法是位卑者应当首先把名片递给位尊者。

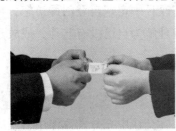

图3.12　名片的递送

（2）接收他人的名片

当他人表示要递名片给自己或交换名片时，应立即停止手中所做的一切事情，起身站立，面含微笑，目视对方。接收名片时，宜双手接捧，或以右手接过，切勿单用左手接过。接过名片后，首先要看，这一点非常重要。具体来说，就是在接过名片后，当即要用一分钟左右的时间，从头至尾将其认真看一遍，遇到对方重要的身份信息还可念出来，此举意在表示重视对方。若接过他人名片后看也不看，还拿在手上把玩，或弃之桌上，或随手放入衣袋，又或者交予他人，都是非常失礼的行为。接受他人名片时应口头道谢，或重复对方所使用的敬语，如"请您多关照""请您多指教"等，切不可一言不发。若需要当时将自己的名片回赠对方，则最好在收好对方的名片后再做，不要一来一往同时进行。

思考： 当你遇到名片上不认识的姓或者名时，该如何处理呢？

四、名片的索要

如果没有必要，最好不要轻易索要他人的名片。因为名片的交换是很有讲究的，地位低的人首先要把名片递给地位高的人，所以，主动索要名片就会出现地位落差的问题。而若有心索要他人名片，也不宜采用过于直白的表达方式。比较恰当的索要名片的方法有以下几种方法：一是明示法。即明确向对方表示索要或者交换名片。在有些场合，这种直截了当的方法，往往也能行之有效，但此种方法更适用于地位相当的交往对象之间。比如："张总，很高兴认识您，不知能否有幸与您交换一下名片呢？"二是交易法。即主动递上自己的名片，所谓将欲取之，必先予之，这是最省事的索要他人名片的方法。比如，你可说："张总，您好。非常高兴认识您，这是我的名片，请多指教。"三是谦恭法。指向地位高的一方索要名片时，要先做必要的铺垫。可询问对方："张教授，听了您的讲座，我受益匪浅，不知今后该如何向您请教比较方便呢？"，由此可见，此方法尤其适用于向尊者索要名片。四是联络法。这种方法是一种进退有方的得体方法，一般可采用询问对方："张总，今天能认识您真是太高兴了，不知以后怎样与您保持联系呢？"，这个方法适用于向平辈或晚辈索要名片。

当他人索取本人名片，而自己不想给对方时，不宜直截了当，而应以委婉的方法表达此意。可以说："对不起，我忘记带名片。"或者说："抱歉，我的名片用完了。"若本人没有名片，而又不想明说时，也可以采用上述方法委婉地表述。如果自己名片真的没有带或是用完了，不要忘记加上一句："改日一定亲自登门拜访您，再补上。"并且一定要言出必行，付诸行动，否则会被对方理解为自己没有名片，或故意不想给对方名片。

五、名片的存放

要使名片的交换合乎礼仪，并且使其在人际交往中充分发挥作用，还应注意如下三个问题：

1. 名片的放置

在参加交际应酬之前，要像化妆准备一样，提前准备好名片，并进行必要的检查。随身所带的名片，最好放在专用的名片夹里，此外也可以放在上衣口袋之内，切不要把其放在裤袋、裙兜、提包或钱夹里，那样做既不正式，又显得杂乱无章。在自己的公文包以及办公桌抽屉里，也应经常备一些名片，以便随时拿取使用。在交际场合，如需要用名片，则应事先预备好，不要在使用时再临时翻找。接过他人的名片看过之后，应将其小心放入自己的名片夹或上衣口袋里，切勿放在其他地方（图3.13）。

图3.13　名片夹

2. 名片的收藏

交际应酬以后，应立即对收到的名片加以整理收藏，以便今后使用方便。不要将它们随意夹在书刊、材料里，或压在玻璃板下，或是扔在抽屉里面。整理他人名片的方法大体上有如下四种，可交叉使用。一是按姓名的外文字母或汉语拼音字母顺序分类。二是按姓名的汉字笔画的多少分类。三是按行业或部门分类。四是按国别或地区分类。

【案例赏析】

　　两位商界老总经中间人介绍，相聚谈一笔合作的生意。A公司李总首先拿出友好的姿态，恭恭敬敬地递上自己的名片。B公司王总单手接过名片，看都没看一眼就放在茶几上。接着他拿起茶杯喝了几口水，将茶杯放下时还将茶杯压在了名片上。李总看在眼里，气在心里，随口谈了几句便起身告辞了。事后，李总郑重地告诉中间人，"这笔生意我不做了。从他接我名片的动作中，我看到了我和他之间的差距，并且预见到了未来的合作还会有很多的不愉快。因此，还是早放弃得好。"中间人将此话转告王总后，王总为自己的失礼而感到羞愧。

　　思考：请分析B公司的王总失礼之处表现在哪些地方？

3.名片的利用

随着人际交往的不断深入，还可以在收藏的他人名片上随手记下可供本人参考的资料，使其充当社交的记事簿、备忘录。在收藏的他人名片上，可记的有利于人际交往的资料有：一是收到名片时的具体情况。包括收到名片的地点、时间，以及是否与对方亲自交换等。在国外有一种做法，即把名片的右上角向下折，然后再使其恢复原状，它表示该名片是对方亲自与自己交换的。二是交换名片者的个人资料，例如：性别、年龄、籍贯、学历、专长、嗜好等。三是交换名片者在交换名片后变化的情况，例如，单位、部门的变化，职业的变动、调任，职务、学衔的升降，联络方式的改变等等。有一位名人曾经十分认真地说过："现代生活中，一个没有个人名片，或是不会正确地使用个人名片的人，就是一个缺乏现代意识的人。"他的这句话并非小题大做，而是非常切中要害的。可以说，这句话充分地说明了名片的重要性。

交流拓思

一、名片也会被利用

清朝时期，有些名人的名片会被人利用。清道光年间，浙江鄞县举人徐时栋参加当地官员的宴会，得知有人曾用他的名片前往官署徇私说情，幸被识破。另一些乡绅名人的名片，也大抵如此。原因就是这些人在过年时四处散发名片，名片大量外流的缘故

（《烟屿楼笔记·卷五》）。到后来，许多名人都在名片背面注明"不作他用"字样，以免被狡诈之徒所利用。

讨论： 结合案例，谈谈名片的用途。

二、讲好中国故事 习近平总书记教青年打造最美"中国名片"

2014年第二届夏季青年奥林匹克运动会召开之前，习近平总书记给"南京青奥会志愿者"回信。在信中，习近平总书记既对青年志愿者们无私奉献的精神给予肯定，又对志愿者们提出殷切希望：讲好中国故事，打造最美的"中国名片"。习近平总书记在信中指出，青奥会是中国青年和各国青年分享青春、交流思想、畅谈未来的舞台。希望志愿者们弘扬奥林匹克精神和志愿服务精神，积极传播中华文化、讲好中国故事，用青春的激情打造最美的"中国名片"，促进中国梦和各国人民的梦相通相融，共同为人类和平与发展的崇高事业作出贡献。

2015年12月，在第二届世界互联网大会上，习近平总书记就推进全球互联网治理体系变革提出了坚持四项原则，并提出了共同构建网络空间命运共同体的五点主张，为互联网空间的治理献上中国智慧。中国方案和中国智慧在世界频频传出，唱响中国的奉献之声。而中国的青年一代，也在世界舞台上用自己的奉献精神展现青春力量。

大会上，中国志愿者们也无疑是一道靓丽的风景线。从追求每一个礼仪动作的标准到熟练为外国宾客翻译，博古通今、用心服务，向世界展示了中国年轻人的"奉献名片"。据媒体报道，截至互联网大会开幕，志愿者的准备工作超过200天，6700多人报名参加志愿工作，最终选拔了984名志愿者参与大会的服务工作，淘汰率达到了84%。

浙江传媒学院的孙思雨担任大会的礼仪工作，在接受媒体采访时表示，礼仪工作不仅要求志愿者自身条件要好，还要在外语口语等方面进行综合考量。为了迎接世界互联网大会，志愿者们在训练上下足了"功夫"，"我们每天都会自己练站姿，要求后脑勺、肩膀、臀部、小腿肚、脚后跟都在同一直线上，一般的人可能五分钟都坚持不了，而在会场，我们这样一站就是几个小时。"

习近平总书记躬身力行，教给青年如何打造最美"中国名片"；而青年一代开拓进取，用青春力量学习并将这张"中国名片"亮给世界！

讨论： 你打算如何用青春的激情打造属于你自己这张最美的"中国名片"呢？

职场模拟

一、名片的收集

职场场景：收集各行各业的公务名片及单位名片。

模拟要求：根据情景要求，每位同学于课前收集1~2枚名片，在课堂上交流展示并对该名片的制作优缺点进行分析点评，最后进行模拟过程总结。

二、公务名片的制作

职场场景：学生自行分组，进行商务往来活动的设计，并制作用于商务活动的一枚公务名片。

模拟要求：学生根据设计的职场情景进行正确称呼、介绍、握手、名片礼仪的职场模拟，最后进行模拟过程总结。

评价考核

目标达成考核表

内　容		评　价	
学习目标	评价内容	小组评价 （5、4、3、2、1）	教师评价 （5、4、3、2、1）
德	积极乐观向上的人生态度		
	真善美的品德		
	敬业、乐业的职业道德操守		
知	名片的由来		
	公务名片的制作规范		
	名片的使用规范及禁忌		
行	能够正确制作公务名片		
	独立运用名片礼仪开展商务往来活动		
努力的方向：		建议：	

拓展阅读

名片的用途十分广泛，它可用作自我介绍，也可随赠送鲜花或礼物，以及发送介绍信、致谢信、邀请信、慰问信等使用。除此以外，西方人在使用名片时还有一种做法，即在名片上留下几个法文单词的首字母，简短附言。它们分别代表如下不同含义：

① P.P.（pourpresentation介绍）：通常用做将一个朋友介绍给另一个朋友。

当你收到一个朋友送来左下角写有"P.P."字样的名片和一个陌生人的名片时，便是为你介绍了一个新朋友，应立即给新朋友送张名片或打个电话。

②P.f.（pourfelicitation敬贺）：通常在节日或其他固定纪念日的时候使用，当你收到这样的名片时，表示对方在向你表达敬贺之意，你应该立刻给对方打电话表示感谢。

③P.c.（pourcondoleance谨唁）：意识是用在重要人物逝世时，表示慰问。

④P.r.（pourremerciement谨谢）：通常是在收到礼物、祝贺信或受到款待后表示感谢的意思，它是对收到"P.f."或"P.c."名片的回复。

⑤P.P.c.（pourprendreconge辞行）：当你参加完商务活动后，可以在名片上写上"P.P.c."，以表示与主办方或新结识的商务伙伴辞行。

⑥P.f.n.a.（pourfeliciterlenouvelan恭贺新禧）：当新的一年到来时，你可以在你的名片上写上"P.f.n.a."，寄给你的商务合作伙伴，以表示新年的祝贺。

⑦N.b.（notabene请注意）：当你收到标有"N.b."的名片时，应该注意一下名片上是否有什么其他重要的附言。

按照西方的社交礼仪，递送名片还应注意，一个男子去访问一个家庭时，若想送名片，应分别给男、女主人各一张，再给这个家庭中超过18岁的妇女一张，但决不在同一个地方留下三张以上名片。一个女子去别人家做客，若想送名片，应给这个家庭中超过18岁的妇女每人一张，但不应给男子名片。

如果拜访人事先未预约，也不想受到会见，只想表示一下敬意，可以把名片递给任何来开门的人，请他转交主人。若主人亲自开门并邀请进去，也只应稍坐片刻。名片应放在桌上，不可直接递到女主人手里，这样是对男主人的极大不敬。

任务四 通信礼仪

文化传承

嵩云秦树久离居，双鲤迢迢一纸书。
休问梁园旧宾客，茂陵秋雨病相如。
——李商隐《寄令狐郎中》

扫二维码
看翻译

【赏析】

　　该诗是作者于武宗会昌五年（845）秋闲居洛阳时回寄给在长安的旧友令狐绹的一首诗。令狐绹当时任右司郎中，所以题称"寄令狐郎中"。首句"嵩云秦树久离居"中，嵩、秦指诗人所在的洛阳和令狐所在的长安。"嵩云秦树"化用杜甫《春日忆李白》的名句："渭北春天树，江东日暮云。"云、树是分居两地的朋友及目所见之景，也是彼此思念之情的寄托。次句"双鲤迢迢一纸书"是说令狐从远方寄书问候自己。双鲤，语出古乐府《饮马长城窟行》："客从远方来，遗我双鲤鱼。呼儿烹鲤鱼，中有尺素书。"这里用作书信的代称。久别远隔，两地思念，正当作者闲居多病、秋雨寂寥之际，忽得故交寄书殷勤问候自己，格外感到友谊的温暖。三、四两句"休问梁园旧宾客，茂陵秋雨病相如。"转写自己目前的境况，对来书作答。

教学目标

德　① 激发学生充满自信、真诚友善、敬业乐业的品质；
　　② 让学生认识到商务通信礼仪对职场形象的重要性；
　　③ 让通信礼仪知识内化于心，外化于行，实现真善美的人生追求。
知　① 了解与掌握电话礼仪的基本规范；
　　② 掌握商务信函、电子邮件礼仪基本规范；
　　③ 掌握手机使用和网络通信礼仪的基本规范。
行　① 掌握规范的通信礼仪的运用技巧；
　　② 提高商务通信礼仪规范的实践操作能力。

课堂导入

北京国际音乐节倡议 "手机关机两小时"

2018年10月16日，世界著名钢琴家克里斯蒂安·齐默尔曼登台保利剧院，与著名指挥家埃萨—佩卡·萨洛宁执棒的英国爱乐乐团合作演奏伯恩斯坦的钢琴与乐队作品《焦虑的年代》。为了让观众更好地聆听这位钢琴家首次在北京的演奏，也是应音乐家的要求，第21届北京国际音乐节组委会发出倡议，在北京国际音乐节的音乐演出期间，请观众临时关闭手机两小时，让音乐会现场杜绝手机铃声和手机摄影，以尊重音乐和艺术家的权益。

北京国际音乐节组委会的倡议认为："一场原本美好的音乐会，因为手机铃声大作，或是'乱拍照'等不和谐插曲出现，自然会备受影响。其罪魁祸首是一部手机，但准确地说其实是现代人心中难以戒除的手机上瘾症：吃饭看手机，走路看手机，开会看手机，看电视看手机，看电影看手机……又或者，随处拍拍拍，时刻发发发，不停回回回，唯恐微信朋友圈的人不知道自己身处何地，在干何事……所以，如果你来聆听音乐会，那就请给你的这位'灵魂伴侣'放假两个小时。"

倡议提出："为了营造一个安静、高雅的艺术氛围，请您自觉遵守以下观演礼仪：① 请务必准时入场，以避免迟到进场时发出较大的声响。如没有极端特殊情况，请勿在演出中途离场。演出期间切忌走动和长时间轻声交谈。② 观众席内禁止拍照、录音或录像。请提前关闭带有提示音或来电铃音的移动电子设备。③ 音乐厅内禁止携带塑料袋等易发出异响的包袋，请自觉遵守演出场所规定，对于超出尺寸的箱包请自觉办理存包。④ 请不要携带饮料和食品入场，观众席内禁止进食。⑤ 乐章间请勿鼓掌。⑥ 努力克制咳嗽、打喷嚏、嗽嗓子等一切发出旁人可察觉的声响。请勿在身体不适的情况下出席音乐会。⑦ 带小孩的家长请以身作则，做好对小孩的教育、引导工作，确保小朋友遵守上述礼仪。万一出现哭闹情形，请迅速带离现场。"

音乐会应该关闭手机，这项要求在国外各大剧院和音乐厅都是通行的。因此，北京国际音乐节作为国际重要的音乐节之一，为了保证音乐会的氛围不受干扰，提出倡议临时关机两小时，高素质的北京观众非常理解北京国际音乐节和艺术家的良苦用心。

思考：你知道哪些手机礼仪呢？

精讲点拨

通信是指人们利用一定的通信设备来进行信息传递的活动。被传递的信息既可以是语言、文字，也可以是表格、图像、视频。当今世界科技发展迅猛，通信手段已由最初的书信，发展到了当今社会的电话、电报、传真、电子邮件、微信等。通信礼仪，通常指在利用上述各种通信手段时所应当遵守的礼仪规范。

一、电话礼仪

商务活动中，使用电话进行联系非常普遍。人们每天要接、打大量的电话。打电话看起来很容易，对着话筒跟对方交谈，觉得比当面交谈还要简单。其实打电话大有讲究，可以说是一门学问、一门艺术。掌握正确的、礼貌的电话礼仪是非常必要的，否则，不仅会影响个人工作，还会有损公司形象。我们这里介绍的电话礼仪包括固定电话礼仪和手机礼仪两部分内容。

（一）固定电话礼仪

固定电话俗称座机，指固定在某个位置不移动的电话机，区别于移动电话（手机），多用于企业单位。

1.拨打电话

（1）要选择对方方便的时间

① 公务电话应尽量打到对方单位，最好避开临近下班的时间，因为这时打电话，对

方往往急于下班，很可能得不到满意的答复。

②打国际长途要了解时差。

③谈公事不要占用他人的私人时间，尤其是节假日时间。

④社交电话最好不要在工作时间打，以免影响他人工作。

⑤不要在他人的休息时间之内打电话。若确有必要往对方家里打电话时，应注意避开吃饭或睡觉时间；早晨8点钟以前，晚上10点钟以后不宜打电话到他人家里。

（2）要注意控制时间

每个人上班都要处理大量公务，单位里的电话是用来处理公务的，所以主叫方应当自觉地、有意识地将每次通话的时间限定在一定时间之内。为了节约他人和自己的时间，应做到以下几点：

①事先准备。通话之前，最好把对方的姓名、电话号码、通话要点等通话内容列出一张清单，这样可以避免发生现说现想，缺少条理，丢三落四的情况。

②简明扼要。电话内容应言简意赅，切忌长时间占用电话聊天。办公室的电话用于办公，最好不要在上班时间打私人电话。商务通话，最忌讳说话吞吞吐吐，含糊不清，东拉西扯。寒暄后，就应直言主题，不要讲空话、废话。

③适可而止。要讲的话已说完，就应果断地终止通话。有人觉得别人都还没有意思要挂电话，自己先挂好像不礼貌，所以有的公司规定要对方挂了之后自己才能挂。按照电话礼仪，一般应该由通话双方中地位高者终止通话。如果双方地位平等，那么作为主叫方应该先挂。

（3）注意礼貌

电话接通后，除首先问候对方外，别忘记自报单位、职务、姓名。必要时，应询问对方是否方便，在对方方便的情况下再开始交谈。开口就打听自己需要了解的事情，咄咄逼人的态度是令人反感的。请人转接电话，要向对方致谢。由于某种原因，电话中断了，要由打电话的人重新拨打。通话完毕时应道"再见"，然后轻轻放下电话。

（4）保持良好的情绪

打电话时虽然相互看不见，但说话声音的大小，对待对方的态度，包括语调和心情这些看不见的风度表现，都可能通过电话传递给对方。商务人员应该用声调表达出诚恳和热情，声音悦耳，音量适中，使双方对话能顺利展开。

2. 接听电话

（1）及时接听

电话铃声响起后，应尽快接听，最好响两次后拿起话筒，不要让铃声响过五遍。现代工作人员业务繁忙，电话铃声响一声大约3秒钟，若长时间无人接电话，或让对方久等是很不礼貌的行为。电话铃响了许久才接电话，要在通话之初向对方表示歉意。不要在铃声才响过一次就接电话，这样会令对方觉得突然。

（2）礼貌应答

拿起话筒后，首先向对方问好，然后自报家门："您好，这里是公司××部。"电话用语应文明、礼貌，态度应热情、谦和、诚恳，语调应平和，音量要适中。切忌拿起电话劈头就问："喂！找谁？"也一定不能用很生硬的口气说"他不在""打错了""没这人""不知道"等语言。

（3）准确记录

接电话时，对对方的谈话可做必要的重复，重要的内容应简明扼要地记录下来，如时间、地点、联系事宜、需解决的问题等。

（4）礼貌结束通话

电话交谈完毕时，应尽量让对方结束对话，若需自己来结束，应解释、致歉。通话完毕后，要向对方道"再见"，等对方放下话筒后，再轻轻地放下电话，以示尊重。

（5）代接电话

代接电话时应以礼相待，尊重隐私。代接电话时应说："请稍等！"如果没有看见对方要找的人，要立即告知："对不起，他（她）不在，需要（方便）我转告什么吗？"不能过分追问对方情况，例如，你找他有什么事，你是他什么人，这都是非常失礼的表现。如果对方有留言，需要做好相关记录，如：何时何人来电话，有何要事，对方电话号码等，记完后要复述一遍，并告知对方请放心，一定转告。见到对方所要找的人时，应立刻将电话内容告知对方，或把留言条放到留言对象的桌上，以便他（她）回来时立刻能看到。

千万不要小看这些商务电话的细节。如果能够很好地运用这些电话礼仪，就能让客户觉得你训练有素，值得信赖。如果公司的每一位员工都有正确得体的电话礼仪，就能塑造良好的公司形象。

【礼仪小知识】

古代的信函

在纸张发明以前，古人写信是用绢帛写的。绢帛一般长一尺，因此书信又称为尺素。古代交通不发达，信件在传递过程中经过很长时间的舟车劳顿，容易损坏，人们便将信件放入匣中。匣在古代称为函，所以书信又称为信函。

人们喜欢把匣雕刻成鲤鱼形状，于是"鱼传尺素"就成为传递书信的代名词。汉代的乐府诗《饮马长城窟行》记载："客从远方来，遗我双鲤鱼，呼儿烹鲤鱼，中有尺素书。"这里的双鲤鱼，就是代指信匣。

（二）手机使用礼仪

手机是现代商业活动中最便捷的通信工具，它弥补了固定电话机受空间限制的缺陷，可以随时随地进行联络，提高了商业往来的效率，使商业谈判、协商和交流信息成为动态和实时的过程。但是，如果在使用手机时不讲究必要的商务礼仪，不但会影响自己的个人形象，而且还可能殃及公司的对外形象。因此，手机的使用礼仪，是商务办公礼仪很重要的组成部分。

1. 手机使用场合的礼仪

手机使用礼仪包括遵守公共秩序和注意安全两个方面。

① 遵守公共秩序。使用手机等移动通信工具时，绝对不允许扰乱公共秩序，从而给公众带来"听觉污染"。下列场合中应该限制或慎重使用手机：要求保持安静的公共场所，开会、会见等聚会场合。

② 注意安全。手机等移动通信工具的使用，很可能会分散人们对其他事情的注意力。因此，在使用手机的过程中，必须牢记安全准则。一般来说，以下场合严格禁止使用手机：驾驶汽车途中，易燃易爆场所，飞机飞行期间。

2. 手机携带礼仪

商务活动中携带手机，应当将其放在恰当的位置，既要方便使用，又要合乎礼仪。一般而言，平常将手机放置在随身携带的公文包内，参加会议时将其暂交秘书、会务人员代管，和别人交谈时可暂放在手边、身旁、背后等不起眼处，不使用时不要握在手里，也不要挂在腰带上。

3. 手机使用过程中的礼仪

手机等移动通信工具是现代文明的产物，人们在日常生活中越来越普遍地使用手机，在使用手机的过程中应该注意一些基本的礼仪。

① 确认通话对象和电话号码。手机是方便人们进行交流的工具，在使用手机时，要先确定通话对象和电话号码，这样有助于减少拨错电话造成的误会。

② 长话短说，精简通话内容。

③ 上班时间将手机调为震动或静音。由于手机属于私人通信工具，在上班时间内应尽可能少用手机。如果确实有使用手机的必要，则应该将其设置为震动模式，避免手机铃声干扰其他人。

④ 公共场所要压低通话音量。在公共场合尽量做到不使用手机。如果遇到非打不可的电话，应该寻找一个较为僻静的地点，压低通话音量，千万不要大呼小叫，干扰周围的人，否则会引起他人的反感。

⑤ 接待访客时勿使用手机。在接待访客的过程中尽量不要使用手机，要以客为尊，如果有随身携带手机的习惯，在接待访客时应将手机放在桌面上或抽屉里。

⑥ 信号较弱时应寻求其他方式联系。在一些手机信号比较弱的地方，有时候通话质量不好，通话的声音不得不提高。在这种情况下，应该向对方说明信号不好，征得对方

同意后挂断电话，等到信号较强的时候再通话或者选择其他的方式进行联系。

4. 使用手机的注意事项

① 参加一些需高度保密的重要会议时，不要携带手机进场。如果携带手机进场，要关闭手机电源，并将手机电池取出。因为科学研究证实，装有电池的手机能够向外发送会场信息，可以被专用设备接收而泄密。现在很多智能手机电池与机身是一体的，无法取下电池，那就按照会场的规定将手机妥善放置。

② 注意屏幕、键盘的锁闭问题。大家普遍使用的智能手机都是通过屏幕操作，因此不使用手机时注意锁屏，避免误操作拨出电话、发送信息给他人。

（三）微信礼仪

微信是一种即时社交通信软件，可以给人发送语音、文字和视频，它已成了当今社会人们的"一种生活方式"。人们沟通交流的习惯方式正在日益改变，那么微信的礼仪规矩也应运而生。

① 不要影响他人。使用微信的人越来越多，而且大多都是朋友之间使用微信，许多人看到好的文字图片就忍不住要转发给朋友分享，但很少有人对这些内容进行仔细审阅，这些内容并不是适合给每个人阅读。

② 不要公群私聊。微信里有组建群聊的功能，能把许多人放在一个讨论组里，相互聊天交流，大家可以共同谈谈同一个问题或话题，确实拉近了大家的距离。但不要把群聊当成是与群里某一成员的私人聊天会所，这会引起其他人的不悦。

③ 不要谈论敏感话题。言论自由这无可厚非，但也应遵循法律的规定和道德原则。微信并不是完全开放的交流工具，它也是在运营商监管下运作的，因此，要尽量少谈涉及政治、民族、宗教等方面的敏感话题，避免给自己或他人带来麻烦。

二、书信礼仪

书信是一种向特定对象传递信息、交流思想感情的应用文书。根据史书记载，我国古代先秦时期就有书信产生。在纸张发明之前，书信常被写在白绢或布匹上，称作"尺素"。另外，书信还被写在竹、木片上，竹片称作简，木片称作札或牍，简、札的长度和素绢一样，都取一尺，故而书信也叫尺牍。到清末年间，随着西方的邮政制度传到我国，书信最终走进了千家万户。书信可分为一般书信和专用书信两类。一般书信是指亲人、朋友、同事间为了表达相互鼓励、问候、关照等思想感情而写的信函。专用书信包括介绍信、感谢信、表扬信、贺信、慰问信等。书信的历史源远流长，书信礼仪也卷帙浩繁。

1. 一般书信礼仪

现在网络、电话越来越方便，使用书信的人越来越少了。先进的科学技术给我们带来了便捷生活的同时，也会有一些小小的遗憾。与电话、邮件、短信相比，书信具有易保存、更正式的优点，同时书信也是一种非常珍贵的回忆。

书信由笺文和封文两部分构成。笺文是写在信笺上的文字，即寄信人对收信人的称呼、问候、对话、祝福等，笺文是书信内容的主体。封文是写在信封上的文字，即收信人的地址、姓名和寄信人的地址、姓名等，封文是写给邮递人员看的，使邮递人员知道信从哪里来，寄往哪里去，万一投递找不到收信人，还能将信退给寄信人。完整的书信应该是笺文、封文俱全，并且将笺文装入写好封文的信封内，然后将信封口封好寄出的。

2. 专用书信礼仪

专用书信是指用于某种特定的场合、针对某种特定的事务所写的书信。专用书信有许多不同的种类，如介绍信、表扬信、感谢信、贺信、慰问信等。这些不同种类的书信，各有各的用途，应用于不同的场合，写给不同的对象，因此在写法上就有不同的格式和要求。

① 介绍信。介绍信是介绍本单位人员到外单位参观学习、联系工作、了解情况或出席会议等所写的一种书信。介绍信具有介绍和证明的作用。使用介绍信，可以使对方了解来人的身份和目的，以便得到对方的信任和支持。介绍信一般有书信式和填表式两种。书信式介绍信一般用印有单位名称的信笺书写，格式与一般书信基本相同。填表式介绍信是一种印有固定格式的专用信纸，需根据要办的具体事项按格逐一填写。填表式介绍信有存根，便于查存。介绍信要写明对方的称呼，交代清楚持介绍信人的姓名、身份、人数、联系事项，以及对对方有什么要求等。落款的地方要写明本单位的名称和开具介绍信的日期，有的还要注明有效期限。介绍信要加盖公章才能生效。

② 表扬信。表扬信的作用是对个人或集体的先进事迹、先进思想进行表扬，使更多的人受到教育。表扬信可以写给对方的单位，也可以写给报社、电台，写表扬信的人可以是当事人，也可以是见证人。写表扬信，一定要把事情的时间、地点、经过情形说清楚，事实要准确无误，评价要恰如其分。如果无法了解到被表扬人的单位和姓名，就把他的特征写清楚，以便查找。

③ 感谢信。感谢信用于对某人或某单位，对自己或自己一方的关心、帮助、支援表示感谢。感谢信可以用于单位与单位之间，个人与个人间、个人与单位之间。写感谢信要写明：在什么时候、因为什么事，得到了对方哪些具体的帮助和支援，并向对方表示谢意。感谢信的收信人一般都了解事情的经过，因为正是收信人提供了帮助和支援，这一点是和表扬信不同的地方。表扬信的收信人一般不知道发生了事情，所以，写表扬信时，要把事情的经过情形叙述清楚，而写感谢信，则要重点写自己遇到什么困难，得到

了哪些帮助，对方的帮助产生了哪些效果。在向对方致以谢意的时候，感情要真挚、诚恳，并表示学习对方高贵品质的态度。赞扬对方时，用词要确切、恰当，不要夸大、吹捧。感谢信可以直接寄给对方，也可以用大红纸抄好，送到对方单位，或者送报社、电台进行宣传。

④ 慰问信。慰问信是以组织、团体或个人的名义向辛勤工作的某些人或者遭受某种不幸的人表示问候、安慰、鼓励、关怀的一种书信。慰问信可以写给不同的人们，要根据人们不同的工作特点，有针对性地对对方的辛勤工作进行问候和安慰。对对方的工作成绩要充分肯定，热情赞扬他们的奉献精神，鼓励他们再接再厉。对遭受灾难或哀痛的人，除了对他们的不幸表示关切和安慰，还要鼓励他们振作起来，要有战胜困难和伤痛的勇气。写慰问信，用词要亲切、热诚，感情要真挚。

⑤ 贺信。贺信是对对方在某一方面所取得的成就或突出贡献表示庆贺、赞扬、表彰的信。对某一项科研任务的成功，某一重要工程的竣工，某一重大会议的召开以及对某个人物的寿辰、某个节日等，也可以写信表示祝贺。

【礼仪小故事】

与山巨源绝交书

嵇康和山涛都是东晋时期的名士。山涛字巨源，所以也称为山巨源。两人是志趣相投的好朋友，共同选择远离朝廷而退隐山林，因此都位列"竹林七贤"之一。

后来，山涛决定出去做官，并且写信劝说嵇康也去，还为他选好了一个官位。嵇康很生气，认为山涛背叛了他们共同退隐的理想，于是给山涛回了一封信——《与山巨源绝交书》，也就是一封与山涛的绝交信。

虽然是绝交信，但在信中，嵇康仍然敬称山涛为足下，在书信最后，嵇康写道："野人有快炙背美芹子者，欲献之至尊，虽有区区之意，亦已疏矣，愿足下勿似之。其意如此，既以解足下，并以为别。嵇康白。"意思是，山野里的人以太阳晒背为最愉快的事，以芹菜为最美的食物，因此想把它献给君主，虽然出于一片至诚，但却太不切合实际了。希望您不要像他们那样。我的意思也是这样，写这封信既是为了向您把事情说清楚，也是向您告别。嵇康谨启。

古人写信，即使表达生气、愤怒的情绪，在书信中也绝不失君子儒雅之礼。

三、电子邮件礼仪

电子邮件是一种用电子手段提供信息交换的通信方式，它是通过电脑网络向对方发出的无纸化电子信件（E-mail）。用户可以以非常低廉的成本（不管发送到哪里，都只需负担网费）、非常快捷的方式（几秒钟之内可以发送到世界上任何指定的目的地），与世界上任何一个角落的网络用户联系。随着互联网的发展，电子邮件的使用已逐渐成为一种远程通信的重要方式，现在许多的人每天工作的第一件事便是打开电子邮箱，及时处理客户信件。因此，电子邮件礼仪已成为商务礼仪重要的组成部分。电子邮件礼仪与规范如下：

1. 电子邮件书写

① 主题要明确。每封电子邮件一定要设定一个主题。主题能够使收件人一目了然地了解邮件涉及的事项和讨论的内容，快速判断邮件内容的轻重缓急，决定处理顺序。如使用"关于展览会的准备事宜"这一主题就比"准备事宜"明确、具体许多。

② 语言要流畅。电子邮件亦属信函，需要注意语言流畅、表达准确、称呼与问候恰当、落款完整。当下流行的网络语言和符号表情不宜在商务及其他正式场合沟通使用的电子邮件中出现。

③ 内容要简洁。电子邮件应尽量控制在数行之内，简洁切题。如果有较长的文件，可以将其整理成格式规范的文档形式，然后作为"附件"发给对方。

④ 附件要用好。附件不仅可以发送文档，还可以发送照片、音频、视频等。使用附件时，应在邮件正文中对附件进行简要说明，以便收件人进行阅读和整理。附件数目不宜超过4个，数目较多时应打包压缩成一个文件。如果附件是特殊格式文件，应在正文中说明打开方式，以免影响收件人使用。

2. 电子邮件发送

① 邮件发送后要确认发送是否成功，发送后要检查"已发送"邮件箱，或几分钟后检查个人邮箱中有无系统退信邮件。有时由于网络或邮件服务系统等原因，原本以为已经发出的邮件实际上并没有发送成功。

② 重要邮件处理。重要邮件发送后，一定要打电话或发短信确认一下收件人是否收到并阅读了电子邮件，以免耽误重要事情。

3. 电子邮件回复

① 收到邮件要回复。收到他人电子邮件后，回复对方是对他人的尊重，按照紧急、重要程度，邮件的回复时间在2小时至24小时。

② 如果事情复杂，无法及时确切回复，至少应该及时通知对方邮件已经收到，或正在商讨处理等，不能让对方盲目等待；如果正在出差或休假，应该设定自动回复功能，提示发件人，以免影响工作。另外，只回复"是的""对""谢谢""已知道"等字

眼，是非常不礼貌的。还有，可以根据回复内容的需要更改标题，避免多次出现"RE"字样。

四、传真礼仪

传真，又称真迹传真或"用户电报"，是双方用户之间利用光电效应，通过安装在普通电话网络上的传真机，对外发送或接收书信、文件、资料、图纸，以及照片真迹的一种迅速高效的现代通信方式。

传真以其传递迅速逼真，使用方便等优点已成为商务交往中广泛采用的重要办公设备之一。进行联络时，同样要遵循相关礼仪。

1. 发送时间的选择

向别人发传真，应选择适合的时间，一般应该在工作时间发送，避免半夜三更、午休时间、节假日或工作最繁忙的时间发送。商务交往中，无人在场而又有必要时，应该使传真机处于自动接收状态。

2. 发送前要先通报

发送传真前，应先打电话给接收传真的单位或个人，询问对方是否可以接收传真，并说明传过去的是什么资料。正式的传真必须有首页，上面注明传送者与接收者双方的单位、姓名、日期、总页数等，让接收者一目了然，为避免遗漏或有不清楚的地方，可事先与对方约好，需要时再次传过去。

3. 热情有礼的问候

发传真时，一般应有必要的问候语和致谢语。撰写传真内容应准确、简明、扼要，字迹清晰工整，以提高效率，降低费用。传真信件时，必须遵循书信礼节，如称呼、敬语、落款等，均不可缺少。即使发送商务文件，最好也要写几句热情有礼的话语，让对方感到温暖和亲切。

4. 及时回复、转交

收到他人发送的传真后，应即刻回复对方，以免牵挂。需要转交、转达别人发来的传真时，应当从速办理，以免耽搁误事。

5. 机密内容不宜传真

在现实生活中，一份传真往往要经过许多人的眼和手，才能送达当事人，传真信息是公开的，所以，不要用传真机发送较为机密或敏感的内容，否则就会成为"公开的秘密。"

交流拓思

一、领导为什么不原谅加班的小赵？

小赵因前一晚加班到深夜，于是回到家就把手机关机，蒙头大睡。公司领导早上见小赵没来上班，于是找到小赵的同事小刘询问当天需要的文件。小刘急忙给小赵打电话，可是电话处于关机中。领导因急需文件，派小刘到小赵家里找小赵。小刘找到小赵时，他还在睡觉，当小刘说明来意后，小赵赶紧拿起电话，拨通了领导的电话。小赵躺在床上和领导通话，告诉领导自己因加班而没有准点上班，且欲把加班的情况向领导描述。领导在电话里非常生气，没有等小赵说完就挂断了电话。

思考： 小赵使用手机时忽视了什么？领导为什么不原谅加班的小赵？

二、用你的肢体语言传递声音形象

一位业内非常优秀的销售人员，晚上穿着睡衣要休息了，突然想起有一个重要的客户电话他还没有打。于是，他爬起来，换上衬衫，打上领带，洗洗脸，照照镜子，坐在客厅的沙发上给客户打电话。

他的妻子很不理解，认为丈夫躺在床上打电话就行了，打完可以直接睡觉。这位优秀的销售摇摇头说："客户能从我的声音里听出来。"原来，他认为在床上睡意蒙眬地打电话，声音多少会带着一点懒散，注意力有可能不会非常集中，声音不可能热情且具有感染力，因此，他宁愿忍着困意，保持良好的状态打完这个电话再去睡觉。这种敬业的态度成就了这位销售人员在工作中取得了非常优异的成绩。

思考： 如果你是一位销售人员，也会这么做吗？该案例带给你怎样的启示？

职场模拟

一、往来业务邮件

职场场景：A公司以生产床上用品为主业，自2020年开始通过专卖形式力推以"婚庆"为主题的床上用品。2021年3月3日，销售部经理张翔先生通过网络得知主营家居、建材和室内装饰品的B公司正在招商，张经理随即按照B公司网站上留下的E-mail地址给B公司招商部发去了一封电子邮件，表达了公司拟租用500平方米场地的意向，并询问了租金等相关事宜。B公司招商部经理何洁女士收到电子邮件后，立刻给予了回复，并根据张经理所留的电话号码与其取得了联系。3月5日，张经理又通过手机短信征询何经理关于双方可否面谈的意见，得到对方肯定的答复后，张经理将本次洽谈人员的名单（副总经理徐丽、营销经理张翔、店长范娜）、具体时间等以传真方式发给了何经理。

模拟要求：根据情景要求，以小组为单位，写出情景剧文案并进行情景模拟。通过模拟，明确收发电子邮件、接打电话、收发手机短信和传真的礼仪规范。最后，每个小组进行互评，教师进行点评，并对模拟过程进行总结。

二、听音识人：正确地与客户电话沟通

职场场景：如何与不同类型或风格的客户进行有效的电话沟通？

情境1：应对比较强势的力量型客户。

小李：你好！请问是王总吧？（问候时说"您好"为佳。）

客户：你是哪里？（客户语言较生硬，声音大。）

小李：王总，你好！我是武汉一家服装公司的销售员小李……

客户：什么事？（客户直接打断小李的自我介绍，说明比较没有耐心。）

小李：王总今年生意做得还好吧？（小李想客套一下，绕个圈子再说到正题上。）

客户：我没时间跟你闲聊！（啪！电话挂断……客户语言直接，迅速挂断电话，没有耐心。）

……

情境2：应对态度平和的慢热型客户。

小张：您好！请问是赵经理吗？

客户：是啊。（客户反应慢，声音平淡，不温不火，情绪平稳。）

小张：我是杭州××公司的，我姓张，您叫我小张就可以了。

客户没有声音。（客户在听电销人员说话，不讲话。）

小张：我们品牌在你们苏州还是一个空白市场，目前想找一个合作伙伴来做我们的品牌……（表达清晰，没有问题。）

客户依然没有声音。（客户不说话，但也未挂电话，表示愿意听下去。）

小张：我们品牌是一个设计师品牌！赵先生，您好？请问您听得清楚吗？

客户：你说，我在听！（客户很淡定！典型的慢热型客户。）

模拟要求：根据情景要求，以小组为单位，具体角色由学生自由商定，进行情景模拟。通过实训，明确与不同类型或风格的客户进行有效的电话沟通的技巧。最后，进行课堂交流，小组互评和模拟过程总结。

评价考核

目标达成考核表

内 容		评 价	
学习目标	评价内容	小组评价 （5、4、3、2、1）	教师评价 （5、4、3、2、1）
德	积极乐观向上的人生态度		
	真善美的品德		
	敬业、乐业的职业道德操守		
知	固定电话礼仪使用得规范		
	手机礼仪使用得规范		
	通信礼仪的训练方法		
行	能够在不同场合正确接听对方来电		
	运用、展示出良好的通信礼仪		
努力的方向：		建议：	

拓展阅读

比起微信，西方人为何更喜欢用邮件沟通工作？

Roger是英国一家快消品牌公司的市场顾问，他三年前从英国来到中国，并一直工作至今。在他看来，中国人的工作方式有点出乎他的意料：所有的工作沟通，包括接收文件都通过一个叫"微信"的应用程序完成。而在英国，人们则更习惯用电子邮件来处理工作事务，"电子邮件在我们的工作中扮演着非常重要的角色"。

德勤《2018中国移动消费者调研》显示，中国人查看电子邮件的次数与全球用户相比少22%，在中国工作中最常被使用的是微信。根据企鹅智酷发布的《2017微信用户&生态研究报告》，在2万受访人群中，80%以上的人会使用微信办公，而通过电子邮件办公的仅占22.6%。

西方国家的情况则截然相反。在欧美国家电子邮件仍然占据着主导地位。例如，在美国、英国和日本电子邮件是最普及的线上活动，拥有约90%的互联网用户。电子邮件的日常使用居所有线上活动首位，超过了社交媒体、网络购物和音视频消费等其他在线活动。

为什么在即时通信技术如此发达的当下，西方人仍选择邮件作为主要的沟通方式呢？

① 互联网早期的通信传统使电子邮件的普遍使用一直成为人们的习惯。

美国问答网站Quora上的一位用户曾这样描述电子邮件的地位："在美国，人人都有电子邮件账户，也可以通过邮件联系上其他任何人，这是其他通信软件难以达到的。"据美国媒体报道，苹果公司CEO库克每天早上4点半起床，第一件事就是浏览电子邮箱，回复重要的电子邮件，以此开启一天的工作内容。

在1971年美国程序员雷·汤姆林森发明电子邮件之后，这种通信手段便开始朝着"国民通信媒介"的方向不断发展。20世纪80年代互联网雏形初具时，电子邮件第一个被投入实际应用，满足了互联网用户的通信需求。20世纪90年代末，互联网的使用呈爆炸式增长，从1997年的5500万用户增长到了1999年的4亿用户。几乎在同一时间，Hotmail、Rocketmail、Gmail等网络邮件服务相继推出，其中Hotmail推出一年就吸引了近850万用户。这些公司投入大量营销资金来推广电子邮件和互联网，推动了电子邮件的大众普及。直到2000年后，拥有一个电子邮箱对人们来讲已如同拥有电话号码般稀松平常。

近年来，随着Twitter和Facebook等社交软件的迅速发展，电子邮件已不再是人们默认首选的通信媒介，但它仍作为重要的社交工具和工作沟通媒介保留下来，成为企业开展业务的基石。

② 工作文化导致沟通方式的差异，认为工作中使用电子邮件沟通更加正式。

耶鲁大学经济学博士、长江商学院经济学助理教授钟灵认为，微信的普及与中国的工作文化有关。她表示："微信作为一个通信平台，与电子邮件相比需要更少的正式工作时间，这种非正式性使人们更有可能立即做出回应，而中国的文化和商业环境是公司要求立即回应的深层原因。"除微信外，还有许多应用程序被开发出来，以满足大型公司提高工作效率的需求。比如阿里巴巴的"钉钉"，字节跳动的"飞书"，以及微信的商业版本"企业微信"。这些应用程序可以提供文档共享和在线编辑，发送工资单等功能。钉钉允许用户实时查看某人是否已阅读消息，如果没有，则可以发送消息以提示他们这样做。

钟灵认为这种沟通方式也导致中国人工作和个人生活之间的界限越来越

弱。"管理者经常在非工作时间进行工作咨询或分配任务，而不愿等到下一个工作日。"

而在西方国家，电子邮件被认为是更符合工作场景的沟通方式。就读于博洛尼亚大学大众传媒与政治专业的亚历山大·索尔达蒂说："电子邮件可能不是最好的沟通方式，但当你需要正式且非个人的沟通时，它绝对是最完美的方式。"

在他看来，即使一封邮件中包含许多详细的个人信息，它仍被视为面向所有人的"官方交流"。而通过WhatsApp、Facebook等即时通信平台进行的对话被视为非官方的私人通信。"这就是我们对电子邮件的期望。"他说。

③ 电子邮件比微信等即时通信平台能更好地保护员工的个人空间。

来自英国的马修·布伦南自2004年以来一直在中国工作，他认为，与微信简短迅速的消息回复相比，电子邮件的界面确实显得更加笨重。但微信使用者会期望对方做出更及时的响应，因此，即使你在周末收到一条消息，也需要回复。就职于一家咨询公司的艾伦也表示："我的WhatsApp中91％都是与工作相关的聊天，即使在周末也在困扰我，它混入了我的个人生活中，我讨厌它。我使用WhatsApp是为了和我的朋友聊天，而不是处理工作或被提醒工作。"在中国，有的企业要求员工下班后甚至半夜通过微信接收领导布置的工作任务，并且要求收到以后立即开始着手完成，员工无法得到良好的休息，严重地影响员工的身心健康。西方文化中对个人空间保护的需求较高，对这样的工作方式往往无法接受，因此，西方国家更青睐对响应速度没有那么高要求的电子邮件方式。

任务五　接待礼仪

魏有隐士曰侯嬴，年七十，家贫，为大梁夷门监者。公子闻之，往请，欲厚遗之。不肯受，曰："臣脩身洁行数十年，终不以监门困故而受公子财。"公子于是乃置酒大会宾客。坐定，公子从车骑，虚左，自迎夷门侯生。

——司马迁《史记·魏公子列传》

扫二维码
看翻译

【赏析】

　　《史记·魏公子列传》着重记述了信陵君在隐者的鼎力相助下，不顾个人安危，不谋一己之私，挺身而出完成"窃符救赵"和"却秦存魏"的历史大业。信陵君从保存魏国的目的出发，屈尊求贤，不耻下交。如驾车虚左亲自迎接门役侯嬴于大庭广众之中，"公子从车骑，虚左"，就是把左边的尊位空出来，为侯嬴留座。此举动足以证明信陵君对侯嬴的尊重。

教学目标

德　①激发学生充满自信、真诚友善、敬业乐业的品质；

　　②引导学生树立乐观、向上的人生态度；

　　③明白细节决定成败的道理，学会尊重他人，树立文明礼貌新风尚，践行社会主义核心价值观。

知　①掌握接待前、接待中、接待后的接待流程礼仪；

　　②熟悉会议室、乘车、行进等位次排序礼仪。

行　①熟悉规范的职业位次运用技巧；

② 能独立完成小型接待。

课堂导入

郑州绿地JW万豪酒店顺利完成卢森堡大公国首相接待任务

一条国际货运航线可以拉近卢森堡与郑州之间的距离。6月13日，卢森堡首相格扎维埃·贝泰尔来到郑州。同日，作为此次接待方的郑州绿地JW万豪酒店迎来了卢森堡大公国的一行贵宾——卢森堡大公国首相格扎维埃·贝泰尔先生以及随行贵宾。

当酒店得知格扎维埃·贝泰尔首相选择了郑州绿地JW万豪酒店的时候，酒店表示公司上下每位员工都非常开心能够参与其中，发挥自己的职业技能，追求每一个细节的完善，体现酒店团队的用心、卓越的服务。在保证日常工作井井有条之余，紧锣密鼓的准备工作也有序进行，下面一起来看看酒店是如何准备接待贵宾的。

行政管理层方面，酒店管理层成员紧急开会讨论此次接待卢森堡大公国首相格扎维埃·贝泰尔先生以及随行贵宾的接待服务方案及安全措施方案等重要细节；安全及风险管理方面，格扎维埃·贝泰尔首相一行入住酒店当天，酒店的安保工作自然是重中之重。酒店的安保人员为了配合重要接待，将门口停放的车辆协调至别处停放；前厅部方面，酒店特地安排了身着旗袍的迎宾大使在一楼大堂等候迎接献花。当格扎维埃·贝泰尔首相一行于6月13日上午抵达酒店时，酒店的迎宾大使及酒店管理层在酒店门口热烈欢迎贵宾的到来；宴会厨师团队方面，由酒店餐饮副总监蔡佳嘉先生带领酒店优秀的中厨房团队，细心严谨地研究菜式品相及味道口感，将独特的"中原豫味"的精髓融汇到每个菜品中。

据了解，这次参与服务的大多数都是80后甚至90后的年轻"小鲜肉"，在资深管理人员的带领和专业培训下，他们表现出了强烈的责任感和担当，也有幸在当晚为贵宾提供了专业优质的服务。

思考：郑州绿地JW万豪酒店在接待贵宾前做了哪些准备工作？案例给你什么样的启示？

精讲点拨

接待礼仪在日常工作中是最常见的活动之一。接待礼仪中的方方面面都体现着企业形象和员工素质。在接待中无论是会议室还是乘车，都对排序有讲究，不同的情形要有不同的处理方法。

一、接待前

接待前的准备工作，是为了让接待工作准备得更加充分、完整，是整个接待工作的前言，也是给客人留下良好第一印象的关键。

（一）基本情况的了解

商务接待的基础是要了解客人的基本情况，才便于后期所有工作的安排和计划。主要了解客人单位、姓名、职业、级别、国籍、总人数、男女人数、宗教信仰、饮食偏好等。其次了解客人到达本地的日期，所乘交通工具的班次及到达时间。

（二）迎接规格的确定

接待规格实际上是来宾所受到的待遇，往往体现了主办者对来宾的重视和欢迎程度。接待规格主要体现以下三方面：

① 迎接、宴请、看望、陪同、送别来宾时，主办方出面人员的身份。具体分为三种情况：第一种是高规格，即主办方出面人员的身份高于来宾，以体现对对方的重视和尊重；第二种是对等规格，即主办方出面人员的身份与来宾大体相等；第三种是低规格，即主办方出面人员的身份比来宾低。显然，到场的我方人士身份越高，说明我方越尊重并重视对方。

② 活动过程中安排宴请、参观、访问、游览、娱乐活动的次数、规模和隆重程度。

③ 来宾的食宿标准。

（三）接待环境的布置

接到客人后，可根据行程安排确定下一目的地，大多数是将客人送到酒店休息。路途中可以进行简单轻松的话题，如本地的气候、著名景区、当地特色等。客人到达房间后，由于舟车劳顿，可简单告知客房设备和行程安排，便退出房门不打扰客人休息，分手时将下次见面的时间、地点告诉客人。房间内可以提前放置鲜花、水果、欢迎卡以及行程单，供客人品尝和查阅。

（四）做好迎接的安排

确定客人到达的具体时间，要提前半小时到接站点等待，同时准备醒目的接站牌，方便客人出站就能看到。与客人见面时，首先问候"一路辛苦了"或"欢迎来到我们公司"等，再进行自我介绍，并递送名片。

　　根据客人的基本情况，提前做好酒店预订、接送车辆、客人用餐等安排。对于重要的客人，需要制作欢迎横幅、鲜花等。

　　提前制作并印发行程计划表，让每位宾客都做到心中有数。

二、接待中

（一）会场的布置

　　会议地点与宾客下榻的酒店距离适中。会场可以选择宾客下榻酒店的会议室，也可安排在自己单位会议室。如果距离较远，要安排专车进行接送。

　　根据参会人数确定会场的大小。会场太大，入座人数太少，会显得松松散散，给嘉宾一种不景气的感觉。会场太小无法容纳参会人员，会显得不够大气，准备工作不充分（图3.14）。

图3.14　会场

　　会议开始前，再次检查核实会场的音响、话筒、投影仪等设备是否正常，以确保万无一失。

　　根据会议性质提前布置会议室，将会议有关的资料提前摆放在桌上。

（二）商务会见、会谈

　　明确会见、会谈的主要目的，主要领导基本情况，人数和会见时间等。提前与对方陪同人员取得联系，并商榷会见时间；确定会见场地，并提前进行环境布置；热情迎接宾客入座，简单问候后可进入主题；提前安排好记录员、翻译等工作人员。

（三）考察、参观

　　根据嘉宾来访的目的、性质，确定考察、参观的主要项目和内容。考察项目要有针对性和特色。其次确定考察、参观的路线。不走回头路，从进企业到出企业避免反复来回行走。参观过程中确定解说人员，可以是项目负责人，也可以是专门负责解说的人员担任。

（四）宴请

　　提前确定宴请的地点，把握住"饮食卫生、规格合适、照顾特殊"的宴请原则。准确统计就餐人数，人数不准，偏多则造成浪费、偏少则会影响部分来宾就餐。根据经费预算的框架，尽可能与餐厅商定一份科学、合理有独具特色的菜谱，注意宾客的饮食禁忌。接待人员提前一小时到达宴请地点，督促检查相关服务。接待人员主动引领宾客入席就座。准确把握就餐节奏，适时增添酒水，上菜不宜过快或过慢。

（五）住宿安排

来宾的住地尽量靠近会场，这样可以节约来回的交通时间和交通费用；来宾住宿的酒店应具备基本的生活设施外，还应具备良好的消防和保安等设施和人员配备，确保安全。

宾客的住宿安排相对集中，一是有助于活动期间的信息沟通和联系，从而有利于加强活动的领导与管理；二是有助于来宾之间进行非正式的沟通与交流。

根据通知的回执统计来宾的大致人数，据此预算预订的房间数量，最后统计实际报到的人数，这才是最后落实房间的依据。预订和分配房间之前，要仔细分析来宾的基本情况，如来宾的性别、年龄、职务、职称、专业、相互关系等，一般情况下适当照顾女性、年长者、职务较高者。如果来宾带随行人员，可将他们安排在相邻房间，便于他们开展工作。

（六）文艺招待的安排

根据接待计划的时间安排，并主动征求宾客意见，可安排宾客参观本地著名景区、观看文艺晚会等休闲娱乐活动。观看文艺演出或游览，应安排在晚上或休会期间，不要影响活动的进行，文艺招待的项目确定后，应及时与接待单位取得联系，制订详细计划，安排观摩、参观的具体日程和时间表，并明确告知来宾。落实好车辆，安排好行程食宿。确定陪同来宾游览参观的人员。

三、接待后

（一）预订返程票

提前询问宾客是否需要预订返程票，提前做好此项工作，解除来宾的后顾之忧。仔细登记来宾对回程票的具体要求，包括回程的交通工具、返程日期、航班或车次、舱位或火车票坐卧等级、抵达地点等。

（二）欢送宾客

欢送宾客是给对方留下美好印象的最后一步。再次核实宾客返程的时间、乘坐的交通工具，以及飞机是否有晚点等情况，安排送行人员和车辆。

活动的主要领导人尽可能安排时间出门告别。告别的形式可以是来宾住宿的酒店房间走访告别，也可以活动结束后于在会场道别。身份较高者还应当由领导人亲自到机场或车站送别。

当客人准备告辞时，应婉言相留。与宾客道别时，与宾客热情拥抱或握手邀请宾客下次再来。如果宾客来访时带有礼品，那么在送别时也要准备相应的礼品回礼。将宾客送到门口，目送客人，应在客人的身影完全消失后再返回；若送宾客到机场、车站，等客人进站后再返回。

【案例赏析】

　　1966年2月19日，外交部在机场为柬埔寨首相西哈努克送行。西哈努克的专机起飞后，未待盘旋飞去，周总理和各国驻华外交使节都还站在原地未动，我方参加送行仪式的很多负责干部却纷纷离去，据说是着急要去体育场看球赛。周总理把他们叫回来，严厉地批评他们无组织、无纪律，是外交上的失礼行为。

　　思考： 我方参加送行仪式的很多负责干部为什么会受到周总理严厉批评？如果在今后工作中，你给客人送行，你会怎么做？

（三）资料存档

对于此次活动的文字、图片、影像等资料归类存档；及时认真总结本次活动中的优缺点，肯定成绩，寻找差距，通过总结深化对接待知识的理解与运用。

四、接待过程中的礼仪

（一）行进的位次礼仪

1. 在路上

与客人、长辈、领导同行时，要注意礼宾顺序。如果是并排行进，则里为上，外为下，即客人、长辈、领导走里侧；若是单排行走，则前为上，后为下，即客人、长辈、领导走在前面。

【礼仪小知识】

　　南宋哲学家朱熹在《蒙童须知·杂细事宜第五》中写到"凡侍（shi）长上出行，必居路之右。"意思是说，凡是跟着长辈和老年人一块儿出行，一定要走在他们的右侧。这是为什么呢？晚辈走在长辈右侧，并不是因为右侧低贱而左侧高贵，而是因为古代人习惯靠左走，当并排走路的时候，最靠右的人最接近路中心，自然也就最危险，为了长辈和老年人的安全考虑，自己走在最右侧保护他们。虽然现在人们习惯靠右走，这个规矩就刚好相反，但文化内涵依然传承下来了。

2.上下楼梯

上下楼梯是日常生活中屡见不鲜的一项活动，注意先后次序，礼让他人，这既是对安全的保障，也是自身素质的体现。

上下楼梯遵循"右上右下"的原则，也就是上下楼梯时，应靠右单行，左侧留给对面行走的人或有急事的人通过。尽量单行行走，如果楼梯较宽，并排行走最多不要超过两人。上下楼梯时，应注意安全，保持距离，不宜站在楼梯上长谈，更不要拥挤奔跑打闹。

在接待客人引领时，上下楼梯引导人员均要在下方位置，即上楼梯时，客人在前，引领人员在后；下楼梯时，引导人员在前，客人在后。

上下楼梯
礼仪

3.进出电梯

进出电梯我们首先应注意文明礼貌，禁止在电梯内吸烟、乱扔垃圾、乱按按键、大声喧哗，强行挤电梯等不文明的行为。

若电梯内无人操作，接待人员先进后出。接待人员应先进入电梯，一手按住开门键，一手遮挡电梯门，待全部宾客进入电梯后；接待人员再摁楼层按钮；到达楼层后，接待人员一手按住电梯开门键，一手做出"请"的手势示意宾客出电梯。

若电梯内有专门人员操作，接待人员后进后出。接待人员请宾客先进入电梯，电梯到达后，接待人员做出"请"的手势示意宾客出电梯。

进出电梯
礼仪

（二）会务的位次礼仪

会务安排中，我们讲究座位的位次排序。画圆时，我们先确定圆心再进行画圆。尊位就像是圆心，会务安排中先确定尊位，才能确定其他人的位置。尊位也叫上位，尊位可以是座位、展位等，是在位置中最尊贵、最重要的位置。

如果尊位是礼仪活动的基调，那么位次的排序就是礼仪场合的主旋律。尊位为活动的安排确定了基准点，位次的排序保证了活动的有序进行。

1.主席台的排序

如果主席台人数为单数时，面对观众席，以职位最高者居中，职位第二高领导在职位最高者左边，职位第三高领导在职位最高者右边，其他依次向左右两边排序（图3.15）。

如果主席台人数为双数时，面对观众席，以职位最高者和职位第二高者两位领导居中，其中职位最高者在右边，职位第二高者在左边，职位第三高领导在职位最高者右边，其他依次向左右两边排序（图3.16）。

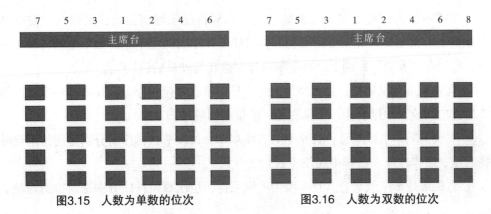

图3.15　人数为单数的位次　　　　图3.16　人数为双数的位次

2. 会客室的位次排序

当会客室主宾双方并排坐，此时按照"以右为上"的原则，即客人坐在主人的右侧，其他人员以身份高低依次就座（图3.17）。

当会客室的主宾双方是面对面对门就座，这种就座方式主次分明，很适合公务会客。此时按照"对门为上"的原则，即正对门的位置为主宾位，背对门的位置为主人位（图3.18）。

当会客室的主宾双方是面对面侧向门就座，此时讲究面对门的"以右为上"的原则，即进门后右侧为主宾位，主人坐进门的左侧（图3.19）。

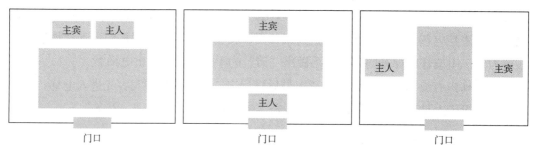

图3.17　并排坐的位次　　　图3.18　面对面对门就座的位次　　图3.19　面对面侧向门就座的位次

【礼仪小知识】

在座席礼仪上，古人讲究"袜不入席，履不上堂"，不能穿着鞋袜进入室内以及踩到座席上，这是因为鞋袜粘上的泥土会弄脏座席。后来，入室不穿鞋袜成为一种表示礼貌与尊重的行为。

（三）乘车的位次礼仪

乘车的座次安排不能一概而论，要根据驾驶员、车型的多种情况的不同，来进行安排。

① 驾驶员是专职司机，且车型为五座双排，位次尊位排序分别是后排右座、后排左座、后排中间位、前排副驾驶（图3.20）。

这里需要注意的是，如果在酒店、或者车辆行驶于城市公路，可以在"安全和方便"原则下，将主要领导安排副驾驶后位，便于开车门即可下车。如果车辆行驶于高速公路，可以在"安全"原则下，将主要领导安排在驾驶员后位。

② 驾驶员是专职司机，且车型为七座三排，位次尊位排序分别是后排右座、后排左座、后排中间位、中排右座、中排左座、前排副驾驶（图3.21）。

③ 驾驶员是车主或老总，且车型为五座双排，位次尊位排序的分别是前排副驾驶、后排右座、后排左座、后排中间位（图3.22）。

④ 驾驶员是车主或老总，且车型为七座三排，位次尊位排序分别是前排副驾驶、后

排右座、后排左座、后排中座、中排右座、中排左座（图3.23）。

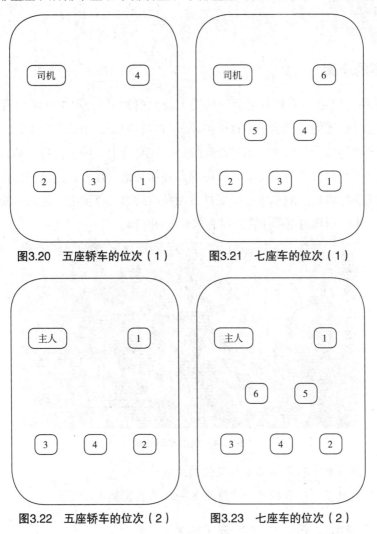

图3.20 五座轿车的位次（1）　　图3.21 七座车的位次（1）

图3.22 五座轿车的位次（2）　　图3.23 七座车的位次（2）

思考： 如果客人上车时，领导坐错了座位顺序怎么办?

⑤ 主人夫妇驾车时，主人为司机，夫人坐副驾驶，其余宾朋坐后排座位。

⑥ 乘坐中型或大型商务车时，以驾驶员身后第一排为尊，其余各排座位由前往后依次递减。在过道左右的座位上，讲究"右高左低"，即座次的排序，应该是从右至左依次递减。中型或大型商务车的座次排序总结为"前高后低，右高左低"。

⑦ 动车、公共汽车等公共交通。上位应该在临窗的位置，下位在临近通道的位置。

⑧ 从安全角度考虑，后排比前排的安全系数更高，五座双排轿车中，最安全的座位是驾驶员后面的座位，最不安全的座位是副驾驶。因此当车内有老人小孩时，应考虑将老人小孩安排在驾驶员后面的座位。

交流拓思

一、鸿门宴的座席

司马迁在《史记·项羽本纪》中描述了公元前206年，项羽在鸿门宴请来羞辱刘邦。原文是这样描述的："项王即日引留沛公与饮。项王、项伯东向坐，亚父南向坐。亚父者，范增也。沛公北向坐，张良西向侍。"在宴会上，项羽将自己和叔叔项伯安排在面向东而坐，即最尊贵的座位上。按道理，刘邦是他的客人，应该安排在面向南的第二尊位，但项羽却将自己的军师范增安排在面向南的第二尊位上，把刘邦安排在面向北的第三尊位，并将刘邦的军师张良安排在末位（图3.24）。

扫二维码
看视频

图3.24　鸿门宴的座席

思考：① 鸿门宴中项羽如此安排座位的用意是什么？

② 通过扫码观看视频，请你思考并总结古代座次礼仪。

二、女士上下车的礼仪，你注意到了吗？

女士上车时双腿并拢，背对车门坐下，然后收入双腿；女士下车时正面面对车门，双腿并拢并着地，然后再下车（图3.25）。

图3.25　女士上下车

思考：如果女士着裙装，应先上车还是后上车？

职场模拟

一、如何安排领导的座位？

职场场景：酒店管理专业毕业生张宇已经在某五星级酒店工作一年了。这天，部门领导临时安排张宇负责一个小型会议。虽然张宇已经服务大大小小的会议多次，但亲自负责一场会议还是第一次。看着主席台就座的领导名单，到底应该怎样排位？张宇犯起了愁。

模拟要求：根据情景，两两同学为一小组进行情景模拟，要求确定主席台就座领导的位次排序。情景表演结束后，进行小组互评，最后进行模拟过程总结。

二、热情接待

职场场景：某公司即将接待来自北京的重要访客，他们将用3天的时间来考察公司，考察结束后直接飞回北京。

模拟要求：根据情景，五人一组展开角色模拟，要求根据不同角色扮演制定角色的工作任务，完成接待工作，最后进行过程总结。

评价考核

目标达成考核表

内　容		评　价	
学习目标	评价内容	小组评价 （5、4、3、2、1）	教师评价 （5、4、3、2、1）
德	积极乐观向上的人生态度		
	真善美的品德		
	敬业、乐业的职业道德操守		
知	接待前、接待中、接待后的接待流程礼仪		
	会议室、乘车、行进等次位排序		
行	熟悉规范的职业位次		
	能独立完成小型接待		
努力的方向：		建议：	

拓展阅读

东方和西方的尊位有何不同？

中国历史上，人们曾把东南西北四个方向当作确定尊位的依据，有过坐西朝东、坐北朝南等不同的尊位划分方法。尊位在中外传统观念里是有差异的，我国传统的"左吉右凶"的观念，确定了尊位的定位。

传说，古代西方君王为防暗杀自己，因此不允许近臣佩剑，但君王自己可以佩剑，一方面显示威武，另一方面可以保护自己。由于佩剑手柄在右，因此，为了君王安全，总是将自己最信任的人安排在右边，这样就产生了"以右为尊"的习俗。当今国际商务活动不同场合中，为了便于交往，统一认识，按照"以右为尊"的原则来确定尊位。

任务六　拜访礼仪

文化传承

扫二维码
看翻译

"往而不来，非礼也；来而不往，亦非礼也。"

——《礼记·曲礼上》

【赏析】

热情好客是中国人的传统美德，人们在交往过程中制定了一系列以客为尊的社交礼仪，注重往来有礼，在礼节上做到有来有往。于是，在拜访、迎来送往等方面形成了许多有礼有节、待客之道、送客之道的礼节。

教学目标

德　①培养学生学会拜访礼仪和馈赠礼仪；

　　②通过专业训练提升学生文明素养和个人修养，同时提升馈赠意识和文明意识；

　　③引导学生了解世情国情，增强对祖国的认同感。

知　①了解拜访礼仪、馈赠礼仪的含义及重要性；

　　②熟悉馈赠礼仪的基本要领和拜访礼仪的规范内容；

　　③掌握馈赠礼仪的正确方法和送礼禁忌，以及拜访的礼仪。

行　①掌握正确的馈赠礼仪的具体内容和送礼禁忌，掌握拜访礼仪，运用于日常工作以及未来职场中；

　　②结合专业特点，合理运用正确的拜访礼节和馈赠礼节；

　　③体会馈赠礼仪和拜访礼仪的重要性，为日常生活和未来职场交往做准备。

课堂导入

中国的"国礼"

300多年前，一位名叫弗朗索瓦·贝尼耶的法国人大概不会想到，自己着手翻译的法文版《论语导读》会穿越如此漫长的时光，在2019年，被交付到中国最高领导人的手上。"这是一份珍贵的礼物，我们会好好珍藏。"当从法国总统马克龙的手中接过这份来自1688年的礼物时，习近平主席这样说。

在外交场合，互赠国礼是一种重要的礼仪。习近平主席送出或收到的许多国礼，都像这本《论语导读》法文版原著一样，有着丰富的文化内涵，体现了中国与世界的文明交流互鉴。

各国的国礼一般都会选择最能代表本国特色的器物。中国的历史文化悠久，

图3.26 中国的"国礼"

习近平主席向他国领导人赠送的国礼中，总少不了瓷器、丝绸等这类颇能代表中国传统文化的艺术品。

2014年11月，APEC领导人非正式会议在北京举行。这是一次重要的主场外交，也是向世界展示中国的大好机遇。为了让各国来宾更好地感受中国文化，习近平主席亲自选定了送给各经济体领导人的国礼——一套"四海升平"景泰蓝赏瓶（图3.26）。

该赏瓶高38厘米，恰好是天坛祈年殿38米的等比例缩小。赏瓶的最大直径21厘米，代表APEC 21个经济体。细长的瓶颈典雅优美，碧蓝的瓶身上浮雕着吉祥水纹，象征"四海"，也寓意着环太平洋；而"瓶"也是"平"的谐音，连起来就是"四海升平"之意。瓶身绘有APEC会标、北京雁栖湖APEC会场以及北京的标志性建筑天坛和怀柔慕田峪长城。赏瓶采用景泰蓝工艺制作而成，以藏于北京故宫博物院的霁红釉玉壶春瓶为原型，创新性地把画珐琅、錾胎珐琅、掐丝珐琅三种传统珐琅工艺结合在一起。

被纳入中国第一批国家级非遗名录的景泰蓝制作技艺，其发展过程本身体现着自古以来中国与世界之间的文明交流互鉴。

景泰蓝，又名"铜胎掐丝珐琅"。有研究者认为，这一技艺源于波斯，在元明时期从中东沿古丝绸之路传入中国，后才诞生了新的本土技艺，并在明景泰年间达到顶峰。

无论过去、现在还是将来，国礼不仅可以传递国与国之间的情谊，更是一张张国家文化的品牌，为文明交流互鉴增添着新的色彩。

思考：中国送给各经济体领导人的国礼景泰蓝赏瓶代表什么？案例给你什么样的启示？

精讲点拨

商务活动是一种双边或者多边的交往活动，相互拜访和馈赠是日常工作中必不可少的一项工作。拜访活动不管是主动提出还是对方邀请都要遵守一定的礼仪。同时，礼品馈赠不仅是为了表达感激之情与问候之意，更是起着联络感情、推广宣传的作用。

一、预约

"拜访"是访问他人的敬辞，出自《醒世恒言·蔡瑞虹忍辱报仇》："偶然这一日，朱源的座师船到，过船去拜访。"企业与企业之间、个人与个人之间、个人与企业之间都少不了拜访，通过拜访，可以建立联系、交流信息、增进情感。

（一）预约

1.时间的预约

预约是拜访的第一步，强调应与拜访对象约定时间，而非贸然行动。拜访时间应该以不打扰对方正常工作、生活为原则，一定要根据对方的时间来预约拜访时间。可以通过电话预约、信函预约等方式进行。

2.地点的预约

拜访的地点通常可以由拜访对象来确定，也可双方约定。公务性的拜访大部分会确定在办公室或者休闲场所，如茶楼、咖啡厅。若到对方家中拜访，通常属于私人拜访，如节日拜访等。

（二）做好预案

预约之前，应对本次拜访做好相关预案。拜访的目的，罗列出需要解决的问题，整理需要准备的各种相关资料；拜访中采用什么策略，有可能遇到的问题以及问题的解决途径等。

（三）注重仪表

在拜访之前一定要审视一下自己的仪表。首先是注意个人卫生，无论长相多好看，服饰多么华贵，若浑身污垢和异味，那么必然会破坏一个人的美感。其次是服装方面，根据拜访对象的身份选择合适的服装。通常考虑以下几方面：

① 服装样式、色彩与拜访的主题、目的相符；

② 服装样式、色彩与个人的性格、气质、体形相符；

③ 服装样式、色彩与节日、场合相符；

④ 妆容、服饰搭配合理。

（四）拜访前的准备

① 明确拜访的目的，提前思考拜访目的的切入点；

② 准备足量的名片，以便不时之需；

③ 提前准备好拜访的资料、赠品等相关物品；

④ 了解周边交通，以便提前到达；

⑤ 出发前再次确定预约时间和地点，避免出错。

【礼仪小故事】

范式之约

东汉时，有个叫张劭的秀才在上京赶考途中，救了一个叫范式的商人一命，两人因此结为兄弟，范式对张劭说："两年以后，我将到你家拜访你的父母，再看看你的子女。"快到两人约定之日，张母劝他不要再等："已经分别两年之久，相隔千里的约定，你怎敢相信它是真的呢？"而张劭却说："范兄是守信约、重义气的人，怎会失约？"张母说："如果真是这样，我自当为你们酿酒。"到约定之日，范式果然如约而至。

二、见面

（一）遵守时间

拜访首先要做到守时。如无特殊原因，不要提前到达更改见面时间，或者延迟到达，最好在约定时间前十分钟到达约定地点。提前了解交通情况，若周围交通堵塞或遇高峰期，要提前出门，预留充足的通勤时间。

【礼仪小知识】

守时与惜阴

"一寸光阴一寸金，寸金难买寸光阴"。守时的人必然也是珍惜时间的人，珍惜时间不仅要做到珍惜自己的时间，还要做到珍惜别人的时间。

（二）举止得体

当到达拜访地点，可递上自己的名片请助理转告。尽量不要和周围工作人员聊天来消磨时间，在候客区安静等候。如果没有接待员带领，自己进入时一定要轻叩房门，得到对方的允许以后方可进入。

与拜访者若为第一次见面，先做自我介绍、问候、握手、互换名片；若已见过面，也应先握手问好。

拜访过程中注意就座礼仪。进入主人或者客户房间以后，不要急于坐下。主人没有邀请坐下不能随便入座。如果主人是年长者或者上级，主人不坐，自己更不能坐。主人让座之后，方能入座，同时说声"谢谢"。

【案例赏析】

　　小李刚进公司不久，这天公司安排小李去拜访合作公司的王总。来到王总办公室后，在王总还未入座的情况下，小李自己已经率先坐在沙发上，并拿出香烟准备点火。

　　思考：小李在拜访过程中有哪些不妥，如果是你，该如何调整？

　　拜访过程中，要注意交谈的态度。谈话时态度要诚恳、大方、自然，语气要平顺、稳定，表达要得体。通常情况下，在寒暄后尽快地引入正题或开门见山的说明主题。交谈时要紧扣双方事先约定的主题，争取在约定时间内能完成相关事宜。根据交谈结果和现场氛围，提出下次拜访的时间或向对方发出邀请。

　　拜访过程中，要彬彬有礼，举止大方。交谈时，动作适当，手势不要过大，就座时与拜访对象保持适当的社交距离。主人倒茶时要双手相接并致谢。一般不在对方办公室抽烟，而应到抽烟室抽烟。随身携带的物品一般放在身边或主人安排放置的位置。

【案例赏析】

　　赵总是某五星级酒店总经理，你代表公司几经周折终于预约上赵总，计划在下周二拜访。如果正在会谈过程中，你的手机却响个不停。

　　思考：在拜访时有哪些不妥？应该怎么调整？

（三）适时道别

　　拜访时间不要太长，谈话内容精简，切勿啰唆、冗长。若与拜访对象交谈甚欢，但又出于时间有限，可提出下次再登门拜访的意向。若发现拜访对象对谈话主题兴趣不浓或频繁看表，要根据现场情况提前结束拜访。若拜访对象有其他重要客人前来，视情况主动道别，并提出下次拜访的意向。

　　拜访结束前，再次表达感谢之意，并握手告别。若拜访对象提出送行，应礼貌地请拜访对象留步。出门后，最好回头看看对方是否有目送，如果有，应挥手向对方致意。

三、馈赠

　　馈赠是人们在交往过程中，为表达尊重、敬意、友好、关心、祝贺、感谢、慰问等，向对方赠送物品的一种交际行为。馈赠作为非语言的传递方式，它就像桥梁一样联系着双方的情感，表达着人与人之间的关怀与问候，更起着联络感情、增加情谊的重要作用。

公关活动中的馈赠，礼不在贵，而在于适时、适宜、贵在真诚，具有象征性意义的传递，即使是一束鲜花、一张贺卡，主要是让收礼者能感受到这份诚意。

（一）馈赠的对象

礼物赠送给谁，是馈赠中首先要明确的。因人因地因时施礼，是社交礼仪的基本规范。馈赠的礼品，会根据赠礼对象的不同而不同。

① 对富裕者，以精巧为佳。

② 对贫困者，以实用为佳。

③ 对朋友，以趣味性为佳。

④ 对恋人、爱人，以纪念性为佳。

⑤ 对孩童，以启智玩具为佳。

⑥ 对外宾，以特色为佳。

对不同的受礼人尽可能馈赠不同的礼品。对相同的受礼人前后数次赠送礼品，每次馈赠的礼品也应不同。

（二）馈赠的目的

赠送礼品方希望赠礼对象能够接受礼品，并且充分地领会、知晓礼品所传递的情感、寓意和象征意义，从而促进双方感情交流。

1. 以交际为目的的馈赠

为了与个人、部门或企业建立交流意见、情感、信息等的渠道，向对方赠送礼物，以促成双方关系的建立。在选择礼物时，通常要考虑赠送礼物的价值与意义是否与交际目的一致。

2. 以酬谢为目的的馈赠

以酬谢为目的的馈赠是表示他人对自己帮助而进行的答谢，因此在礼物的选择上，既要强调礼物的价值，更要强调礼物所传递的情感。

3. 以维系关系为目的的馈赠

此类馈赠强调的是礼尚往来，重在巩固和维系人际关系和情感，以"来而不往非礼也"为基本准则。此类馈赠在礼物的选择上呈现多样化和丰富化的特点，所选礼品不一定贵重，重在送礼者的心意。

4. 以公关为目的的馈赠

此类馈赠是希望通过馈赠礼品达到某种目的而进行的社交活动。从表面上看，此类馈赠是不求回报、无偿的，但其回馈的目的和方式往往隐藏在交往中，此类馈赠的目的动机不纯，甚至别有用心，是不被提倡的。

【礼仪小故事】

孔子见阳货

阳货是鲁国大夫季平子的家臣，阳货想会见孔子，而阳货是孔子在政治上非常鄙视"乱贼臣子"，孔子不愿意与其交往，所以不想见他。于是，阳货想了一个办法，给孔子送去烤猪。根据当时礼尚往来的原则，孔子在收到礼物以后应该登门拜谢。孔子不想见这个人，就趁他不在家的时候去拜谢他，谁知在路上遇上了阳货。

扫二维码

（三）馈赠的原则

"礼因人情而为之"，礼物的赠送贵在真情实感，其本质在"礼"而不在"物"。馈赠的结果是期望礼品能达到传递情感的效用，也希望礼品能达到预期的效果，因此，在馈赠礼品时要把握以下基本原则。

1. 礼品轻重的把握

馈赠礼品的贵重程度非常重要。如果礼品太轻，会显得没有诚意，馈赠的意义不大，同时会更加不利于后续的联络和关系维系。若礼品太过于贵重，在权衡之下对方或许会拒绝，效果适得其反。因此，在思考馈赠礼品时，礼品的轻重程度，往往与你的诚意和感情浓烈程度有关。

2. 受礼对象的喜好

馈赠礼品的原意是希望受礼人获得精神上的满足，而按照受礼人的兴趣爱好赠送礼品，无疑会达到很好的诉求。同时，符合受礼人兴趣爱好的礼品也非常好地体现了赠礼人对受礼人的细心观察和了解。这样的礼品，往往会让受礼人收获一份格外的惊喜和尊重。

3. 饱含意义的礼品

礼品要突出纪念意义，可以是在一些特殊的节日、重大事件或纪念日等，给受礼方准备对其有纪念意义的礼品，往往可以凸显赠礼方的诚意。有纪念意义的礼品往往也带有地域、民族、产业特色，甚至是企业的特色。礼品很好地表达了赠礼的象征意义，达到了馈赠的目的。

4. 考虑礼品的观赏性

礼品的观赏性往往通过形状、款式、色彩和质地等多方面组合而成，其中每一方面的构思又显示出赠礼人的品位高低。现代艺术越来越走向简约化，比较单纯的颜色、简洁的线条和富有联想的主题都是一种趋势。要有良好的观赏性，还要注意物品本身所传达的积极向上的健康思想。

5. 考虑礼品的实用性

具有一定实用性的礼品往往会为人们日常生活、工作产生有益的助力，会有一种很好的提醒功能，让人经常想起赠礼的场合和赠礼人。礼物虽然不名贵，但可以回忆起赠礼时的美好时刻，另一方面，这些礼品有时候的确能为对方提供很好的帮助。

（四）赠送礼品的时机和场合

1. 馈赠的时机

馈赠礼品并没有固定的时间限制，最好是在合适的时间、合适的场合下进行。

总体而言，馈赠礼品时注意以下事项：

① 祝贺之时：如遇升迁、乔迁、婚嫁、升学、庆典、生日等值得祝贺的日子。

② 酬谢之时：向对方表示感激、感谢之情，在适时的时候以礼品传达谢意。

③ 慰问鼓励之时：如对方遇到挫折、困难、身处逆境之时，以礼品表示鼓励之意。

④ 拜访、做客之时。拜访或做客时，为了表达自己对对方的问候与敬意，通常会带一份礼品作为登门礼。

⑤ 欢庆节日之时。我国传统节日春节、端午节、中秋节等可作为送礼的时机。

⑥ 探望病人之时。如遇亲朋好友、同事领导生病住院，可到医院或家中慰问看望，通过鲜花、水果、营养品等礼品传递慰问关怀之意。

⑦ 还礼。接受过对方的礼物，就等于欠着对方一个人情，或在对方离开时附上自己的一份礼物，或在事后某个场合向对方送上一份礼物。

许多大型企业、正式的政务和商务见面、各种仪式开始之前，往往会提前沟通好互换礼品的时间和环节，避免出现未准备礼品的尴尬场面。

2. 馈赠的场合

赠送礼品的场合要注意公私有别。如果是工作中所赠送的礼品，可以在公开场合进行，如办公室、会客厅、茶楼等；如果是私人交往的馈赠礼品，应该在私人居所进行，而避免在公开场所进行。

（五）接受礼品

1. 表示感谢

当他人有礼相送时，受礼人应立刻停下手中的事，起身站立，面带微笑，双手接握，在接握礼品的同时要向对方表达感谢之意。如果发现礼品过于贵重受之有愧，受礼人可采用委婉的、不失礼貌的语言婉拒，或者在大庭广众下不便拒绝，可采取事后归还的策略。

2. 双手捧接

在对方取出礼品准备赠送时，不应伸手去抢，或者双眼盯住不放。不要一只手去接礼物，更不要左手去接礼物。接受礼物时往往比较恭敬和虔诚，用双手接收礼物，微微低头表示鞠躬感谢。在表示感谢之后，把礼物收起来，等到馈赠人离开以后，再慢慢打开欣赏。

3. 适时还礼

在接受他人的礼品后，根据情况决定是否还礼。还礼首先考虑时间因素。可选择在适逢与对方馈赠自己相同的机会还礼，对方家中有重大喜事进行还礼等。其次是还礼的形式。还礼在品种上可以选择以对方相赠之物的同类物品作为还礼，或者以对方相赠之物价格大体相当或者略高作为还礼。

（六）馈赠的禁忌

中国很多地区对数字极为敏感。如广州、香港等非常忌讳"4"这个数字，因为它与"死"谐音。西方人对"13"这个数字也非常忌讳，他们认为"13"是不吉利的数字，所以给西方人送礼要避开"13"。

中国很多地方忌讳送表、鞋子作为礼物，因为"送钟"与"送终"谐音。鞋子往往被认为不洁或者即将离开，因此在正式场合很少以送鞋为礼品。

一般不选择送刀作为礼品。赠送刀具被认为有一刀两断之意，避免作为礼品送人。

探望病人送花有很多避讳。探望病人不要送整盆的花，容易引起久病成根之意；香味很浓的花不宜送，容易引起病人呼吸不适。

交流拓思

一、千里送鹅毛，礼轻情意重

唐朝贞观年间，西域回纥国是大唐的藩国。一次，回纥国为了表示对大唐的友好，便派使者缅伯高带了一批珍奇异宝去拜见唐王。在这批贡物中，最珍贵的要数一只罕见的珍禽——白天鹅。

缅伯高最担心的也是这只白天鹅，万一有个三长两短，可怎么向国王交代呢？所以，一路上，他亲自喂水喂食，一刻也不敢怠慢。这天，缅伯高来到沔阳湖边，只见白天鹅伸长脖子，张着嘴巴，吃力地喘息着，缅伯高心中不忍，便打开笼子，把白天鹅带到水边让它喝了个痛快。谁知白天鹅喝足了水，合颈一扇翅膀，"扑喇喇"一声飞上了天！缅伯高向前一扑，只捡到几根羽毛，却没能抓住白天鹅，眼睁睁看着它飞得无影无踪，一时间，缅伯高捧着几根雪白的鹅毛，直愣愣地发呆，脑子里来来回回地想着一个问题："怎么办？进贡吗？拿什么去见唐太宗呢？回去吗？又怎敢去见回纥国王呢！"随从们说："天鹅已经飞走了，还是想想补救的办法吧。"思前想后，缅伯高决定继续东行，他拿出一块洁白的绸子，小心翼翼地把鹅毛包好，又在绸子上题了一首诗："天鹅贡唐朝，山重路更遥。沔阳湖失宝，回纥情难抛。上奉唐天子，请罪缅伯高，物轻情义重，千里送鹅毛！"

缅伯高带着珠宝和鹅毛，披星戴月，不辞劳苦，不久就到了长安。唐太宗接见了缅伯高，缅伯高献上鹅毛。唐太宗看了那首诗，又听了缅伯高的诉说，非但没有怪罪他，反而觉得缅伯高忠诚老实，不辱使命，就重重地赏赐了他。

从此，"千里送鹅毛，礼轻情意重"，便成为我国民间礼尚往来、交流感情的写照或一种谦辞。

思考：这则案例给你什么样的启示？在生活和工作中，你能举出"千里送鹅毛，礼轻情意重"的例子吗？

二、《红楼梦》中的八种礼物

《红楼梦》中送礼有着大讲究，大约可分以下八类。

一是纯属友谊情感的馈赠，如史湘云送姐妹们绛纹石戒指。莺儿编花篮送给黛玉，蕊官送蔷薇硝给芳官。

二是初见面的馈赠，如凤姐送秦钟见面表礼，如第十五回北静王初见宝玉，送给他"蓉苓香念珠"。

三是红、白喜事的送礼。娶亲、聘女、过寿，这都是喜事，这是"红喜事"。死人是丧事，白寿也当喜事办，叫"白喜事"。

四是日常生日送礼，既不是整寿祝寿的礼。第二十二回写宝钗过生日，就是十五岁及笄之年，与众不同，自然礼物也不同了。而一般生日也要送礼，不过因人而异。

五是节礼，三大节：过年、端午、中秋，小节：元宵、清明、中元、冬至、腊八，都要送礼。

六是送土特产，如第十六回写黛玉从江南回来，将笔纸物分与宝钗、迎春、宝玉等。

七是穷富亲友之间的礼物，如刘姥姥和荣府之间的礼物来往。尽管刘姥姥只送点瓜果干菜，却得到更多的回礼和资助。

八是钻营的送礼，这不是情也不是礼，完全是为了权势和钱财。即以送礼为手段，去结交、奉承权势，拉拢关系，达到钻营的目的，得到更大的好处。

思考：从《红楼梦》中送礼的讲究来看，在不同的环境、不同的关系中所赠送的礼物是否一样？给你带来什么样的启示？

职场模拟

一、预约拜访

职场场景：小王是某跨国公司的办公室实习生。这天，小王接到部门领导安排的工作，与A公司张经理预约拜访事宜。

模拟要求：根据情景，以小组为单位开展情景模拟。情景表演结束后，进行小组互评，最后进行模拟过程总结。

二、礼物赠送

职场场景：赵经理收到S公司庆祝开业三周年的邀请函，赵经理安排办公室为他为准一份贺礼。

模拟要求：根据情景，以小组为单位进行思考并设计情景。情景表演结束后，进行小组互评，最后进行模拟过程总结。

评价考核

目标达成考核表

内　　容		评　　价	
学习目标	评价内容	小组评价 （5、4、3、2、1）	教师评价 （5、4、3、2、1）
德	积极乐观向上的人生态度		
	了解世情行情，增强对祖国的自豪感		
	敬业、乐业的职业道德操守		
知	拜访礼仪、馈赠礼仪的含义及重要性		
	馈赠礼仪的要领、拜访礼仪的内容		
	馈赠礼仪的方法和禁忌，拜访的礼仪		
行	学会运用不同环境的馈赠礼仪和禁忌		
	正确的拜访礼节和馈赠礼节		
努力的方向：		建议：	

拓展阅读

东西方不同的受礼方式

东西方有着不同的文化习俗和行为方式，在礼品的收受上，也存在着明显的差异化。

东西方接收礼品的方式不一样。东方人在接受礼物时，往往显得更为谦和、虔诚。东方人一般会用双手接礼品，同时会通过面部表情和语言来传递感谢之意。其中日本和韩国表现得更为突出。而西方人在接受礼品时，会比东方人随意，并不一定会用双手接礼品。

东西方在礼品打开方式上的差异。东方人的表达情感更为含蓄和内敛，因此在受礼时不会当着对方的面折开礼物，等送礼方离开后才会拆封和欣赏。在拆封礼品时，东方人会小心谨慎地拆封，西方人则喜欢在接收到礼品时当众打开，并赞美和表示期待礼品。

在收到礼品后，西方人通常会在一周之内写一封感谢信给赠礼人，而东方人则基本没有这个习惯。

任务七　宴请礼仪

文化传承

扫二维码
看翻译

"八年，出入门户及即席饮食，必后长者，始教之让。"

——《礼记》

【赏析】

《礼记》中记载了周代贵族家庭对儿童的教育程序，在餐桌的礼节上，八岁的孩童便要习得，不仅让孩童从小懂得用餐礼仪，更要孩童从小学会尊重长辈，礼让谦逊。古人在孩童八岁时便要教其餐饮礼仪，这足以体现古人对餐饮礼仪的重视。

教学目标

德　①培养学生学会宴请礼仪和就餐礼仪；

　　②通过专业训练提升学生文明素养和个人修养，提升文明意识和大局意识；

　　③注重培养学生的节约意识。

知　①了解宴请的类型、宴请前的准备；

　　②熟悉中餐、西餐的就餐礼仪；

　　③掌握正确的宴请礼仪，以及中、西餐的就餐差异。

行　①掌握中、西餐就餐礼仪，并运用于日常生活和未来职场中；

　　②结合专业特点，进行正确的宴请座次安排；

　　③体会掌握宴请礼仪和就餐礼仪的优势，为未来职场和日常生活交往做好

　　　准备。

课堂导入

我国最顶级宴席——国宴

　　国宴，就是国家元首或政府为招待国宾、贵宾或在重要节日为招待各界人士而举行的正式宴会。国宴不仅仅是一场高规格的宴席，更是一场"饮食之仗"。国宴，可谓另一个外交舞台。今天，就让我们一起来回顾新中国国宴背后的那些故事。

　　1949年10月1日，开国大典在北京天安门隆重举行，中国历史翻开了新的一页。当晚，中国中央人民政府在北京饭店举行了新中国第一次盛大的国宴。因为国宴的宾客来自海内外各地，因此要满足众人之口确实不是一件容易的事。

　　最后，周恩来总理经过一番深思熟虑，毅然决定宴会全部以淮扬风味菜招待宾客。淮扬菜高贵典雅，朴实无华，做工精细而不失原料的本味，比较适合大众的口味。

　　时任中南海俱乐部主任的钟灵，曾参与操办第一次国宴。据他说："周总理去了之后，看了看布置的两桌饭，掏出个手绢，把那个筷子擦一擦，手绢上有两道黄印儿，他就把我叫去了，说这样不行！我就赶快把筷子都收了，重新去洗。他说，你不要认为这是一个小事，在这种小事里面就有政治。"

　　那次国宴是从10月1日晚7时开始的，持续了两个小时，共60桌。其中冷菜四种，头道菜是燕菜汤。接下去的八道热菜是：红烧鱼翅、烧四宝、干焖大虾、烧

鸡块、鲜蘑菜心、红扒鸭、红烧鲤鱼、红烧狮子头。第二道和第三道热菜之间上四种点心。中外宾客对"开国第一宴"给予了很高的评价，从此以后国宴一直以淮扬菜为主。

思考：案例中你看出了哪些宴请礼仪？如何理解周恩来总理说的"你不要认为这是一个小事，在这种小事里面就有政治"这句话？

精讲点拨

餐饮是日常生活和工作中十分常见的社交活动，餐饮活动具有强烈的包容性和特色性，无论是中国的南方、北方，还是国内、国外，餐饮的就餐习惯和饮食特点都千差万别。参加不同的餐饮活动，更会有不同的礼仪规范，宴会越高级，其礼仪规范越严格。

一、宴请礼仪概述

宴请是为了表示欢迎、答谢、祝贺、喜庆等举行的餐饮活动，以增进友谊和情感联络，是国际交往、商务活动、个人社交的重要交际活动方式。中国的古话"民以食为天"，说明饮食尤为重要，宴请更是成为迎送宾客、结交朋友、畅叙情感、增进交流的重要途径。

（一）宴请的类型

1.宴会

宴会是一种隆重、正式的宴请形式，宴会有国宴、正式宴会、便宴、家宴之分。

① 国宴。特指国家元首或政府首脑为国家庆典或为外国元首、政府首脑来访而举行的宴会。国宴规格最高，规模也较大，有非常严格的程序、安排、邀请、安检等流程，庄严而隆重。国宴宴会厅内悬挂国旗，演奏国歌及席间曲，席间有致辞或祝酒的环节。出席者的身份规格高，具有代表性，宾主之间按照身份排位就座，礼仪严格。

② 正式宴会。正式宴会通常是政府和团体等有关部门为欢迎应邀来宾或访问宾客而设立的宴会，这种形式的宴会，除不悬挂国旗，不奏国歌及出席者规格略低于国宴之外，其他安排大致与国宴相同。正式宴会可分为午宴和晚宴，大部分正式宴会是晚宴，少部分正式宴会是午宴。

③ 便宴。便宴是一种非正式宴会，多用于招待熟悉的亲朋好友。这种宴会流程简单、灵活，可以不用排位，不做正式讲话，宾主之间随意、亲切。常见的便宴有生日宴会、迎送宴会、祝贺宴会、节日宴会等。

④ 家宴。家宴是在家中设宴招待客人。西方人更喜欢采取家宴宴请客人，以表示亲切友好。家宴最重要的是使宾主双方轻松、愉快、自然地进行交流。

2. 招待会

招待会属于不配备正餐的宴请类型，通常备有食品和酒水饮料，是一种较为灵活的宴请形式，一般不设有席位，宾主可自由活动。常见的招待会有冷餐会和酒会两种形式。

① 冷餐会。冷餐会又称自助餐，常见于大型商务活动中。冷餐会提供的食物以冷食为主，以及酒水饮料。一般情况下，冷餐会不进行座位安排，宴会中宾主可自由活动，随意就座，可与他人一起，也可独自用餐。

② 酒会。酒会又称鸡尾酒会，食品以酒水为主，备有糕点、小吃，宾主可随意走动，不设座位，便于广泛接触交谈。食物和酒水饮料多为服务员用托盘托送，或部分放置小桌上由宾客自取。酒会时间较为灵活，一般安排在下午2点至晚上7点之间。

3. 工作进餐

工作进餐是商务交往中具有业务往来关系的合作伙伴，为进行商务洽谈、交换信息、洽谈生意、联络感情等而进行的非正式商务宴会。工作进餐的特点在于谈话为主，就餐为辅，重在创造一种有利于双方进一步接触的愉悦、和谐、友好的氛围，双方利用进餐的时间，进行沟通交流工作事宜。

（二）宴请的准备

宴请对宾客而言是一种礼遇，必须按照相关规格及宴会要求来进行充分的准备。

1. 确定宴请的目的、对象、范围、规格

宴请的目的一般很明确，如节日庆祝、贵宾来访、工作交流、商务合作、婚庆祝寿等。根据宴请的目的不同，确定邀请的对象和范围，确定邀请的人数和陪同的人数，同时要考虑被邀请者之间的关系，避免出现尴尬局面。宴请规格一般根据出席人身份、人数、目的等情况决定。

2. 确定宴请的时间

① 主随客便。尽量优先考虑宾客时间，同时兼顾宾主双方的需求。

② 地方风俗。结合本地的风俗习惯确定宴请时间。一般避开重要节假日。

③ 时间控制。通常而言，正式宴会的用餐时间在2小时以内，非正式宴会、家宴可根据现场情况和氛围决定宴会时长。

【礼仪小知识】

中国传统文化强调待客有礼，邀请客人在时间上很有讲究，"三天为请，两天为叫，一天为提"。就是说，邀请客人不能临时通知，要提前几天邀请，才能体现尊重，同时也给对方预留充分时间准备。如遇重大节日，更要提前邀请。

3. 确定宴请的地点

宴请的地点可以从以下三方面考虑：

① 根据客人的尊贵程度确定宴请地点。

② 根据宴请的类型确定宴请的地点。

③ 根据宾客口味确定宴请地点。

社交活动中的宴请不仅仅是就餐，而是用来联络感情、增进沟通的手段，那么就餐地点的选择就尤为重要，否则会直接影响用餐的效果。因此，在选择宴请的地点时，还要考虑地点的环境、卫生和交通情况。

宴请地点的环境要优雅、安静。宾客抵达就餐地点的第一印象便是就餐的环境，就餐环境包括室内的空间大小、室内陈设和布局、室内装潢等因素。外出用餐，人们最担心的应该是餐饮卫生，因此，一定要考虑到菜品的卫生、餐具的卫生、环境的卫生。交通情况主要考虑路程是否适中，若路程太远，有些宾客则会放弃参加宴会。考虑停车是否方便，若停车不方便，宾客来回寻找停车位，未免扫人兴致。

4. 确定邀请的形式

明确了宴请的目的和对象后，如果是正式的宴请，则需要准备邀请函，被邀请者的姓名、职务、称呼、陪同人士等均要准确核对。如果规格较高的宴请以人数较少适宜，人多则适用冷餐会或酒会。

（三）赴宴的准备

宾客受邀参加宴会，无论是正式宴会或非正式宴会，无论是代表集体或是个人，都要注重礼节，这既是对邀请者的尊重，也是自我涵养的体现。

1. 认真对待

在接到邀请之后，无论参加与否，都应及时、准确地回复对方，以便邀请方做下一步安排。若接受邀请，便不要随便更改，如若遇到特殊情况不能出席，尽早向邀请方说明原因，表示歉意。若不能参加，更因向对方说明原因，表示歉意，甚至登门表示歉意。

应邀出席前，一定要核实宴请的时间、地点，是否邀请配偶参加。出席宴请前，根据宴请的层次确定出席的服饰。女生要进行梳妆打扮，男士要进行剃须修面。服饰应与宴请的场合、层次相呼应，如果是家庭宴会，可为主人准备一份小礼物或鲜花。

2. 按时抵达

准时抵达是出席宴会的基本礼貌。通常，在宴会正式开始前半小时到达会场是比较合适的，提前到达一方面表现出对宴会的重视，另一方面，可以与在场人士进行交流。尽量不早到，以防主人还未做好迎客准备。身份略高者可以略晚到2~5分钟。

3. 按序入座

应邀出席宴会，应根据主人提前安排的座位入座，切不可自以为是随意入座。主人通常会在餐桌上摆放带有双面名字的桌卡，方便应邀出席的宾客迅速找到自己的座位。

若邻座为长者或女性，入座时可主动为长者、女性拉椅让座。入座后，可以左邻右座随意交谈。

4. 文雅进食

正式宴会开始时，通常由主人先致祝酒词，此时宾客应停止谈话，起身端起酒杯，注意聆听，致辞完毕，主人招呼后，方可开始进餐。

进餐时，注意席间礼节，举止文雅。就餐过程中闭嘴咀嚼，不要发出声响，嘴里有食物时，不要谈话。需要剔牙或者打喷嚏，应将身体侧向一方，用手遮住，或者到卫生间进行。

5. 礼貌告辞

宴会结束，一般先由主人向主宾示意，请其做好离席准备，然后从席位起身，这是请全体起立的信号。告辞时应礼貌地向主人道谢，一般先由男宾向男主人告辞，再由女宾向女主人告辞，再向其他人告辞。席间一般不提前退席，若确实有事需要提前退席，应向主人表示歉意，再退席离开。

二、中餐礼仪

中餐是中国风味的餐饮菜肴。中餐所指的是具有中国特色的，按照传统方法制作的，为中国人日常生活所享用的餐饮和食品。

中餐礼仪是中华饮食文化的重要组成部分。据文献记载，在周代，饮食礼仪已形成一套相当完整的制度，后因受到曾经任鲁国祭酒的孔子的称赞推崇而成为历朝历代展现大国之貌、文明之邦的重要内容。

（一）桌次礼仪

中餐宴请中，多以圆桌为主，桌位的摆放不同，其尊位也有所不同。

① 两桌组成的小型宴会，根据场地情况分为横排和竖排两种摆放形式。

横排时，由面对正门的位置来决定，以右为尊，左次之。即面对大门右边的餐桌比左边的餐桌更尊贵（图3.27）。

竖排时，以与正门距离进行参考，讲究以远为上，以近次之。即距离正门远的餐桌比距离正门近的餐桌更尊贵（图3.28）。

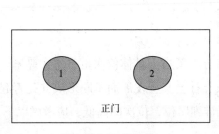

图3.27　两桌桌次

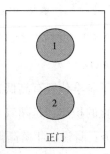

图3.28　两桌桌次

② 三桌或三桌以上的宴会成为多桌宴会，在安排桌次时要同时兼顾"距离"与"主桌"。

多桌宴会一般以最靠近前面或居中的餐桌为主桌。多桌宴会在进行桌次安排时，注意"以右为尊，以远为上"的原则，也有将主桌安排在所有桌次的中心。同时，还要兼顾其他餐桌与主桌距离的远近，一般离主桌距离越近，说明桌次越高，离主桌距离越远，说明桌次越低（图3.29）。

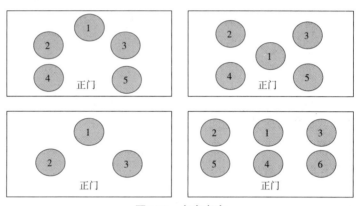

图3.29 多桌桌次

举行多桌宴请时，每桌都要有一位主人的代表在座，其位置一般和主桌主人同向，也可以面向主桌主人。

【礼仪小知识】

古代宴请礼仪中的"三请三辞"之礼

明朝时，意大利传教士利玛窦来到中国游历，他在《利玛窦中国札记》中记录了一则有趣的礼俗。

第一次邀请叫"礼请"，受邀的客人要推辞，叫"礼辞"；

第二次邀请叫"固请"，表明主人确实想要邀请客人，此时如果客人愿意，就接受邀约。如果无法接受，叫"固辞"；

第三次邀请叫"终请"，是主人慎重考虑，并很希望客人答应邀约。如果再次推却，叫"终辞"，表达了客人最终的态度。

（二）位次礼仪

宴请时，除了餐桌位置有高低之分，餐桌上具体位次也有主次尊卑。宴请的座次安排是中国传统文化的积淀，是随着人类社会文明发展而不断形成并完善起来的。中餐宴请时习惯按照职务、身份、年龄高低排列席位，位次的高低，应考虑以下几点：

① 以主人的座位为中心，即主人坐在正对门的位置。如果女主人参加时，则以主人和女主人为基准，近高远低，右上左下，依次排序。

② 主宾安排在最尊贵的位置。即主人右边的座位，主宾夫人安排在女主人右边的座位。

③ 主人方的陪客，尽可能与客人相互交叉入座，便于席间交谈。

④ 各餐桌上的位置的尊卑，应根据与该桌主人距离的远近而定，以近为上，以远为下。

⑤ 各餐桌上座位与主人距离相同时，以右边为尊，左边次之。即以主人面向为准，右边的席位高于左边的席位。

⑥ 翻译通常安排在主宾的右边座位。

圆桌位次会根据主人人数的不同，座次也有所不同。

若餐桌上只有一位主人，主人右边为主宾，左边为第二主宾，以此顺位安排座次（图3.30）。

若餐桌上分别为男女主人，男主人坐在与门正对的座位，女主人坐在与男主人正对面的位置，主宾和主宾夫人分别坐在男女主人的右边座位（图3.30）。

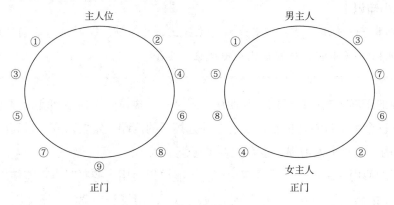

图3.30　中餐座次

（三）点菜

在宴请前，对于菜肴要再三斟酌，不仅要吃饱，还要吃好。在点菜时，优先考虑的菜肴有以下几类：

1. 有中餐特色的菜肴

对于具有鲜明中餐特色的菜肴，如炸春卷、煮元宵、蒸饺子、烤鸭、麻婆豆腐、宫保鸡丁等。

2. 有本地特色的菜肴

有特色的菜肴比千篇一律的菜肴更受欢迎，宾客更能体验当地美食文化。如湖南的毛家红烧肉、上海的红烧狮子头、北京的涮羊肉等。

3.本餐馆的特色菜

大部分餐厅都有自家的特色菜，特色菜往往也是餐厅里最值得品尝和质量最佳的菜肴。

同时，在安排菜单时，还要考虑来宾的饮食禁忌，一是宗教的饮食禁忌；二是出于健康考虑，某些菜肴也有所禁忌；三是区域不同，宾客的口味差异大，如川、渝、贵等地的口味就偏麻辣。

（四）餐具使用

中餐使用的餐具通常包括筷子、餐勺、碗、碟等，不同的餐具使用方式、功能等各不同。

1. 筷子

筷子，古称箸、梜，通常由竹、木、骨、瓷、象牙、金属、塑料等材料制作。筷子是华夏饮食文化的标志之一，也是世界上常用餐具之一，其发明于中国。目前发现的最早的筷子是河南省安阳市殷墟出土的铜筷子。

【礼仪小知识】

《韩非子·喻老》言："昔者纣为象箸，而箕子怖。"纣王为商朝末期的国君，可见3 000多年前的中国就已经出现象牙筷子。

① 握筷的正确方法：筷子的正确使用方式是右手执筷，大拇指和食指捏住筷子上端1/3处，另外三个手指自然弯曲扶住筷子，并且筷子的两端一定要对齐。过高或过低握筷都是不规范的。由于个人习惯，也存在左手握筷。

② 筷子的使用禁忌：筷子是成双使用，不能单根使用。待餐时，不能使用筷子敲打桌、碗等；不能将筷子插入饭碗中；就餐过程中，使用筷子夹菜时，不能在菜肴里挑来挑去、上下翻菜；夹菜前，不能用嘴先舔舐筷子再夹菜；不能拿筷子指人；在汤菜中，不要用筷子在汤菜里夹菜。就餐结束，筷子不能两根分开放。

2. 餐勺

中餐的勺子主要用来喝汤和羹，不宜用来进食，有时也可用勺子辅助筷子取菜。使用餐勺应注意以下几方面：

① 未使用餐勺时，餐勺置于食碟上，不可直接放在餐桌上，或者放于菜肴上。

② 用餐勺取食时，不可过满，防止滴漏。在舀取食物时，可在原地稍作停留，汤汁不再下流时，再盛到碗里享用。

③ 用餐勺取食后，要放进自己碗内或立即食用，不要再把它倒回原处。如所取之食过烫，不要在菜碗里舀来舀去，更不要用嘴对着吹，可以先舀到碗里放凉后再享用。

④ 当汤碗中放有公勺，盛汤要用公勺，使用后放回汤碗中。

3. 碗

碗，在中餐里主要是盛放米饭、菜肴、汤、羹等之用，在宴请时碗的注意事项如下：

① 碗内若有剩余食物时，不可将其倒入口中，或用舌头舔食。

② 不能将碗倒扣，放在餐桌上。

③ 在盛汤时，可将碗适当端于汤碗旁盛汤，避免盛汤过程中滴落在其他菜肴上。

4. 盘子

盘子，中餐里称骨碟，通常比较小，它起着中转的作用，既可以暂放从餐桌上取回的菜肴，也可以盛装骨头、刺等食物残渣。使用骨碟时，注意以下几方面：

① 不要一次性盛放过多的菜肴，既影响美观，又有欲壑难填之嫌。

② 不要将食物的残渣、骨头、刺等直接吐到餐桌上或骨碟里，而应用筷子夹放到骨碟里。

③ 骨碟不要用来盛装米饭。

（五）上菜顺序

中餐上菜顺序是按照：冷菜→例汤→热菜→汤→面点→水果（一般是先冷后热、先高档后一般、先咸后甜）；先上调味品，再将菜端上来；每上一道新菜都要转向主宾前面，以示尊重。

在上整鸡、整鸭、整鱼时，应注意"鸡不献头、鸭不献掌、鱼不献脊"，上菜位置通常在陪同（或副主人）右边，严禁从主人和主宾之间上菜。

宴会在开餐前8分钟上齐冷盘，上冷盘的要求是：荤素搭配，盘与盘之间距离相等，颜色搭配巧妙；所有冷菜的点缀花垂直面向转盘边缘，入座10分钟后开始上热菜，并要控制好出菜和上菜的快慢。

【礼仪小知识】

古人的菜品摆放之序

"凡进食之礼，左肴右胾，食居人之左，羹居人之右。脍炙处外，醯酱处内，葱渫处末，酒浆处右，以脯修置者，左朐右末。"就是说在餐桌上，切过的肉放在左边，带骨头的大块肉放在右边。饭放在客人的左边，羹汤放在右边，细切的鱼肉和烤肉放在外侧，醋和酱放在内侧，葱放在最外边，酒浆放在客人的右手边。如果要放肉干，则弯曲后再放在左边，末端部分放在右边。

（六）进餐礼仪

在宴请就餐过程中，要注意个人就餐礼仪。

1. 进食无言

在中国传统文化中，讲究"食不言"，是指在就餐的时候不要说话分散注意力，不能嘴里含着食物说话，这样显得很不礼貌；在就餐过程中，不要大口喝汤、咀嚼食物时发出怪声等；要细嚼慢咽，不可狼吞虎咽。"当食不叹"是指在就餐过程中，不能在餐桌上唉声叹气，这样会破坏就餐气氛。

> **【礼仪小知识】**
>
> "勿流歠、勿咤食、勿啮骨。"——《礼记》
>
> 大致意思是不要大口喝汤、吃菜时不要发出怪声、吃带骨头的肉时不要啃出声响。

2. 席间交谈

宴请还未正式开始前，可与同桌宾客自然交谈，切记只和相熟宾客交谈，同桌相互不认识的宾客，可先做自我介绍，相互认识。当有其他宾客滔滔不绝时，不要急于插话，可安静聆听，适时点头表示赞同。

3. 饮酒礼仪

① 斟酒。斟酒时应按顺时针进行斟倒，先为主宾、尊者斟倒。斟酒时左手握住酒杯，微微倾斜，右手握住酒瓶，沿杯壁缓缓斟倒。

② 接酒。当主人或其他宾客斟酒时，客人应端起酒杯，可起身站立或欠身点头致谢。

③ 敬酒。俗话说"无酒不成席"，宴席间相互敬酒可以增加宴会气氛。当主人向集体敬酒、说祝酒词的时候，所有人应该一律停止用餐或喝酒。主人提议干杯的时候，所有人都要端起酒杯站起来，互相碰一碰。按国际通行的做法，敬酒不一定要喝干。饮酒前，主人通常会说明宴会的主题，以及祝愿话语，表示对来宾的欢迎，祝酒词越精练越好，切忌长篇大论。敬酒者，应起身站立，右手端酒杯，左手托杯底，面带微笑，并致以简短祝福。如果是给长辈或者领导敬酒，应该端上酒杯走到其座位前敬酒。

无论在任何场合饮酒，都要保持适量原则，切记争强好胜、一醉方休，更要遵循"喝酒不开车、开车不喝酒"的交通规则。

> **【礼仪小知识】**
>
> "盥洗扬觯，所以致洁也。拜至，拜洗，拜受，拜送，拜既，所以致敬也。尊让洁敬也者，君子之所以相接也。"——《礼记·乡饮酒义》
>
> 大致意思是：洗过手以后再洗酒杯，然后才举杯饮酒，这是为了表示清洁。宾至而主人拜迎，主人洗酒杯而宾拜洗，主人献酒而宾拜受，宾接受献酒而主人拜送，宾饮酒毕而主人拜谢干杯。这些都是为了表示对对方的敬意。彼此尊重和谦让，饮食清洁卫生，互相致敬，君子的交往就应当如此。

（七）就餐细节

① 开餐前，要等主人或者长者动筷，其余宾客方可动筷。

② 让菜不布菜，可以为同桌宾客推荐菜肴，切记自作主张为宾客夹菜盛饭。

③ 当同桌宾客正在夹菜时，可为其按住转盘，切记有同桌宾客正在夹菜，突然转动转盘夹自己想要的菜品。

④ 遇到自己喜爱的菜肴不要全往自己碗里夹，不可将菜肴夹到碗里堆积如山。

⑤ 够不到的菜肴，可以半起身夹菜，或请邻座帮助。

⑥ 就餐过程中，如需剔牙、打喷嚏等，需身体侧向一侧，用双手将口鼻遮住。不要当众修饰仪表，需要整理头发、修补妆容等，可到洗手间整理。

⑦ 若宾客进食较慢，主人要一直陪着吃得较慢的客人，直到所有宾客用餐结束。

三、西餐礼仪

俗话说，"中餐吃热闹，西餐吃情调"。随着全球经济一体化，中西文化在不断地渗透与交融，西餐厅所营造的浪漫、典雅、安静的氛围，也逐渐为人们所喜爱。西餐文化源远流长、讲究规矩、注重礼仪，学习西餐餐饮礼仪是很有必要的。

（一）桌次礼仪

西餐的座次排列要讲究以下规则：

① 恭敬主宾。在西餐礼仪中，主宾的身份最为尊贵。即使到场宾客中的地位、身份、年龄都高于主宾，但主宾仍然是主人关注的中心。在排位时，主宾应该坐在男女主人的右侧。

② 女士优先。在西餐礼仪中，女士的地位尤为尊贵。在安排席位时，主人位一般为女主人就座，男主人则入座第二主人位。

③ 以右为尊。在安排席位时，尊位依旧是在右边，如应安排男宾坐在女主人右侧，安排女宾坐在男主人右侧。

④ 正门为上。是指主人位的位置是与门正对的位置。通常在排位时正对门的座位要比背对门的座位更尊贵。

⑤ 距离定位。一般来讲，西餐排座时与主宾距离的远近，就是座位的尊贵程度。距离主宾距离越近，其越尊贵。

⑥ 交叉排位。西餐排位中，会将男女在排位时交叉排位，熟人和生人也会进行交叉排位入座。在西方人看来，宴会是拓展人际关系的场合，交叉排位的用意是让同桌的宾客相互了解，增进认识。

在西餐中所使用的餐桌大部分为长桌、方桌和圆桌，不过最常见、最正规的西餐桌是长桌。

长桌。以长桌安排座次时，有两种情况：一种是男女主人在长桌中央对面而坐，宾客坐在餐桌两边，当女主人坐在主人位时，男主宾坐在女主人的右方，女主宾坐在男主人的右方，以此排位；另一种是男女主人分别坐在餐桌两头（图3.31）。

方桌。以方桌安排时，应安排男、女主人和男、女主宾对面而坐。

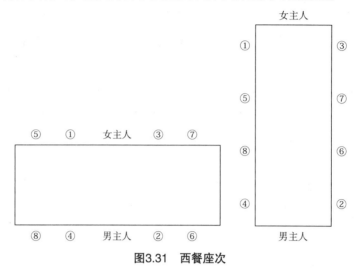

图3.31　西餐座次

（二）西餐的菜序

所谓西餐的菜序，是指品尝西餐时正规的上菜顺序。西餐的上菜顺序较为正规，不仅繁杂多样，而且十分讲究，大多数情况下，西餐往往会有七八道菜肴构成，实行分餐分盘享用。一顿完整的西餐正餐进餐时间约要1~2小时。

① 开胃菜。开胃菜是正餐前用于开胃的爽口菜肴。在西餐菜肴里是最先上桌的，又被称为头盘。大部分情况下，开胃菜是由蔬菜、水果、肉食、海鲜等组成的拼盘。

② 汤。汤是西餐中必不可少的，且具有极好的开胃作用。根据传统的讲究，汤才是西餐的开胃菜肴，只有从喝汤开始，才算是正式开始吃西餐。西餐的汤有多种，白汤、红汤、清汤、奶油汤、蔬菜汤等。

③ 副菜。副菜通常是鱼类菜肴为主，讲究沾专用的调味汁。

④ 主菜。主菜是西餐的核心菜肴。主菜通常有冷菜、热菜，但大多数以热菜为主，比较正规的西餐通常是一份冷盘和两份热菜。在热菜中往往是一份鱼肉，一份牛、羊排。在西餐饮食中，肉菜代表着用餐的档次和水平。

⑤ 蔬菜。又称沙拉，可安排在主菜之后，或者与主菜同时上桌。

⑥ 甜品。吃过西餐的主餐后，根据需要可点如小蛋糕、饼干等的小点心。西餐中最为常见的甜品有布丁、冰淇淋、水果等。

⑦ 热饮。西餐用餐结束后，通常会提供热饮。最常见的热饮通常是黑咖啡。热饮的主要用意是帮助就餐者消化。

西餐中的酒水，会根据菜品的顺序、菜品的种类不同而有所不同，一般有餐前酒、进餐酒、餐后酒三种。

餐前酒也称开胃酒，是在正式用餐前饮用的，一般分为味美思、比特酒、茴香酒三类。

　　进餐酒是正餐时饮用的酒水，通常是葡萄酒。正式西餐，酒随菜的不同而不同，通常遵循"白酒配白肉，红酒配红肉"的原则，这里的白肉是指鱼肉、海鲜、鸡肉等白色肉类，一般搭配白葡萄酒；红肉则指牛、羊、猪肉等红色肉类，一般搭配红葡萄酒。

　　餐后酒通常是有助于消化的酒，或者搭配餐后甜点的甜食酒。甜食酒的主要特点是口味较甜，一般搭配甜品饮用，代表酒有波特酒、雪利酒、马德拉酒。

　　饮用不同的酒水会使用不同的酒杯，取用的顺序是依次从外向内取用。

（三）西餐餐具

　　西餐在就餐过程中所使用的餐具和中餐所使用的餐具完全不同。在西餐的餐具中，最具有代表性和使用最多的为餐刀、餐叉、餐勺、餐巾等。

1. 刀叉

　　① 刀叉的类别。在正规的西餐宴会上，品尝每道菜要使用专属餐具，通常是吃一道菜换一副餐具，不可乱用。根据食物的不同，刀叉的形状也有所不同，有吃鱼专用的刀叉、有吃牛排专用的餐叉、有抹黄油专用的餐刀，有吃甜品专用的刀叉。

　　② 刀叉的使用。西餐的主要餐具是餐刀、餐叉，两者既可以配合使用，也可以独立使用。餐刀主要用于分切肉类、面包等。餐叉是用于叉食或取食。刀叉并用有两种就餐方式：英式和美式。英式的使用方式是右手持餐刀，左右持餐叉，一边切割食物一边取食，就餐过程十分优雅。美式的使用方式是右手持餐刀，左右持餐叉，一次性将食物全部切好，然后用右手拿餐叉就餐。西餐就餐时不能用餐刀挑食物吃，就餐动作要优雅，不能出现刀叉与餐具之间的摩擦声。

　　③ 刀叉的摆放。刀叉的摆放很有讲究，刀叉纵排放于餐盘两侧，一般是餐刀在右，餐叉在左，刀刃朝向左边。使用时，根据菜肴的顺序从两边由外向内取用（图3.32）。

图3.32　西餐餐具的摆放

　　④ 刀叉的暗示。西餐中，服务员通常是提前训练过，因此会根据宾客所摆放的餐刀餐叉来进行服务。若餐盘中食物还没吃完，要继续用餐，则餐刀餐叉会成"八"字形摆

放在餐盘上；若餐盘中还剩余些食物，而宾客不想继续享用，需要撤下餐具和食物，餐刀餐叉则会刀右叉左，刀刃朝内，叉齿向上并排纵放在餐桌上，或是刀上叉下并排横放在餐盘上。

2. 餐匙

餐匙是品尝西餐时一种不可或缺的主要餐具。在西餐中有两种餐匙：一是汤匙，其形状较大，通常摆放在右侧餐刀的最外端，与餐刀并列摆放，用作盛羹汤；第二种是甜品匙，通常摆放在餐盘的正上方，用作食用甜品。

餐匙除了可以在饮汤、羹和甜品外，不能直接去舀红茶、咖啡以及其他主食、菜肴。使用汤匙时要干净利落，不要在汤、甜品或者红茶、咖啡之间搅拌。已经使用过的餐匙不能再放回原处，也不能将其插入菜肴、糕点中，正确的做法是将其暂时放在餐盘上。

3. 餐巾

餐巾通常被折叠成帆船、荷花等造型，或系上餐环摆放在餐盘上。餐巾是为了预防调味汁滴落，弄脏衣物，或用于用餐结束擦拭嘴巴。一般在入座后，将餐巾取出对折成三角形，将褶线朝向自己，餐巾平放在大腿上。不能将餐巾系在脖子上，或塞进领口。值得注意的是，餐巾不可用来当毛巾使用，不能擦汗、擦脸、擦手臂，更不能用来擦餐具等。若中途要暂时离开座位，可将餐巾随意叠好放在座椅的椅面上，表示稍后便会回座。用餐完毕，先把餐巾随意叠好，再把餐巾放在餐桌的左侧，便可起身离座。

（四）进餐礼仪

① 入座时，男士和女士一同用餐，男士应为女士拉椅让座，以显绅士风度。

② 喝汤时，不要发出咂嘴的声音。用汤勺舀汤时，汤勺从里向外舀。

③ 吃面包时，若面包为硬面包，可先将面包切开，再用手掰成小块送入口中，抹黄油和果酱时，先将面包掰成小块再抹。不要拿整块蛋糕去咬。若面包为软面包，无须刀切，直接用手掰成小块送入口中。

④ 交谈时无须将餐刀餐叉放下，可以一边拿餐刀餐叉，一边交流。

⑤ 吃肉类时，一般从左至右，大小以一次入口为宜，用餐刀、餐叉切割后进食。

⑥ 西餐就餐过程中，保持安静、文雅的交谈，切忌高谈阔论或大声呼叫服务员。

⑦ 女主人要一直陪着吃得较慢的客人。用餐完毕，再把餐刀、餐叉并排横放在餐盘上。

交流拓思

八仙桌的传说

中国古代的餐桌雅称为八仙桌，刚好可以坐下八人。

相传吕洞宾、铁拐李等八仙云游到画圣吴道子家中，吴道子正在家中作画，得知八位神仙来家中做客，赶紧邀请进屋内海阔天空谈论起来。眼看天色已晚，吴道子邀请八仙留下来吃饭，突然发现家中没有一张能让八仙全部坐下的桌子，吴道子挥毫泼墨画出一张四四方方的桌子赶紧命下人制作，正好能坐八人，于是八仙高高兴兴地吃起饭来。吕洞宾问吴道子："吴先生，这桌子倒是好用，叫什么名字？"吴道子想了想，说道："我为你们到来而制作的桌子，叫它八仙桌吧！"

八仙桌的来源仅是一个传说。几案类家具的历史至少可以追溯到有虞氏的时代，当时称为俎，多用于祭祀，案的名称在周代后期才出现，宋高承选《事物纪原》载："有虞三代有俎而无案，战国始有其称。"桌子的名称在五代时方才产生。明清盛行，无论是达官显贵还是平头百姓几乎家家都可以寻到八仙桌的影子，甚至成为很多家庭中唯一的大型家具。

思考：餐桌从座位数量上区分，可以分为哪些？各自适合什么场合？

职场模拟

一、正确的位次礼仪

职场场景：小赵是某公司的实习生。晚上，部门为小赵举办欢迎宴。小赵提前半小时到了餐厅，他发现餐桌上领导的座位名牌放错位置。小赵立刻联系了部门的张经理，张经理告诉了小赵晚上出席的领导和同事，并请小赵立刻调整。如果你是小赵，你会怎么安排餐桌的位次？

模拟要求：根据情景，两两同学一组进行职场模拟，最后进行模拟过程总结。

二、部门主管的疑惑

职场场景：李娟到公司实习的第一天，部门主管将李娟叫到了办公室。部门主管得知李娟读大专时辅修了西餐课程，公司即将接待几位外国客人，想了解关于西餐的就餐礼仪。

模拟要求：根据情景，两两同学一组展开角色模拟，要求根据西餐用餐礼仪进行模拟，最后进行模拟过程总结。

评价考核

目标达成考核表

内　容		评　价	
学习目标	评价内容	小组评价 （5、4、3、2、1）	教师评价 （5、4、3、2、1）
德	积极乐观向上的人生态度		
	真善美的品德		
	敬业、乐业的职业道德操守		
知	宴请的形式		
	中餐、西餐的就餐礼仪		
	正确的宴请礼仪、中西餐的就餐差异		
行	在职场中运用中西餐就餐礼仪		
	正确的宴请座次安排		
努力的方向：		建议：	

拓展阅读

中西方餐巾（口布）的使用

餐巾，又称口布，在餐饮中起着装饰、美观、预防油汁等作用，但不能用来擦汗或者擦拭鼻涕。在实际应用中，中餐和西餐的餐巾摆放、折叠造型、使用方式既有相似处又有差异性。

中餐餐饮中，餐巾通常会被折叠成不同造型插入水杯中。在使用时大部分餐厅会将餐巾一角用餐盘压住，其余部分自然垂放到就餐者腿上。餐巾最主要的用途还是桌布的一部分，用来避免食物、油汁等溅落到身上。

西餐餐饮中，餐巾在开餐前通常折叠成不同造型或用餐环相套摆放在餐盘中。主人落座后，把餐巾铺在腿上，表示宴会开始，其他客人也打开餐巾放在腿上。除小孩儿外，餐巾一般不围在脖子上。

学习项目四　沟通礼仪

任务一　倾听礼仪

故与智者言，依于博；与博者言，依于辨；与辨者言；依于要；与贵者言，依于势；与富者言，依于高；与贫者言，依于利；与贱者言，依于谦；与勇者言，依于敢；与愚者言，依于锐。

——出自《鬼谷子·权篇》

扫二维码
看翻译

【赏析】

鬼谷子先生指出：“与聪明人说话，要依于博大精深；与渊博的人说话，要依于逻辑思辨；与逻辑思维能力强的人说话，要依于简明扼要；与高贵者说话，要依于宏大的气势；与富人说话，要依于高雅；与穷人说话，要依于利益；与地位低下的人说话，要依于谦虚；与勇敢的人说话，要依于果断；与有过失的人说话，要依于进取。”

教学目标

德　①善于和不同角色的人沟通，能应变自如；

　　②增进人与人之间的思想和情感的交流。

知　①了解倾听的含义，掌握倾听的过程和作用；

　　②了解沟通中需要的倾听礼仪；

　　③掌握倾听的原则和技巧，培养倾听的习惯和能力。

行　①能够把所学的沟通礼仪知识运用于实践；

　　②能够内强素质，外塑形象，强调沟通与互动；

　　③能够把学到的知识运用到实际工作和生活中。

课堂导入

学会倾听，是对别人最好的尊重

乔·吉拉德是美国知名的汽车"推销大王"，他一生卖出去1万多辆汽车，其中有一年就卖出1425辆，平均每天卖出近4辆车，这一成绩创造了汽车销售界的纪录。然而，在如此成功的销售生涯中，有一次失败的经历是让他难以忘怀的。

一天下午，一位男士向他买车，乔·吉拉德运用他高超的口才，向那位男士介绍汽车，眼看就要签单了，对方却放弃了购买，走出了4S店。对于这位顾客的突然放弃，吉拉德感到莫名其妙，他怎么也想不出问题出在了哪里。当天深夜11点钟，他忍不住给那位顾客打电话："先生，您为什么不买我的车呢？是不是我哪里做得不够好，引起了您的不满？""现在是晚上11点钟。"对方不耐烦地说。"我知道，真的很抱歉，但我想做个比别人更好的推销员，你愿意指正我的不足吗？"顾客："真的？"吉拉德："绝对！"顾客："好，你在听吗？"吉拉德："非常专心！"顾客："但是今天下午你并没有专心听我讲话。"顾客告诉吉拉德，今天下午他本来下定决心买他的车，可是在签单的最后一分钟，他犹豫了。因为当他在沟通中，提到自己的儿子将要进入密歇根州立大学，准备当医生，而且他很有运动才能时，吉拉德露出了不在乎的眼神，似乎一点兴趣都没有。当时吉拉德在干什么呢？他一边准备收钱，一边在听办公室外面另一位推销员讲笑话。

是的，正是因为吉拉德没有认真听顾客讲述的那些话，引起了顾客的不满，最后顾客放弃了签单，原因就这么简单。一次不专注的倾听造成了一次营销的失败。这对于营销人士来说，无疑上了一堂深刻的"倾听课"。

思考：案例给你怎样的启示？

精讲点拨

一、倾听的技巧

教育家卡耐基说："做个听众往往比做一个演讲者更重要。专心听他人讲话，是我们给予他的最大尊重、呵护和赞美。"每个人都认为自己的声音是最重要的、最动听的，并且每个人都有迫不及待地表达自己的愿望。缺乏倾听往往导致错失良机，产生误解、冲突，做出拙劣的决策。"水深不语，人稳不言"。管住自己的嘴巴，不说无意义的话。适时的沉默，是一种修养，更是一种境界。

倾听是一门艺术。在与人交往沟通中，个人的行为、语言、表情、心理均应处于平静状态，把精力聚焦在完全倾诉或交流的一方；耐心听取对方把话说完，并用满腔的热忱表示对话题产生浓厚的兴趣。学会倾听是对别人最好的尊敬，更是对他人的一种赞美。倾听别人，也是尊重自己！

（一）领会内容

倾听是对话沟通的纽带，抓住倾听的要点，领会倾听的内容，是有效倾听的关键。很多人之所以不懂得倾听，首先是不够尊重谈话对象。殊不知，当不专心倾听时，对方会敏感察觉。"尊重感就像空气，当它存在时，没有人会想到它。但是当你把它拿走，人们的脑袋里面想的就只有尊重。"就算没有语言上的冒犯，也可以从对方的肢体动作、表情和反应中，感受到真正的用意和情绪。

（二）专注于对方

因为熟悉就不需要努力经营彼此的感情——这是一种误解。倘若能够意识到这一点，就会注意自己的行为，古话说，"人熟理不熟"，不管怎样也要施礼，这样做就会使自己与人沟通交谈时专注于对方，倾听对方的述说。每当我们坐下来与人交谈时，那就先交出我们的耳朵，同时也交出我们的真心和专注，一起来感受倾听的无限魅力吧！

【案例赏析】

某父亲是位知识分子，为人古板，不喜与人交往，每次儿子的熟人来了，父亲就独自躲到书房，很少与人打招呼。

一次，儿子的三个高中同学来到家里。大家一见面分外亲热，其中有两位喜欢下棋，闲谈中都是些关于围棋的术语、行话，而另外一位对"黑白世界"一无所知，无聊中去了父亲的书房。外边二位在棋局上杀得天昏地暗，等玩够后，才从书房中把那个同学叫出来，令儿子吃惊的是，老父居然送出房门，还问儿子为什么不留他们吃饭，临行还一再叮嘱："以后有空常来玩。"在儿子的记忆中，这是父亲第一次留他的同学吃饭，而且从那以后还经常问及那位同学的情况。

儿子在惊叹之余，问及同学怎样赢得父亲的欣赏。结果那同学说："没什么呀！你们下棋我不懂，就去到你父亲书房，见你父亲在看一本水利方面的书，就问你父亲是否是搞水利的，然后就好奇地问他长江大桥的桥墩怎么做的，你父亲就给我讲解，如何先将一个大铁筒插进去，将里面的水抽干，挖出稀泥，打地基，直到做好干透，再将铁筒抽掉，你父亲在说，而我只是认真听，也没说什么。"

思考：这位同学赢得父亲欣赏的原因是什么呢？

（三）虚怀若谷

在各种场合要做到谦虚谨慎，待人真诚友善，保持静穆的心态，多听他人说话。善于和自己持不同观点的人交换意见，做到"眼观六路，耳听八方"。这样与人交往沟通就有了坦诚、友好的基础。因为每个人都是愿意和有礼有节、明白事理的人在一起学习、工作和生活。和随和友善的人交往，像沐浴在春天里，温暖身心；似冬日里漫天飞舞的雪花，滋养心情。彼此可获得纯真的友谊和信任，探索和发现说服对方的切入点，激发谈话的欲望，获取更多更重要的信息，同时也能改善自身的弱点和不足。

（四）了解对方需求

大家都知道，每一个顶尖的销售都是最优秀的表达者，因为他们在靠说话吃饭的行业做到了顶尖。但是，你们知道吗？有数据显示75%的顶尖销售人员在心理测试中被认为是性格内向的人。在销售中，他们用70%的时间来倾听客户，用30%甚至更少的时间来表达和询问客户的问题！这些顶尖的销售，最优秀的表达者们，告诉我们一个非常重要的信息——多听少说，会帮助我们更好地实现沟通目的！

开口之前先学会倾听。了解对方的需求之后再开口，这样才能保证我们所说的话题跟对方是同频的，表达才会是有效的，只有对方听得进去，他才会愿意继续听你说。

也许你想成为一个会说话的人，因为那样看起来很潇洒。善于说话需要掌握说话的分寸，同时也要照顾到对方的感受。成为一个会倾听的人，那就容易多了，你只需要投入到对话当中，认真倾听，偶尔点头示意，把自己钻进对方妙语连珠的匣子里静静地欣赏，不要岔开话题，就是一个"好听众"。也许你会认为人际场上能说会道的人最受欢迎。其实，善于倾听的人才是真正讨人喜欢的人。

二、倾听的八大禁忌

在缤纷的社会上，每个人都在寻找属于自己的位置，这就需要懂得一定礼仪知识，同时要学会使用礼节。水，看似柔顺无骨，却能变得气势磅礴，波涌浪叠，无比强大；水，看似无色无味，却能挥洒出茫茫绿野，累累硕果，万紫千红；水，看似自处低下，却能蒸腾九霄，为云为雨，为虹为霞。在与人沟通交往过程中，要注意避免以下禁忌。

（一）心不在焉

在说话的时候，大家最介意什么？我说得激情澎湃，你却听得心有挂碍。如东张西望、左顾右盼、乱写乱画、胡乱摆弄手指、看手表等，这些小动作传递给对方的信号是："我对你所讲的内容不感兴趣，快点说完吧！"行为中透露出不尊重对方的表现，无形中挫伤对方谈话的积极性和连续性，导致沟通交流的中断，涵养也丢了一地。

所以当听别人说话的时候，我们一定要看着对方的眼睛，让对方充分感受到，我在认真听你讲。同时可以做适当反馈，用一些肢体动作，如点头、微笑等在不打断对方的情况下进行一些情绪上的反馈；对方讲完一个观点，你可以简单提问，表示我很重视你的发言。这些正向的反馈会给对方带来极大的自信和安全感，从而建立对你的好感。

（二）讲话过多

在与对方交谈或会议中，谨慎的人从开始一直到结束，除了必要的反馈和询问之外，尽量少说话或不说话，以免喧宾夺主。话说多了会有锋芒毕露的现象，也常有言过其实之嫌；话多讲了可能变成了夸夸其谈，油嘴滑舌；话说过了导致言多必失，祸从口出。而仔细倾听能有效避免这些问题，减少不成熟的评论，避免不必要的误解，所以善于倾听的人常常会有意想不到的收获。

（三）话题扯远

在交谈过程中，用相关的话题提问能引导和激发对方的谈话兴致，鼓励对方继续说下去，同时也能表明对方在认真倾听。但如果所提及的问题，牛头不对马嘴，打扰和干扰了对方的说话，甚至把话题扯远，扰乱了对方的谈话思路，使他无法完整地表达观点，达不到预计的交谈效果，让对方产生一种不被尊重的感觉。

（四）随便插嘴

谁都不希望自己在说话时突然被他人插话而打断。一方面，话语一旦被他人打断，话路很难接回原点，影响了继续说下去的心情；另一方面，据心理学家研究表明，人都有"完成任务"的心理倾向，都喜欢把某一件事情彻底完成之后，再接着做另外的事情。说话也是如此，一个人在说话时，如果还没有把心中想说的话完全表达出来，就被戛然终止，心里是不舒服的。因此，在倾听别人说话时，不要随便插嘴。

【案例赏析】

　　继《中国诗词大会》之后，董卿亲自策划、指导、全程跟进和主持的节目《朗读者》再度刷屏，成为现象级的文化景观。为此，2017年夏"大学生电视节"举办期间，应母校华东师范大学之邀，董卿特地飞回上海，参加了"朗读者现象讨论会"。

　　作为当之无愧的主角，董卿在座谈会现场却显得极不起眼，整整一上午的时间，她都托着下巴，全神贯注地听着与会其他专家、学者、业内人士的发言，边听边做笔记，即便是对某些意见并不十分认同，也没打断过任何人。

　　在倾听的过程中，她记录下了专家们给出的中肯建议，也记录下了大家提到的一些问题，积极思索，认真考量，在轮到她发言的时候，她做出了简短、有力且条理清晰的回应，让所有人都感觉到了被重视、被尊重。

讨论：请结合案例谈谈倾听和修养的关系？

（五）急于下论断

在交谈过程中，说话者停下来并不表示他们已经把想说的话都全部说完了。而应该在确定对方完整的意思后再做出反应，让对方把话说完整，不轻易下论断，这既表明了我们对沟通内容的重视，又表明了对说话者的尊重。真正让别人欣赏的状态，是花时间聆听对方所表达的内容，吸收自己欠缺或偏颇的观点。越自卑的人越容易表现出傲慢，容易玻璃心，需要被认可，对别人的建议极度敏感；越自信的人越谦虚，越能接纳直接的意见，渴望知道自己的短板，不过分在乎别人的定义。不急于表达自己的优势，是一种成熟，不要因为我们的自卑影响了我们的谦卑。

在听对方说的过程中，我们要从大量的信息中提取我们需要的信息，比如，对方是哪里人？兴趣爱好是什么？最近比较关心的问题等，这些信息会帮助我们在对方和自己之间找到连接点，比如我们同样喜欢足球，我们都是南方人，我们都有海外生活经历等，从这些连接点切入你的谈话，自然能够引起对方的兴趣。

（六）妄加评判

随便对说话者的观点或立场评头论足是倾听者的大忌。在倾听别人说话时，我们的任务就是理解对方的体验、感受、态度或观点。如果确实要说，可以在对方说完之后，简单发表一下自己的看法。不要评判对方说得正确与否，尤其不要随意评价对方说得没有道理，否则只会引起对方的反感和厌恶。

（七）乱提建议

倾听只是为了让对方把他想说的东西讲出来，与人分担。但是在现实生活中，有些人总是试图去为别人解决问题，而非专心致志地聆听。很多时候，倾诉者需要的并不是如何解决问题，而只是一个倾听者。"我并不需要他来解决我的问题。我想要的只是一双同情的耳朵。"当然，这并不意味着我们要完全放弃提供建议，能够为对方提供切实可行的建议当然是好事，但关键是要先仔细、认真地听，即使要提建议，也应该在对方把话说完之后。这样一方面我们已经完全了解了情况，能够提出更恰当、更合理的建议；另一方面，对方把他想说的话说完之后，才有可能静下心来，平心静气地考虑我们的建议。

（八）自以为是

不要以为抢了别人的发言他真的不在意，除非他不想发言；不要以为他嘴上不在意就真的不在意，除非他心理真的不在意。在交往沟通中不要把自己当成是对方肚子里的神仙，以为知道对方在想什么。而应该仔细倾听他们所说的每一句话、每一个字，通过对方的言语表情，绘声绘色地说讲，来判断他们最关心的问题，征得对方的认同，根据他们的需要提出合理化建议，只有这样，倾听才能收到事半功倍的效果。

交流拓思

一、一代明君李世民

有一次，唐太宗李世民问大臣魏征说："历史上的国君，为什么有的人明智，有的人昏庸？"

魏征说："多听听各方面的意见，就明智；只听单方面的话，就昏庸。"他还举了历史上尧、舜和秦二世、梁武帝、隋炀帝等例子，说："治理天下的国君如果能够采纳下面的意见，那么下情就能上达，他的亲信要想蒙蔽他也蒙蔽不了。"

又有一天，唐太宗读完隋炀帝的文集，跟左右大臣说："我看隋炀帝这个人，学问渊博，也懂得尧、舜好，桀、纣不好，为什么干出这么荒唐的事来？"

魏征接口说："一个皇帝光靠聪明渊博不行，还应该虚心倾听臣子的意见。隋炀帝自以为才高，骄傲自满，说的是尧舜的话，干的是桀纣的事，到后来糊里糊涂，就自取灭亡了。"

唐太宗连连点头说："你说得好啊！"

讨论：结合案例，谈谈倾听的技巧有哪些？

二、两个项目协调员

钱多与刘华同一年毕业于同一所大学的建筑系，成绩都很优秀。又同时被聘为王朝建筑有限公司的项目协调员。两人能力相当，业务水平难分高下，不同之处是两人的处事态度。

每次讨论刘华设计的项目时，大伙只要提出点儿什么意见，他总是据理力争，场面有些尴尬，说得别人无言以对。虽然大家都认为他言之有理，但也总觉得他有点傲慢。上级有时委婉点拨其项目的某些缺陷，刘华便引经据典找依据，像是一场辩论赛，使得理论水平不高的上级很难堪。

钱多的态度正好相反，对每个人提出的意见，都认真做记录，一副洗耳恭听的姿态。特别是领导的指示，他十分重视，有不清楚的地方，便反复讨教。参加钱多的项目讨论会，大家都能有畅所欲言的机会，而且大家都乐意将自己的宝贵意见送给他。

钱多经过精心打磨，博采众长，修改后的项目书每次都获得采用。而刘华做出的项目却极少被采用。业绩拉开了他俩的差距，三年后钱多升任公司副总经理，而刘华早在两年前就跳槽了，后来得知他至今还是一个小职员。

讨论：结合案例，谈谈导致两位项目协调员职业发展差异的原因是什么？从案例中你获得了哪些启示？

职场模拟

运用沟通礼仪，处理紧急情况

职场场景：导游在给游客服务时，不小心将导游旗碰到了游客的眼睛。

模拟要求：由学生分别扮演导游和游客，妥善处理这件事情。要求按以下几种情形分别进行模拟训练：a.男导游、男游客；b.男导游，女游客；c.女导游，男游客；d.女导游，女游客。

评价考核

目标达成考核表

内　容		评　价	
学习目标	评价内容	小组评价 （5、4、3、2、1）	教师评价 （5、4、3、2、1）
德	善于和不同角色的人沟通，能应变自如		
	增进人与人之间的思想和情感的交流		
知	了解倾听的含义，掌握倾听的过程和作用		
	了解沟通中需要的倾听礼仪		
	掌握倾听的原则和技巧，培养倾听的习惯和能力		
行	能够把所学的沟通礼仪知识运用于实践		
	能够内强素质，外塑形象，强调沟通与互动		
	能够把学到的知识运用到实际工作和生活中		
努力的方向：		建议：	

任务二 交谈礼仪

文化传承

定公问："一言而可以兴邦，有诸？"孔子对曰："言不可以若是其几也。"

人之言曰："为君难，为臣不易。如知为君之难也，不几乎一言而兴邦乎？"

曰："一言而丧邦，有诸？"孔子对曰："言不可以若是其几也。"人之言曰："予无乐乎为君，唯其言而莫予违也。如其善而莫之违也，不亦善乎？如不善而莫之违也，不几乎一言而丧邦乎？"

——《论语·子路》

扫二维码
看翻译

【赏析】

一言兴邦，一言丧邦。乍一听很有些危言耸听，哪有这样厉害的一句话呢？仔细想一想，尤其是联系到历史的经验和现实的发展来进行思考，"一言兴邦，一言丧邦"的说法其实也并非危言耸听，反倒还很有些深刻性的哲理在其中。虽然语言不像有原子弹那样的威力无比，也不可能像传说中"芝麻开门"那样神奇。但是，语言支配思想，思想决定行动。所以，有时候关键的一句话就是可以起到很大的作用，给学习、工作和生活带来便利。

教学目标

德 ①引导学生树立敬业乐业的积极态度；

②营造和谐欢乐的工作氛围；

③学会尊重他人，尊重自己。

知　①了解语言及语言艺术的特征和作用；

　　②理解语言艺术如何在工作中的巧妙运用。

行　①能够将语言艺术运用到实际工作中；

　　②能够运用语言艺术与人友好交往；

　　③能够掌握在职场上的语言禁忌。

课堂导入

习近平总书记语言"三美"讲好中国故事

语言是思想的外衣。运用优美生动的语言传播阐释先进深邃的思想，是古今中外著名思想家、文学家、政治家的过人本领。习近平总书记作为中国故事第一主讲人，其语言特质和语言艺术能够集中代表和深刻反映中国语言的智慧与风格。

文学艺术之美

在博鳌亚洲论坛2018年年会开幕式上，习近平总书记说："仲春时节的海南，山青海碧，日暖风轻。……海南有一首民歌唱道：'久久不见久久见，久久见过还想见'。"优美的语言、动人的民歌洋溢着明快欢乐的好客之情，折射出新老朋友、各国各族人民风雨同舟、命运与共的亲密关系。

思想理性之美

在上海合作组织成员国元首理事会第十八次会议上，习近平总书记引用孔子"有朋自远方来，不亦乐乎"的诗句，以及"孔子登东山而小鲁，登泰山而小天下"，喜迎远道而来的各国贵宾，不仅让客人们进一步了解了源远流长、博大精深的中华文化，而且很好地宣传和推介了孔子的故乡山东。

世界情怀之美

2018年7月在出访阿联酋前夕，习近平总书记在当地媒体发表文章时说："中国人民自古就明白，世界上没有坐享其成的好事，要幸福就要奋斗。阿联酋'国父'扎耶德总统也说过，'为国家带来进步的不仅仅是石油，还有这个国家人民所做出的努力'。"运用中阿两国人民的共同语言，赞美两国人民共同拥有的奋斗精神、创造精神与追梦精神，从而在中阿人民之间架起一座心灵沟通的桥梁。

语言的文学艺术之美、思想理性之美以及世界情怀之美，不仅清晰表明习近平总书记在运用中国语言讲好中国故事、传播好中国声音方面，为我们树立了光辉典范，生动展现了他高超的语言艺术，而且深刻彰显了中国语言所具有的独特智慧与卓越风格。

思考：结合案例谈谈语言艺术在生活和工作中的重要性。

精讲点拨

一、语言与语言艺术

语言是人类敞开心扉的交流形式，是人类搭架心灵桥梁的快捷方式。如何淋漓尽致、唯美、完善地运用语言这门深奥的艺术非常有讲究。首先我们要知道，语言褒贬涵盖了金玉良言、谗言、忠言、流言、美言和诽言等，人们利用他们在各自的生活中完成着自己的追求。

语言艺术是人类情感交集的抒发，是人类释放悲喜的表达公式。在生活里运用语言艺术天马行空、所向披靡的有之；在情感上运用语言艺术无坚不摧、心想事成也有之。高瞻远瞩的人胸有成竹，一诺千金，老成稳重，从不轻易得罪人，就算有时驳斥他人，也会给自己留条退路，在表达时收发自如不忘高雅；品德高尚的人落落大方，不拘小节；才华横溢的人口若悬河，滔滔不绝，描述事物惟妙惟肖，分析评论娓娓动听，经常可以塑造出真正"此时无声胜有声"的完美境界，由此可见语言艺术之魅力无穷。

二、语言的表现形式

语言通常有三种表现形式：口头语言、副语言和肢体语言。口语使用最多，也是最重要的交际形式；副语言和肢体语言是辅助性的交际形式，也不可或缺。

（一）口语的特征和作用

① 有声性。区分书面语言和口头语言的载体。

② 直接性。说话者和听话者直接相见，不需要中介，双向交流。

③ 瞬间性。心理学认为，一般人听连续的语流，精确地留在记忆里的时间不超过10秒。要求说者尽快地把思维转换成语言，要求听者尽快地把对方的话语转换成认知。

④ 情境性。口语交际有特定的情境，为交际双方提供了直观的背景。

（二）副语言的特征和作用

① 语调。即说话的腔调，就是一句话里快慢轻重的配置和变化，说话人用语调所表示的态度或口气。一句话的词汇意义加上语调意义才算是完全的意义。同样的句子，语调不同，意思就会不同，有时甚至会相差千里。

②语速。强调按语境的要求恰当地运用快速度、中速度和慢速度说话，才能使口语有节奏感和音乐美感，增强语言的感染力。

③重音。加重语气的作用，突出情感，强调重点，如果口语没有重音，会使听者糊涂；若滥用重音，可能会造成错觉。

④停顿。说话人根据实际需要作出的语音间歇。强调的是说话节奏的特殊处理，并非思想、感情的中断或空白，而是为了提示或强调，突出说话人的感情和意图。

（三）肢体语言

伴随着有声语言的出现或单独使用的无声语言，包括人的眼睛、表情、手势、肢体等。强调修饰、渲染等辅助性表情意义的作用，此时无声胜有声。

三、交谈的语言艺术

（一）交谈氛围和谐

①态度谦虚诚恳。谦虚是一种美德，是人类高尚的品质。古往今来，人们给予它崇高的赞美，古希腊哲学家苏格拉底曾说："谦虚是藏于土中甜美的根须，所有崇高的美德由此发芽生长。"我国也有"谦受益，满招损"的古训。在言谈中，谦虚本身就是一种"礼"的表现

②重视"寒暄"。如果是熟悉的同学或朋友，交谈时可以先说说别的一些情况，然后再转入正题；如果是初次见面，相互应作简要的自我介绍，待气氛融洽后，再转入正式的话题。

③声情并茂。交谈之间双方都应相互正视，相互倾听，声情并茂，不要东张西望，左右顾盼，更不要看书报，看手机，发微信，或面带厌倦的表情；也不可做些小动作，如挠头，拉手指等，显得轻率不礼貌。

④注重礼态。交谈的双方都代表各自的身份、修养和受教育的程度。各个职业、各个阶层都有各自说话的特色和调头，但从礼仪的角度，粗糙、肮脏的词语以及不文明的词语、举动要避免，克服一些不良的习惯。

（二）表情亲切自然

谈话的目的是向人传递感情，在言谈中表情对传递感情十分关键。同情还是嘲笑？喜欢还是厌恶？信任还是怀疑？理解还是排斥？这一切都能从表情中找到答案，而无须言语。所以谈话时表情要亲切自然，让人感到一种亲和力。

首先，交谈时眼睛要看着对方。俗话说，眼睛是心灵的窗户，在某种情况下，一个眼神是谈话最佳的辅助方法，它能抵得上千言万语。在使用目光眼神时，视线的方向、注视的频度以及目光接触的时间长短都要适度。长时间盯着对方的眼睛看，会让人不自在，因此，除了关系非常亲近的人之外，一般连续注视对方的时间是在几秒钟以内，否则会引起对方的反感和不安。若学生对老师或下级对上级谈话时，注视对方的时间可适

当延长一些，因为这是一种信任和尊敬的表示。

同时与很多人一起交谈时，不要只盯着某一两个熟悉的人交流，眼神要照顾到每个倾听者，特别是当别人发表言论的时候，要注意眼神的互动和交流。不要在听到某个话题的时候突然表现出惊讶或夸张的表情，这样会中断别人说话的思路，干扰交流的情绪。对于较为沉默的人，可以说些大家都能聊得开的话题，让其参与进来，或是谈到某个话题的时候，刻意征求他的想法，让在座的人都有发言的机会，这样会显得平易近人，一视同仁。

声音中包含着情绪，我们提倡带笑的声音，即微笑着说话。微笑时说话的声音甜美动听，也极具感染力。心情愉悦，声音听起来自然优美动听，所谓"言为心声"。而且情绪是会感染人的，你声音低沉时，对方也会不自觉地用低沉的声音回应你；如果你的情绪激昂，非常愉快，对方也会高兴地回应你。

（三）语调平和沉稳

语调是人们感情流露的一个窗口，高兴、失望、信任、怀疑、紧张、悲痛、狂喜等复杂的感情都会在语调的抑扬顿挫、轻重缓急中表现出来，正如一年有春风和煦、夏日炎炎、秋高气爽、冬雪飞扬一样。语调不但展现一个人的感情世界，也表露了他的社交态度。漫不经心、和尚念经的语调绝不会引起别人感情上的共鸣。因此，交谈时声音的大小、音调的高低、语气的轻重、语速的快慢都要遵循一定的规范。

语速适中才能显得沉稳。语速快，代表干脆、爽快，但也表示不耐烦、激动和紧张，对方能感觉到表达者的热情积极，也体现了说话者性格急躁；语速过慢，则给人的感觉是傲慢、没有诚意或反应迟钝；语速适中，平静中带有活力，有节奏感，对方能感觉到表达者的自信从容。所以，说话速度不要太快或太慢。每个人都有控制语速的能力，一般情况下，语速保持在220~240字/min比较合适。

【测一测】

找一段200字左右的文字，以正常语速念一念，测试一下自己的语速是否合适。

当然，也不是什么情况下都是用一种不紧不慢的语速。要根据不同的场合调整，如谈论比较愉快的事情，就应该使用明快而爽朗的语调；谈论忧伤的事情，就应该使用低沉缓慢的语调；鼓励对方时，应该使用耐心、平和的语调；只有这样轻重抑扬相结合，才便于在言谈中表达丰富多彩的内心世界，抒发真实情感。

（四）语言准确规范

1.语言规范

"语言规范"所包含的内容十分宽泛，通俗点说就是说话要讲究"规矩"，可以口若悬河，但不可信口开河，如果说话人想怎么说就怎么说，这就会在礼貌方面带来许多不必要的麻烦，还有可能影响交谈过程，达不到交谈的目的。"语言规范"主要体现在：

（1）语音清晰准确

中国地域辽阔，方言也很多样，尤其是方言之间语音上的差异很大。所以，与人交谈时要尽量做到：第一，遇到容易产生歧义的字词，应当适当解释或提醒；第二，与非本土方言区的人交流，尽量不使用方言，而用普通话，否则会让人有种不友好的感觉，误以为这个地方的人排外心理较重；第三，对要表达的内容中的关键地方，要尽量把语速放慢，让人能够听清楚，明白其意。

（2）词语规范得体

辞令的修辞固然重要，但最基本的是能浅显易懂，词能达意，便于理解和交流。因此，在词语的选择方面要以朴实自然为准则，避免过分缀文。

要尽量避免使用方言词语，即便是现在网络上流行的词语在正式的公务场合也要慎用。同时措辞也要视交往对象和场合灵活得体，如对长辈要用"您"，在商务场合和服务行业我们常常使用"您好""谢谢"等礼貌用语。

【礼仪小知识】

十字文明用语

"您好""请""谢谢""对不起""再见"。您好：向别人表示敬意的问候和招呼；谢谢：表示感谢的礼貌用语；请：表示对他人的敬意；对不起：表示歉意的礼貌用语；再见：人们分别时的告别语。

（3）表达通顺明了

表达要完整，不多余，不废话，不错乱，符合语法规范，做到言简意赅，让听者感到轻松。同时我们说话的表达方式也要符合日常习惯，另外，由于国籍、民族、地区或者信仰的不同，说话习惯也不尽一致，因此，说话者要入乡随俗，使说话的口吻和方式易于让对方接受。

2.条理清晰

说话是一门艺术，不仅要让倾听者容易接受，更要让人心情舒畅，这就要求我们说话时应根据不同的目的和要求，该详则详，该简则简，言简意赅，一针见血，避免详而不详的简陋，略而不略的啰唆，注意说话的逻辑性和条理性。

【案例赏析】

大文豪马克·吐温就是一位说话简练有力、极富逻辑性的人。有一个礼拜天，他到教堂去，适逢一位慈善家正用令人哀怜的语言讲述非洲的苦难生活，当慈善家讲了5分钟后，他马上决定对这件有意义的事情捐助50美元，可当听了慈善家讲了10分钟后，他决定将捐款减至25美元，当慈善家滔滔不绝，漫无边际地讲了半个小时后，他已经决定减到5美元，当慈善家又讲了一个小时，呼吁大家捐助时，马克·吐温不但没捐钱，反而在募捐箱中偷走了2美元，他这种做法似乎不太近人情，但细想起来也不无道理。

思考：怎么让说话变得有条理，又言简意赅呢？

（1）交谈要围绕主题展开

每次交谈都要有明确的中心主题，并使整个谈话围绕它合乎逻辑地展开，主次分明，层次井然，逻辑性强。可以围绕重点，把交谈的题材进行分门别类，充分细化，并设法形成一到几个高潮，造成一种波澜起伏的情节，跌宕起伏，引人入胜，达成共鸣。这样既能使听众得到愉悦和趣味，又能一下抓住听者的注意力。

（2）用数字建立"思维路标"

开车因为有路标而不会迷失方向，说话也如同行车一样，为了"言之有序"，也应建立"路标"，尽量把要讲的内容归纳成几点，使说出来的话条理清晰，逻辑性强。可以用"第一""第二""第三"等序数做思维路标，也可用"首先""其次""最后"等关联词做思维路标，将所讲内容按由浅入深，由简到繁进行排列。

（3）从内容中提炼关键词

当你要表达的内容比较多时，如果能从表述的每一点中提炼一个关键词，那听者接收的效果就会好多了。如当别人问"你为什么要选择这个专业"时，你可以从三个方面回答：首先是"喜欢"，其次是"适合"，最后是"圆梦"。下面的话就可以围绕这三个关键词展开了。这样，不仅使自己讲话时思路更清晰、表达更顺畅，也会让听的人更能抓住重点，便于记忆。

（五）交谈应讲究礼仪风度

谈话是双方交流感情，增进了解的主要手段。人际交往中，咱们中国人讲究的是"听其言，观其行"，把谈话作为考察人品的一个重要标准，因此，无论从哪一方来看，都要讲究技巧，掌握方法，遵守一定的礼仪规范。口齿伶俐没有错，但得懂得尊重人；不要时不时地冒出一句外语，或令对方听不懂的话语；更不要恶语伤人，以礼待人善解人意。要有平等的态度，注意给别人说话的机会，坦率陈述自己的看法。

（六）情理交融，含蓄委婉

在相互的交谈过程中，由于双方或几方的观点不同，观察问题的角度不同，经常会出现看法不一致的情况，这属于正常和自然的，如何使自己的想法或者观点为对方所接受，除了所讲的内容真正符合有道理这个基本条件之外，还要讲究方式方法。此时的"理直气壮"，不一定收到令人满意的结果。其原因在于只考虑自己一方的"理直"，并没有观察对方所处的环境，看问题的角度以及诸多影响谈话效果的因素。所以说"理直"不一定要"气壮"。

含蓄委婉的谈话技巧是取得良好效果的重要保证。含蓄的魅力在于特殊的表现力，它把本来可能由于直言而引起的不快不爽，婉转地加以回避，而又不失本意地起到避拙就巧的作用。在谈话过程中，各方地位、境遇、心态不同。要尽可能调整内容和方式，使自己的讲话能够使对方接受和心里的认同。避免引起听者的反感和不悦，交谈中委婉含蓄的语言应用要具有礼貌性。

交谈也是一门艺术，且是一门古老的艺术。"一人之辩重于九鼎之宝，三寸之舌强于百万之师"。交谈的艺术性体现在，尽管人人都会，然而效果却大不一样。所谓"酒逢知己千杯少，话不投机半句多"正说明了交谈的优劣直接决定着交谈的效果。与人进行一次成功的交谈，不仅能获得知识、信息的收益，感情上也会增加很多色彩，会感到是一种莫大的享受，是连接人与人之间思想感情的桥梁，是增进友谊、加强团结的一种动力。

【礼仪小知识】

说话三忌

孔子说："侍与君子有三愆：言未及之而言谓之躁，言及之而不言谓之隐，未见颜色而言谓之瞽"这句话的意思是说，说话有三忌：一忌急躁，别人说话时，不能随意抢话或者打断别人，要等别人说完再说。说话语速不能过快，要从容得表达。二忌隐晦，就是说话要意思明确、条理清楚、语义完整，不能含糊其词或者话说一半，没有想清楚的话也不要轻易说出口。三忌盲目，说话不能不看场合、不计深浅、不顾他人的处境与反应。

四、沟通中的注意事项

① 态度诚恳亲切。说话时的态度是决定谈话成功与否的重要因素，因为谈话双方在谈话时始终都相互观察对方的表情、神态，反应极为敏感，所以谈话中一定要给对方一个认真和蔼、诚恳的感觉。

② 措辞谦逊文雅。措辞的谦逊文雅体现在两方面：对他人应多用敬语、敬辞，对自己则应多用谦语、谦辞。谦语和敬语是一个问题的两个方面，前者对内，后者对外，内谦外敬，礼仪自行。

【礼仪小知识】

谦语的用法

1. 拙：表示自己的文章、见解等，有愚笨之意。

拙笔：称自己的文章和书画。

拙见：称自己的见解。

拙著(拙作)：称自己的作品。

拙荆：古人对人称自己的妻子。

2. 敝：表示自己。

敝姓：称自己的姓。

敝人：对人称自己。

敝处：谦称自己的家或住的地方。

敝校：谦称自己的学校。

3. 愚：谦称自己笨拙。

愚兄：对比自己年龄小的人谦称自己。

愚见：谦称自己的意见。

愚以为：谦称自己认为。

4. 薄：自谦微薄之词。

薄技：微小的技能，谦称自己的技艺。

薄酒：味淡的酒，常用作待客时的谦语。

薄礼：不丰厚的礼物，多用来谦称自己送的礼物。

薄面：为人求情时谦称自己的情面。

③ 语调平稳柔和。一般而言，语调以柔言谈吐为宜。我们知道语言美是心灵美的语言表现。有善心才有善言。因此要掌握柔言谈吐，首先应加强个人的思想修养和性格锻炼，同时还要注意在遣词用句、语气语调上的一些特殊要求。比如应注意使用谦辞和敬语，忌用粗鲁污秽的词语；在句式上，应少用"否定句"，多用"肯定句"；在用词上，多用褒义词、中性词，少用贬义词；在语气语调上，要亲切柔和，诚恳友善，不要以教训人的口吻谈话或摆出盛气凌人的架势。在交谈中，要眼神交汇，带着真诚的微笑，微笑将增加感染力。

【互动小游戏】

夸赞游戏

请同学们三人一组，在纸条上写上5条以上的对方的优点，并大声向对方说出来。

④ 谈话要掌握分寸。在人际交往中，哪些话该说，哪些话不该说，哪些话应怎样去说才更符合人际交往的目的，这是交谈礼仪应注意的问题。一般来说，善意的、诚恳的、赞许的、礼貌的、谦让的话应该说，且应该多说。恶意的、虚伪的、贬斥的、无礼的、强迫的话语不应该说，因为这样的话语只会造成冲突，破坏关系，伤及感情。有些话虽然出自好意，但措辞用语不当，方式方法不妥，好话也可能引出坏的效果。所以语言交际必须对说的话进行有效的控制，掌握说话的分寸，才能获得好的效果。

⑤ 交谈注意忌讳。在一般交谈时要坚持"六不问"原则，年龄、婚姻、住址、收入、经历和信仰属于个人隐私的问题，在与人交谈中不要好奇询问，也不要问及对方的残疾和需要保密的事项。在谈话内容上，一般不要涉及疾病、死亡、灾祸等不愉快的事情；不谈论荒诞离奇、耸人听闻、淫邪污秽的事情。与人交谈，还要注意亲疏有度，"交浅"不可"言深"，这也是一种交际艺术。

交流拓思

一、生活中的语言艺术

某出租汽车公司的赵师傅是个较有脾气的人。某一个周末他送一位客人到一家五星级酒店入住。此时，正值客源高峰，客人下车后，赵师傅将车停在了酒店正门的车道左侧，这样会影响车道的通行。礼宾在通知司机将车停到停车场时，不同的说法会起到不同的效果。

第一种："对不起，这里不允许停车，请将车停到停车场。"

第二种："对不起，这里是行驶车道，为了您的安全，请将车停到停车场。"

第一种说法虽然也使用了礼貌用语，事先也作了道歉，但隐约间总让人听了有些不顺耳、不舒服，带有一些命令的语气。对于暴脾气，且又不太好说话的个别司机来说，可能会起到反效果，甚至还可能会发生口角。

第二种说法让司机感觉到酒店是为他的安全着想，自然就配合礼宾的工作，把车开离了。

从以上的案例中不难看出语言艺术的重要性。德鲁克曾说过这样一句话："一个人必须知道该说什么，一个人必须知道什么时候说，一个人必须知道对谁说，一个人必须知道怎么说。"

思考：① 一个"会说话的人"是先天所生还是后天练成？② 解剖一下自己日常的说话方式是商量式、祈求式还是命令式？③ 说话方式与人的性格特点有没有直接的关系？

二、西湖醋鱼有些甜

王先生请朋友到某高档酒楼用餐，点了一桌子菜，他还特意点了一道朋友最喜欢吃的西湖醋鱼。但是在用餐过程中，他发现朋友却很少吃，尽管他一再给客人布菜，客人似乎还是不太有胃口，他便尝了尝这道菜。他发现了问题，朋友虽然喜欢吃西湖醋鱼，享受的是独特风味和滑嫩口感，但是对一个北方人来说，今天的这份西湖醋鱼有点偏甜，可这是家地道的上海菜馆，味道偏甜也是情理之中，包括其他菜也是有些偏甜。他便对服务员说："这鱼太甜了，与我们平时吃的不太一样，你看，我专门给朋友点的这道菜，他却没怎么吃。"服务员一边听一边点头说："是，是，我们是上海本帮菜，有的时候是有顾客抱怨有些甜。"王先生一听也跟着说："是呀，餐馆开到北方，多少还是要兼顾一下北方人的饮食习惯，有些菜太甜，我们北方人是接受不了的。"服务员说："是的，是的，我们会跟经理建议的，真抱歉，菜有些不合您的口味，也怪我，点菜时应该询问您一下，真是抱歉。"王先生一听连忙说："没事，没事，你们能听取客户意见，这很好，除了鱼有点甜，别说，你们的上海菜还真是很地道。"

思考：服务人员在交谈过程中运用了哪些语言技巧？

职场模拟

一、礼貌用语

职场场景：每组设计一个社交活动场景，做情景模拟。

模拟要求：在交际过程中要使用礼貌用语，并注意使用礼貌用语时的正确身体姿态和面部表情。用摄像机、数码照相机记录学生的交际过程，回放这一过程，小组进行相互评价。

二、设计开场白

职场场景：假设在朋友的生日会上，你想要认识一位陌生的朋友。

模拟要求：请根据这一场景设计开场白，根据情况还可设计一些其他场景的开场白。

三、交谈场景设计

职场场景：新学期开始，班上一位同学因为家境贫寒，生活拮据，产生自卑感，不愿和大家交往，性格有点孤僻。一次，班级组织同学们春游，大家都踊跃报名，只有他一声不吭待在寝室里。

模拟要求：设计谈话场景，动员这位同学参加春游活动。

评价考核

目标达成考核表

内　容		评　价	
学习目标	评价内容	小组评价 （5、4、3、2、1）	教师评价 （5、4、3、2、1）
德	树立敬业乐业的积极态度		
	营造和谐欢乐的工作氛围		
	学会尊重他人，尊重自己		
知	了解语言及语言艺术的特征和作用		
	理解语言艺术如何在工作中的巧妙运用		
行	将语言艺术运用到实际工作中		
	运用语言艺术与他人友好交往		
	掌握在职场上的语言禁忌		
努力的方向：		建议：	

任务三　客户投诉处理礼仪

文化传承

靡不有初，鲜克有终。

——出自《诗经·大雅·荡》

扫二维码
看翻译

【赏析】

君子从始至终都应该自强不息。我们不仅要追求好的开始，更要有坚持下去的动力，初心不能忘，追求梦想的脚步不能停，以持久的耐力、极大的毅力、坚定的信念，做到有始有终、善始善终、自强不息、不断前进。在我们日常的生活中，许多人刚开始时信心百倍、斗志昂扬，却在时间的流逝和光阴的消磨中渐渐地萎靡；或许有的人在追求梦想的道路上，因为路边的风景太迷人而失了神，结果是虎头蛇尾、半途而废、有始无终。也因此，善终较之于善始更加重要。

教学目标

德　①懂得做事情不但要有始有终，更要持之以恒；

　　②强化服务意识，提升服务水平；

　　③践行"经济效益第一，客户第一，服务第一"经营理念。

知　①了解客户投诉产生的原因、过程及客户诉求；

　　②了解如何运用礼仪知识来解决客人投诉；

　　③掌握如何运用现代礼仪解决现实中的沟通问题。

行　①能够将礼仪知识运用到接待投诉客人的全过程中；

　　②能够解决客户投诉并使其成为忠实的客户。

课堂导入

平安银行"百无一失·变诉为金"

客户王女士在平安银行网点ATM机存钱，不巧遇到卡钞，钱被吞进机器，显示存款未成功，客户钱被吞，资金未到账，情绪比较激动，当时厅堂客户较多，员工都在办理业务，王女士未能及时找到可解决问题的员工，情绪上进一步激动，在跟员工说明情况后，员工未能及时讲解清楚机器吞钞资金入账过程，未能安抚稳定客户情绪，导致客户感到员工服务不认真，产生投诉。

客户自助存款卡钞，本身情绪上比较激动，我们司空见惯的事情对客户来说可能是第一次遇到，在客户寻求帮助时，工作人员首先要做的是安抚客户情绪，解释好卡钞产生的原因，及入账过程和时间，留好客户相关信息，做好后续跟踪回访工作。客户多时，员工接待客户也要保持热情和耐心，不能敷衍推诿，在服务态度上出现问题。同时员工对于客户卡钞后办理流程不熟悉，也是导致客户投诉的原因之一。

收到投诉后，厅堂主管王磊马上引导客户到休息区，避免客户在厅堂吵闹，及时安抚客户情绪，让客户了解机器卡钞是正常的，并说明卡钞资金入账过程及时间，协助客户解决问题，最终成功安抚客户。

当天夕会时间，王主管针对此次服务事件中存在的问题进行了分析，要求大家以后避免出现类似问题，并提出针对卡钞应对的流程：（1）第一时间接待客户，做好情绪安抚工作；（2）认真倾听客户的反馈和意见，向客户做好解释工作；（3）留好客户信息，做好跟踪回访工作。

王主管在回访客户时，客户表示资金已到账，对平安银行的处理非常满意。通过进一步沟通，了解到客户经常自己自助存钱，且未购买过平安的理财产品，在其他行有资金。王主管向客户介绍了我行的理财产品优势，成功引起客户兴趣，并通过后续跟踪邀约客户，成功将客户在他行的资产转入平安银行购买理财产品，成为平安准财客。同时客户对王主管的服务非常认可，后期又介绍朋友胡女士来平安银行开卡转入资金，成功又获得一位财客。

思考： 平安银行是如何做到"变诉为金"的？

精讲点拨

《老子》说"慎终如始，则无败事"，《说苑·谈丛》说"慎终如始，常以为戒……"在中国的传统文化里，不断地告诉我们做事情要慎终如始，小心谨慎，坚持始终如一。

提起客户投诉，我们更多想到的是"麻烦、挑剔、找碴"等，经常会不自主地采取一些回避措施，并没有真正意识到客户投诉中所蕴含的重要价值。任何一个企业都必须尽可能满足客户的需求和期望。而随着客户需求和期望的不断变化，客户的投诉也就会不断出现变化，因此正确看待投诉客户的价值，积极有效的处理客户投诉是提升客户满意度的重要工作。

一、认识投诉

商品在生产、交换、服务等过程中，总会有磕磕绊绊，遇到品质和服务问题，客户找相关部门投诉，要求给予合情合理的补偿是再正常不过的事情。其实，那些不声不响不投诉，悄悄走掉的客户对企业来说更是不利。从广义上讲，失去客户的信任，就等于失去了市场。客户是企业的钱袋子、米袋子……因此，投诉并不是一件坏事情。

企业就是为获取经济利益最大化而生的。"经济效益第一、客户第一、服务第一"是永远不变的追求。遇到投诉事件不应回避，实行首问责任制，在第一时间，第一责任人用最快的速度，对不同的层级采取不同的方法果断解决，加强管理和预防控制，减少投诉事件的发生。

纵观投诉事件，大体集中在这三个方面：产品价格、产品质量和商家所提供的服务。

（一）产品价格

"秀才不出门，便知天下事"。信息化时代产品的价格越来越透明，同样的产品规格、生产厂家，网上一目了然，清清楚楚。消费者支付商家费用，会根据其以往的经验，对商家的产品和服务进行对比和评估，如果消费者发觉商家的产品和服务内容不值商家所售价格。那么，消费者就会对价格的不公平、不合理而产生投诉。

（二）产品质量

物竞天择，适者生存。当今世界发展浪潮波涛汹涌，创业意识势不可挡，一个企业要在竞争中乘风破浪，立于不败之地，靠的是优良的产品质量和贴心、快速的服务。如果说水是生命之源，那么质量又何尝不是企业的生命呢？优质、精准的服务为延续企业的生命保驾护航。

企业若想在星罗棋布的同行中立足，就得讲求质量、重视服务、注重信誉。千里之堤，溃于蚁穴，如果质量把关不严格，服务不到位，不顾客户利益，把不合格的产品投入到市场中，损害了消费者的利益，企业的经营将会一落千丈，产品滞销在所难免。

但也并非以优质的产品谋取生存之后，就可高枕无忧了。树欲静而风不止，一个企业正像一棵树，而发展之势如狂飙卷地。若企业不思进取，那么即使你是一棵参天大树，也难敌狂风漫卷之灾。企业若想在竞争中生生不息，要把客户投诉看作是市场需求的大动脉，销售的晴雨表，把客户投诉管理放在很重要的位置，满足客户需求，拽紧客户投诉管理这一条生命线。

（三）服务质量

服务质量是指企业提供的服务水平（或产品）与服务期望（或服务标准）之间的差异程度。如果实际服务水平超过对客户服务的期望，服务质量就高；反之，服务质量则低。服务质量既是本身特性和特征的综合，也是客户感知的一种反映。如今，消费者不仅关注产品的质量问题，对商家的"服务问题"更是特别看重。比如酒店行业、餐饮行业、旅游行业、物流行业都存在服务质量问题，而且投诉数量也呈逐年递增。这也说明越来越多的消费者非常注重商家的服务，这也时刻督促着各商家要做好服务。

二、处理投诉

（一）处理投诉的程序

客户投诉处理可分为四个阶段：接受投诉阶段、解释澄清阶段、提出解决方案阶段、回访阶段，每个阶段的要求如下。

1. 接受投诉阶段的要求

① 认真倾听，保持冷静，同情、理解并安慰客户；

② 给予客户足够的重视和关注；

③ 明确告诉客户等待时间，一定在时限内将处理结果反馈给客户；

④ 注意对事件全过程进行仔细询问，语速不宜过快，要做详细的投诉记录。

2. 解释澄清阶段的要求

① 不与客户争辩或一味寻找借口；

② 注意解释语言的语调，不要给客户有受轻视冷漠或不耐烦的感觉；

③ 换位思考，从客户的角度出发，做合理的解释或澄清；

④ 不要推卸责任，不得在客户面前评论公司、其他部门或同事的不是；

⑤ 在没有彻底了解清楚客户投诉的问题时，不要将问题反映到相关人员处，避免出现"车轮战"的局面；

⑥ 如果确实是公司原因，必须诚恳道歉，但是不能过分道歉，注意管理客户的期望，同时提出解决问题的办法。

3. 提出解决方案阶段的要求

① 可按投诉类别和情况，提出相应解决问题的具体措施；

② 向客户说明解决问题所需要的时间及其原因，如果客户不认可或拒绝接受解决方案，坦诚地向客户表示公司的规定；

③ 及时将需要处理的投诉记录传递给相关部门处理。

4. 回访阶段的要求

① 根据处理时限的要求，注意跟进投诉处理的进程；

② 及时将处理结果向投诉的客户反馈；

③ 关心询问客户对处理结果的满意程度。

（二）处理投诉的技巧

1. 处理投诉的"5"个原则

① 正确的服务理念。"树立顾客永远是对的"的观念，面对愤怒的顾客，注意克制，以柔克刚。因为信赖才会向你求助。

② 有章可循，换位思考。处理投诉不是盲目地解决，要有章可循，换位思考。保持服务的统一规范，站在客户的立场上看问题，结合单位的管理制度提出合理的解决方案。

③ 迅速及时，合情合理。遇有投诉时应迅速反映，向顾客"稳重+清楚"地说明原因，在最短的时间内给顾客一个圆满的结果。

④ 分清责任部门和责任人。不仅要分清造成投诉的责任部门和责任人，而且需要明确处理投诉的各部门、各类人员的具体责任和权限，以及顾客投诉得不到及时圆满解决的责任。

⑤ 详尽记录，留档分析。对于每一次投诉要有详细的记录。包括投诉人姓名、时间、投诉事由、解决方案和结果、客户满意度、接待人姓名、日期等。

2. 处理投诉的"6"个方法

① 语言得体一点。客户发泄不满的陈述中有可能会言语过激，如果服务人员与之针锋相对，势必恶化彼此关系。在解释过程中，措辞也十分讲究，不要一开口就"造成伤害"使问题进入"死胡同"。用婉转的语言沟通，即使是客户存在不合理的地方，也不要过于偏激。

② 态度好一点。客户的抱怨或投诉是对企业的产品及服务的不满。在处理过程中态

度不友好，会让他们心里感到更难过，造成客户关系恶化；若服务人员态度诚恳，热情有礼，会降低客户的抵触情绪。俗话说："伸手不打笑脸人"。

③ 耐心多一点。要耐心地倾听客户的抱怨，不要轻易打断客户的叙述，不能批评客户的不是，鼓励客户倾诉，尽情发泄心中的不满之后，才能够比较自然地听取解释和道歉。

④ 动作快一点。处理投诉动作要快，以示对客户的尊重，表明解决问题的诚意，防止负面影响进一步扩大。

⑤ 尽量满足要求。客户投诉是因为他们觉得利益受损，要得到补偿，这种补偿有的是物质上的（如，更换产品、退货或赠品补偿），也有的是精神上的，讨要一个说法。在不违法企业规定的基础上，应该尽量补偿客户多一点。

⑥ 规格高一点。层次较高的领导出面处理或亲自给顾客打电话慰问，会快速化解许多客户的怨气和矛盾。因此，处理投诉时，若条件许可，应尽可能提高接待人员的级别，如本企业领导出面或邀请德高望重的人士来协助处理等。

【案例赏析】

酒店5个常见投诉案例，快速搞定难缠客人

（1）客人没有预订前来入住，但房间已满，应如何处理？

首先向客人表示歉意，"先生（小姐），真对不起，房间刚刚安排满了，我马上为您联系附近其他酒店好吗？"征得客人同意后，为其联系，然后告诉客人"一旦有退房，我们会与您联系的，欢迎您下次光临。"

（2）客人进房间后，打电话说不喜欢，要求转房，怎么办？

了解客人转房的原因，"先生（小姐），不知您喜欢转到什么样的房间？"视情况为其调整到合适的房间，若是房间设备方面的问题，马上通知有关人员进行维修；若是服务的问题，应尽快报告当值主管并登门道歉，若一时无法解决，应表示歉意，并做好解释，"真抱歉，现在暂时没有房间，一有房间，立刻通知您好吗？"使客人感到他的要求受到重视。

（3）客人嫌房价太高，坚持要求较大的折扣，应如何处理？

首先做好解释，如介绍客房设施，使客人感到这一价格是物有所值的。并礼貌地告诉客人"您今天享受的房价折扣是我们首次破例的，是最优惠的价格。"如客人确实接受不了，可介绍房价稍低的客房给客人。

（4）一位以全价入住的客人在退房时说房价太贵，房间设备出现毛病，房内有异物，以致影响他的身体健康及睡眠，要求打折时怎么办？

当客人退房时提出折扣要求，原则上不予办理，应做好解释工作，若客人所说情况属实，应向客人表示歉意，并给予折扣优惠，维护好酒店的声誉，立即通

知服务员对该房进行彻底清理维修，避免再次出现类似的情况。

（5）一位曾走单的客人现又要求入住时，应如何处理？

首先，用提醒的口吻，礼貌地请客人付清欠款后再入住，如："对不起，上次您住某房，可能走得太匆忙，忘了结算费用，现在补交好吗？"并收取客人的消费保证金，然后，通知有关部门，密切注意此客动向，防止再次走单。

三、认识客户投诉的价值

（一）客户投诉是因为对我们有期待

在完全竞争的市场中，客户有多种选择，若客户对你不再期待，自然就会离你而去，转向你的竞争对手。如果客户向你反馈意见，说明对你是有期待的，是不想离开你的，希望你能够改善产品质量或提高服务水平。

（二）客户投诉是我们创新的机会

以正面的心态积极面对客户投诉，就会意识到：客户投诉虽然未必是因为我们确实有过失，却使我们有机会看到客户的真实需求，这就意味着新的机会。企业的许多创新和质量提升都来自客户的反馈信息。

（三）投诉处理是展示企业形象的大好机会

在投诉处理的过程中，可以更全面地展示企业文化，展示良好的企业形象，由此使客户更深入地了解企业、认同企业。这样，挑战也就会变成机遇。

（四）减少投诉和实现零投诉是企业追求的目标

处理投诉应该不回避，不害怕，不拖延，不随意，要善于听出客户不满，看出客户不满，问出客户不满，积极采取应对措施。不断完善各项管理和服务制度，并严格按工作规程和规范开展工作，这是减少投诉的关键。

【案例赏析】

追求零投诉

一位年轻人应聘到一家酒店工作，在入职第一天的新员工培训课上，人事部培训人员一再强调，酒店的目标是零投诉。为达到这一目标，酒店规定凡有客人投诉，相关服务人员将被罚款200元。

第二天上班，一位客人要点餐，一位老服务员把西餐菜谱拿给客人，客人要求点中餐，服务员还是坚持向客人推荐西餐，客人再三拒绝后，服务员才不情愿地把中餐菜谱拿给客人。事后这位年轻人问老员工为什么不向客人推荐中餐，那位老员工说，中餐上菜太慢，容易招致客人投诉，为避免投诉，只好尽可能让客人点西餐。

请问服务员的做法是否妥当？我们应该怎样看待投诉？

最大限度地满足客人要求，减少投诉，是酒店服务的宗旨和目标。但是，把零投诉定为一项硬指标，要求服务人员不惜一切代价地实现，结果就如上面提到的一样，员工因害怕客人投诉影响自己利益而回避向客人提供相关服务。实际上，不能满足客人的要求，也就违背了零投诉的初衷。

投诉就是客户发出的一份关于期望没有被满足的声明，同时对企业来说也是一个解决客户不满的好机会，从中能够很好地发现问题所在。而且从投诉中也能反映出员工工作态度和能力的差异，便于企业对员工进行有效的管理，提高企业的管理水平和工作效率。投诉是一个永恒的话题，只要有市场，就会有投诉，无论你服务工作做得再好，也无法避免投诉的发生。这就要求企业员工在平时的工作中要熟练掌握客户的心理，善于发现客户需求，认真听取客户建议，才能有效地降低投诉，提高客户满意度。

交流拓思

一、错误来电

深夜一点钟，一位女士来电要求转3115房间。话务员立即将电话直接转入了3115房间。第二天早晨，大堂经理接到3115房间孙小姐的投诉电话，说昨晚的来电不是找她的，她的正常休息因此受到了干扰，希望饭店对此作出解释。大堂副理经调查，了解到该电话要找的是前一位入住3115房的客人，他已于昨晚9点退房离店了。孙小姐是快12点时才入住的，她刚洗完澡睡下不久就被电话吵醒了，你说能不生气吗？

谁知一波未平，一波又起。原住3115房的刘先生紧接着也打来了投诉电话，说昨晚他太太打电话来找他，由于话务员不分青红皂白就将电话接了进去，接电话的又是一位女士，引起了太太的误会，导致太太跟他翻脸。刘先生说此事破坏了他们的夫妻感情，如果不给他一个圆满的答复，他一定不会放过那个话务员，而且今后他公司的人都不再入住此饭店。

思考： 请问这位大堂经理该怎么处理这两件投诉？

二、听故事，学哲理

《庄子·渔父》："真者，精诚之至也，不精不诚，不能动人。"

汉·王充《论衡·感虚篇》："精诚所至，金石为开。"

西汉时期，有一个著名将领叫李广，他精于骑马射箭，作战非常勇猛，被称为"飞将军"。

有一次，他去冥山南麓打猎，忽然发现草丛中蹲伏着一只猛虎。李广急忙弯弓搭箭，全神贯注，用尽气力，一箭射去。李广箭法很好，他以为老虎一定中箭身亡，于是走近前去，仔细一看，未料被射中的竟是一块形状很像老虎的大石头。不仅箭头深深射入石头当中，而且箭尾也几乎全部射入石头中去了。李广很惊讶，他不相信自己能有这么大的力气，于是想再试一试，就往后退了几步，张弓搭箭，用力向石头射去。可是，一连几箭都没有射进去，有的箭头破碎了，有的箭杆折断了，而大石头一点儿也没有受到损伤。

人们对这件事情感到很惊奇，疑惑不解，于是就去请教学者扬雄。扬雄回答说："如果诚心实意，即使像金石那样坚硬的东西也会被感动的。"

思考： 如何理解"精诚所至，金石为开"在客户投诉管理上的运用？

职场模拟

妥善处理客户投诉

职场情景：某网络科技有限公司一直秉承"服务创造价值"的经营理念，在业内同行中赢得了良好声誉。尽管如此，对于一家服务数千家中小企业的公司而言，让客户满意仍不是一件容易的事情。一天，公司的客户之一某电子产品老板万先生怒气冲冲地打来电话反映：

① 目前，客户的网站已经将近两个星期无法打开了，客户在百度的广告投放也停止了将近两个星期；

② 因为临近年底，正是客户公司的销售旺季，所以损失非常大，要求赔偿这段时间的损失；

③ 在此之前，客户已经提供相关资料，并早已传真给公司的客服人员，但问题一直没有解决；

④ 要求网站马上恢复正常。

模拟要求：如果你是本案例中负责受理该投诉的客服代表，请拟定解决投诉的基本步骤、撰写相应的应答话术并说明理由。

评价考核

目标达成考核表

内　容		评　价	
学习目标	评价内容	小组评价 （5、4、3、2、1）	教师评价 （5、4、3、2、1）
德	懂得无论做什么事情不但有始有终，更要持之以恒		
	强化服务意识，提升服务水平		
	践行"经济效益第一，客户第一，服务第一"的经营理念		
知	了解客户投诉产生的原因、过程及客户诉求		
	了解如何运用礼仪知识来解决客人投诉		
	掌握如何用现代礼仪解决现实中的沟通问题		
行	将礼仪知识运用到接待投诉客人的全过程中		
	解决客人投诉并使其成为忠实的客户		
努力的方向：		建议：	

学习项目五　职场礼仪

任务一　面试礼仪

文化传承

"凡择人之法有四：一曰身，体貌丰伟；二曰言，言辞辩正；三曰书，楷法遒美；四曰判，文理优长。四事皆可取，则先德行。德均以才，才均以劳。得者为留，不得者为放。"

——《新唐书·选举志》

扫二维码
看翻译

【赏析】

　　"身、言、书、判"是唐代选拔人才四个抓手。身，指身体，要求相貌端正，体格健壮；言，指口才，要求口齿清楚，语言流利，能言善辩；书，指书法，要求字体优美，遒劲有力；判，指判牍，要求思维敏捷，论事有理，判辞优美。当具备了这四方面的能力，应该以德行优者先取；德行相等，以才能高者优先；才能相等，以劳绩大效率高者优先。虽然论事有理，判词优美，相貌端正，语言流利，但礼仪道德素养是人才选拔的首要条件，从古传承至今，已经成为面试考察的必要元素。

教学目标

德　①引导学生树立正确的求职观、价值观；

　　②有效激发学生养成良好的职业道德素养；

　　③以正确的审美观美化学生的内在和外在，实现真善美的人生追求。

知　①掌握求职信、个人简历制作方法；

　　②了解面试自我形象设计要求；

　　③掌握面试过程中的相关礼仪规范及技巧。

行　①根据自身实际设计引人注目的求职简历；
　　②能结合自身设计符合岗位需求的面试着装；
　　③面试中能规范使用相关礼仪及面试技巧。

课堂导入

台湾巡抚刘铭传的职场面试

清朝的曾国藩具有异乎寻常的识人术，尤其擅长通过人的身体语言来判断对方的品质、性格、情绪、经历。

有一天，李鸿章带了三个年轻人拜见恩师曾国藩，希望他们能够为老师效力。恰巧曾国藩当时散步去了，李鸿章示意那三个人在厅外等候。不久，曾国藩散步回来，李鸿章禀明来意，请曾国藩考察那三个人。曾国藩摇手笑言："不必了，我刚才观察了他们。面向厅门，站在左边的那位是个忠厚人，办事小心谨慎，让人放心，可派他做后勤供应一类的工作；中间那位是个阳奉阴违，两面三刀的人，不值得信任，只宜分派一些无足轻重的工作，担不得大任；右边那位是个将才，可独当一面，将大有作为，应予重用。"

李鸿章很是惊奇地问："还没用他们，老师您如何看出来的呢？"曾国藩笑着说："第一个年轻人在庭院里等待的时候，便用心打量大厅的摆设，刚才他与我说话的时候，明显看得出来他对很多东西不甚精通，只是投我所好罢了，而且他在背后发牢骚发得最厉害，见了我之后却最恭敬，由此可见，此人表里不一，善于钻营，有才无德，不足托付大事；第二个年轻人遇事唯唯诺诺，谨小慎微，沉稳有余，魄力不足，只能做一个刀笔吏；最后一个年轻人，在庭院里等待了那么长的时间，却不焦不躁，竟然还有心情仰观浮云，就这一份从容淡定便是少有的大将风度，更难能可贵的是，面对显贵他能不卑不亢地说出自己的想法而且很有见地，是一位大将之才，将来成就不在你我之下。"

次日曾国藩邀请李鸿章及三人一同共进午餐，闲言碎语之后下人端上四碗汤圆，曾国藩一边与众人聊天一边与大家共同吃汤圆，待汤圆吃毕忽然一问："可有人记得刚刚碗里一共有多少个汤圆？"瞬时众人皆目瞪口呆，唯有一人回答："八个"，曾国藩欣然一笑，回答之人正是他昨天所见并断言有大将之才的人。

那位"大将之才"，便是日后立下赫赫战功并官至台湾首任巡抚刘铭传。在后来的一系列征战中迅速脱颖而出，受到了军政两界的关注，并且因为战功显赫被册封了爵位。不仅如此，他还在垂暮之年，毅然复出，率领台湾居民重创法国侵略军，从而扬名中外。

思考： 求职面试怎样才能赢得面试官的青睐，需要做好哪些准备？

精讲点拨

求职面试是开启职业生涯的敲门砖，面试中的礼仪规范越来越被大多数公司作为录用职员的标准之一。因此除了具备良好的专业技能素养以外，求职面试的礼仪和技巧非常重要，并且贯穿着面试前后全过程。面试礼仪包含了面试前的准备、面试过程中的礼仪规范和面试结束后的礼仪。

一、求职面试前的准备

每个求职者对未来从事的职业都有美好的向往和追求，需要有高度的社会责任感，积极进取的精神和务实的工作态度。《孙子·谋攻篇》中说道"知己知彼，百战不殆"，面试是一次了解自己、了解用人单位的机会，不管是求职新人还是职场旧人，求职面试前要正确认识自己、做好职业生涯规划、准备好求职资料、熟练掌握求职面试相关礼仪。

（一）正确的自我认知

树立正确的就业观、价值观对求职者每一阶段的职业生涯都有积极的作用。求职者在选择求职单位前往往会经历选择矛盾状态，严重的会产生一些焦虑，不知道选什么行业，不知道自己适合哪些工作岗位，因此在求职前要正确审视自己，了解自己的职业核心能力、求职目标和价值观等。

1.梳理职业能力清单

职业能力清单是个人职业生涯规划很重要的依据。通常职业能力清单可以从四个层面进行梳理：自我管理、人际沟通、团队协作和知识体系。日本大久保幸夫在《12个工作的基本》里将每一块职业能力进行详细的梳理。求职者可以结合自己的专业技能、知识储备、性格特点等进行深度分析，有效罗列出你的职业能力。

自我管理：乐观力、持续学习力、目标发现力、专业构筑力。

人际沟通：亲和力、反应力、语境理解力、人脉开拓能力。

团队协作：委任力、商谈力、传授力、协调力。

知识体系：学无止境、能力相通、构建体系。

2. 罗列职业清单

职业能力的梳理有助于罗列职业清单，进一步明确职业目标。职业的选择可以依托专业背景、兴趣爱好、性格特点等要素，将所能想到的职业全部罗列出来，从自有的职业能力上进行一一匹配，最后筛选留下5个左右职业，形成职业清单。

3. 搜集相关招聘信息

职业清单对求职更具靶向性。依据职业清单，通过各类媒体渠道搜集相关求职信息，将自己的价值观和职业岗位要求进行匹配，确定要去应聘的企业。

可以通过以下途径搜集就业信息：各级政府主办的就业网站、学校就业工作职能部门网站、用人单位官方网站、专业的人才公司网站、专场招聘会等。

相关招聘网站：前程无忧、智联招聘、应届生毕业网、BOSS直聘。

（二）求职面试资料准备

大部分用人单位在面试之前都会让求职者先投递求职材料，通过求职材料的信息对求职者有一个大致的了解，再决定是否通知面试。"工欲善其事，必先利其器"，"漂亮的求职资料"将有助于求职者开启面试之门。

1. 求职面试资料设计原则

（1）实事求是、诚信至上

《礼记·大学》里提到"欲正其心者，先诚其意。"千百年来，诚信被中华民族视为自身的行为规范和道德准则。在当今社会诚信不仅在社会主义核心价值观中具有重要的道德作用，也是很多用人单位择人的基本条件。因此在设计求职资料的过程中，一定要秉持正确的诚信观，切勿为了求得一份工作弄虚作假，去传达不真实的信息。

在面试的过程中，面试官会针对你的简历展开灵魂拷问。如果求职者是应届毕业生，在校的任务就是学习，而不是工作，面试官会理解求职者工作经验不足，所以不必为了迎合岗位需求去编造工作实践经历；如果求职者是职场老手，那就更应该明白如果不诚信，可能会在整个行业里面失去发展的机会。当求职者被面试官看出求职资料不真实，求职者在该单位的信誉就彻底没有了，意味着将永远失去争取该工作的资格。

求职履历造假，后果非常严重。

扫二维码
看视频

（2）简明完整、格式规范

求职资料除了展示求职者丰富的个人信息外，还体现了求职者的逻辑思维能力、归纳总结能力以及面试的态度。求职者在设计撰写资料时要懂得取舍，内容完整，切忌冗长、累赘或过于简单。在求职资料准备过程中，求职者可以分析应聘岗位的能力素养要求，有针对性地从自己的经历中筛选信息进行匹配，将重要信息简明完整地呈现在求职资料中，如资料中关键信息一定要有工作经历，最好是闪光的案例，这部分内容一定是与求职的岗位有关，无关的经历不用罗列，这样会让面试官感受到资料是经过认真准备的，有助于其进行关键信息抓取。

投递出的求职资料在格式和形式上一定是规范完美的。在呈现的形式上一定要注意，资料篇幅不宜太多，最好能够将信息浓缩至1—2页，重要的信息一定要在首页重要位置呈现，各类获奖证书或职业资格证书当作附件资料。求职者完成了资料的制作后一定要反复逐字逐句检查，不能有错别字、标点符号错用、呈现格式有误等情况出现，否则求职者的初次印象会大打折扣，在有些用人单位甚至是一票否决的结果。

（3）语言得体、不卑不亢

求职是双向选择的过程，双方身份平等，文字的巧妙组合会为求职者赢得面试官的尊重，因此语言文字得体很重要。过于自谦，自贬身份，给人以不自信的错觉；过于高傲，狂妄自大，给人不踏实浮夸的不好印象，不卑不亢地推荐自己才是最佳方法。

2. 求职资料的组成

求职资料一般包含了封面、求职信、个人简历和附件四个部分。

（1）封面

封面是求职资料的脸面，个性亮眼的封面设计及信息展示会在第一时间抓住面试官的眼球，引起面试官的关注。封面的信息一般包含姓名、所学专业、毕业院校、求职意向和联系方式。如果确定了求职单位，可以在封面设计上巧妙地加入用人单位的文化元素和自己的职业理念。封面的排版要求非常高，对色彩搭配、文字图案布局非常考究，特别是如果求职的是艺术或设计类的相关工作，封面的呈现将直接影响面试官对求职者的印象和看法。

（2）求职信

求职信是求职者写给用人单位并让单位了解自己、信任自己、录用自己的信函。求职信的撰写在结构和内容上都有一定的要求。结构上要求完整，内容上要求真实、明确、重点突出，感情上热情洋溢、真诚自然。

求职信一般分为标题、称呼、正文、结尾、落款和附件六个部分。

① 标题。求职信的标题通常为"求职信"三个字，位于第一行居中，简洁醒目。

② 称呼。求职信不同于一般的书信，查看求职信的对象是不确定的，因此称呼一定要礼貌周全、恰当适宜，要体现出自己对用人单位的重视。求职信的称呼可以是单位全名、部门名称或直接称呼"尊敬的领导"。除非已经很确定看信的对象，否则称呼一般不写个人的姓名。

③ 正文。正文是求职信的核心部分，该部分要写清楚求职者的基本信息、求职动机，应聘的工作岗位，并有针对性地陈述自己具有哪些与岗位有关的胜任条件，最后表

达自己的求职希望和要求。

求职者的基本信息包含年龄、性别、毕业院校和专业等。求职信中应清晰简明地表达求职的原因，如喜欢该单位的企业文化、发挥自己的专长等。说明想要应聘什么岗位，应聘岗位不能说得过于具体，最好是表明自己可以胜任某一大类的工作，这样扩大求职范围，有助于提高求职命中率。

针对求职岗位的工作职责、胜任条件进行分析，要向用人单位说明求职者的专业知识、专业技能、相关奖励、与岗位相对应的实践经验以及对未来职业的畅想，要表现出自信、稳重、踏实、进取的职场作风，让用人单位认为这个岗位"非你莫属"。

最后可以简单说下求职者希望得到回复的愿望，切记不要让对方感到压力，也不宜过分客气与谦虚，如："敬候佳音""希望贵单位给我一次面试的机会""盼望您的答复"等。这段话属于正文的收尾，简洁明了，不啰唆不苛求。

④ 结尾。结尾主要是表达敬祝的话语，需要另起一行，空两格。如："此致"，然后换行顶格写"敬礼"，注意这两行均不加标点符号。

⑤ 落款。这部分主要是写信人的姓名和成文日期，均在信函的右下方，姓名在上，日期在下。

⑥ 附件。附件包括学历证书、职业资格证书、奖励证书及相关证明材料的复印件。该部分一定要有说服力，这是对前面正文部分自己经历和岗位胜任力的鉴定凭证，佐证材料不一定要多，但要有分量且真实可信，要能引起用人单位的兴趣，也要经得住查询验证。

【范例】

求职信

尊敬的校领导：

您好！首先感谢您在百忙之中浏览我的求职信，给我一个展示的机会。

我是四川××人，女，23岁，2017年7月毕业于四川××大学××学院××专业，获得学士学位，并于同年以优异的成绩考入四川××大学××学院××专业硕士研究生（公费），研究方向是多媒体教学资源开发，于2020年7月毕业。久闻贵校教学条件优越，师资力量雄厚，是学生成长的摇篮，教师发展的沃壤。我自信我扎实的专业能力和对事业的执着追求，真诚地向贵校推荐自己。

在校期间的学习培养了我科学严谨的思维方式，更造就了我积极乐观的生活态度和开拓进取的创新意识。我认真完成了所有必修课的学习，如多媒体教学软件开发、平面设计等，多次获学习奖学金，通过校内外各项实训实践扎实了专业技能，这些使我在省级平面设计大赛中荣获一等奖。作为学生会主席，成功组织系部系徽设计大赛，系徽一直沿用至今。

在校期间，通过教师教学技能的专项培训，我已经具备了教师的基本素养，并获得教师资格证，参加本校成教图形图像职培教学工作以及本科生多媒体软件应用等教学工作，积累了较为丰富的教学经验，多次参加与本专业相关的课题研究工作，如教材的编写，成都武侯区子课题研究的相关工作等，培养了正确的科研精神。

通过本科和研究生的学习与实践，我自信已具备了一名人民教师的基本素质。衷心希望贵校给我一个投身教育事业的机会，让我能在贵校施展自己的才华，与您携手共进。

祝贵校广纳贤才，蒸蒸日上！

敬候佳音。

　　此致

敬礼

自荐人：×××

2020年7月1日

（3）个人简历

个人简历是求职资料的核心部分，主要是针对应聘的工作，将求职者相关经验、业绩、能力等简单列举出来（表5.1）。原则上要求内容真实、信息完整、格式美观、条理清晰。一直以来，表格式的简历较为普遍，近几年随着创新思维的不断提升，越来越多设计精美、个性突出的个人简历得到了面试者的青睐。

① 个人基本信息。这部分内容主要包含姓名、性别、出生年月、政治面貌、民族、学历、身高、职业资格证书、联系方式等。一般罗列在简历首页的最前面，可以让面试官一眼就能了解求职者的基本信息。

② 教育背景。按照从现在写到中学的时间顺序原则，罗列出毕业院校、专业、学历以及与应聘岗位相关的课程。

③ 工作或实践经验。不管求职者是新手还是职场老手再就业，这部分内容非常核心。专业的HR能够从简历的实践经验描述中获取求职者的核心竞争力和岗位胜任能力。如果求职者是应届毕业生，在校的学生活动、学生工作经历以及在校期间的各类社会实践一定要与求职岗位进行匹配，匹配度越高就放在前面描述，描述清楚什么时间，做了什么事情，取得了什么成绩。如果求职者是职场老手就无须再陈述在校的经历，直接描述在过往的工作中有哪些与岗位所需能力相关的闪光的项目或突出成绩。

④ 性格、兴趣和特长信息。现在的企业都有着多元化的公司文化，也很注重员工的人文素养。用人单位对性格良好、爱好广泛、有一定特长的求职者比较青睐，他们认为这类员工不仅自身修养和社交能力较好，还能够给公司文化注入新鲜元素。

⑤ 自我评价。该部分主要是归纳总结个人的综合素养能力，可以从学习能力、沟通能力、创新能力、团队合作精神、敬业精神等方面进行综合评价。

表5.1　表格式个人简历范本

姓　　名	李××	性　别	男	出生年月	1994.5	照片
身　　高	168cm	籍　贯	四川成都	政治面貌	中共党员	
求职意向	×××	学　位	管理学学士	电子邮箱	12345@163.com	
毕业院校	四川××大学	专　业	旅游管理学	联系电话	123×××××××	
技能证书	职业技能：导游资格证、调酒师、茶艺师、教师资格证 计算机技能：全国计算机等级考试二级证书 其他：C1驾驶证					
实践经历	2018年主持四川省大学生创新创业训练项目，已顺利结题； 2017年在××星级酒店教学实习，参与××项目的实施，获优秀实习生； 2016年在携程旅行实习，负责跟踪和分析客户数据，制订客户投放计划； 2016年在××旅行社实习，负责客户调研，客户需求分析，文案写作。					
获奖情况	2017—2018学年获得"四川省优秀大学生"荣誉称号、学习一等奖学金； 2016—2017学年获四川省导游资格大赛一等奖； 2015—2016学年获"优秀学生干部"称号、学习二等奖学金。					
教育经历	2014—2018年 四川××大学 旅游管理专业 2011—2014年 四川××高中 2008—2011年 四川××初中					
自我评价	对旅游行业有高度的敏感性和关注度，熟悉旅游企业的运营流程。对旅游产品规划和客户需求分析有较高的认知，善于沟通，思维缜密，能独立完成相关数据统计分析并制订相应实施计划。					

思考：从以上的个人简历中，你能获取哪些信息？这位求职者面试的是什么岗位？

（4）附件

附件是对个人简历和求职信中信息的实例证明，一般以复印件的形式装订在简历最后，通常情况下包含相关荣誉证书、职业资格证书、案例作品、相关经历证明信等。

（三）求职面试的形象准备

在面试中，良好的气质可以凸显求职者的个人魅力，能体现出职业素养和形象，加深面试官的良好感觉和印象，在一定程度上可以为求职面试加分（表5.2）。

表5.2 男女面试着装形象礼仪要求

男士面试着装礼仪	保持脸部清洁，胡子一定要刮干净，头发梳理整齐。查看领口、袖口是否有脱线和污浊的痕迹。
	春、秋、冬季，男士面试最好穿正式的西装。 夏天要穿长袖衬衫，系领带，不要穿短袖衬衫或休闲衬衫。
	西装的色调要以稳重的深素色为主，如藏青色、蓝色、黑色、深灰色等，配套衬衫最好选择白色。
	领带应选用丝质的，最好是单色的，它能够和各种西装和衬衫相配。 领带在胸前的长度以达到皮带扣为佳。如果要用领带夹，应夹在衬衫第三和第四个扣子中间位置。
	男士着装三一律原则：皮鞋、皮带、皮包颜色一致，一般为黑色。袜子选用深色。
	眼镜要和自己的脸型相配，镜片应擦拭干净。
	西装上衣的口袋起着装饰的作用，钢笔不要插在西装上衣的口袋里。
女士面试着装礼仪	裙子不宜太长，也不宜太短。低胸、紧身的服装，过分时髦和暴露的服装都不适合面试时穿。色彩要表现出青春、典雅的格调。用颜色表现你的品位和气质。不宜穿绚丽抢眼的颜色。
	春秋套装可用毛呢等较厚实的面料，夏季用真丝等轻薄的面料。衣服的质地不要太薄、太透，薄和透有不踏实、不庄重的感觉。
	丝袜被称为女性的第二层皮肤，一定要穿，以透明近似肤色的颜色最好。要随时检查是否有脱线和破损的情况，最好带一双备用。
	穿样式简单、没有过多装饰的皮鞋，后跟不宜太高，颜色和套装的颜色一致。如果不知道如何配色，最简单的办法就是穿黑色的皮鞋。面试时忌穿凉鞋。
	如果习惯随身携带包，那么包不要太大，款式可以多样，颜色要和服装的颜色相搭配。
	女士应化淡妆；如抹香水，应用香型清新、淡雅的；头发梳理整齐，前额刘海不要超过眉毛。
	佩戴饰物应注意和服装整体的搭配，最好以简单、朴素为主。
	出发前，从头到脚再检查一遍，看看扣子、拉链是否扣好、拉好，领子、袖口是否有破损，衣服是否有褶皱，鞋子是否干净光亮。

二、面试过程中的礼仪规范

某家公司的总裁曾经说过："我希望看到对方比较认真、努力，因为那是一种针对工作的负责态度。如果有人申请我公司的职位，却不屑于在第一次表现出他们最好的一面，那么他们肯定不会在任职期间做到最好。"在面试有限的时间里把握每一个细节，展现出最好的一面，才能为面试赢得成功的机会。

扫二维码

【案例赏析】

　　某公司招聘文秘，中文系毕业的王同学前往面试，她的背景材料很丰富：大学期间就在各类刊物上发表小说、诗歌、散文、评论等，还为五家公司策划过庆典活动，英语表达流利。小王身材高挑，五官端正。在面试的时候，穿着迷你裙，涂着鲜艳的口红，工作人员邀请她进入面试室时，她大步走到考官面前，不请自坐，在面试过程中还不自觉地跷起了二郎腿，笑嘻嘻地望着面试官。此时面试官说：王××是吧，你的简历资料我们看过了，请先回去等通知吧。"此时王同学还感觉良好，说："好的！"然后起身离开了面试室。

　　思考：这位王同学会被录取吗？为什么？如果你去面试，你会怎么做呢？

（一）守时礼仪

　　守时是中华民族优秀的传统礼仪，也是职业道德的基本要求。求职者提前10~15分钟到达面试地点效果最佳，既表达了求职者的诚意，也给用人单位以信任感。到了面试地点可先熟悉一下面试环境，同时调整自己的仪容、仪表和情绪。太早或太晚会视为没有时间管理的观念。面试迟到是大忌，无论什么理由，都会给面试官留下"缺乏职业素养"的印象，很有可能就会与工作失之交臂。

　　注意：如果真的赶不上面试的时间，应立即与面试联络人进行联系，说明情况，争取面试的机会，做到坚持不放弃，也许面试官会因为求职者的随机应变和坚持的精神而再给一次面试的机会。

（二）等候礼仪

　　部分用人单位对求职者的面试考核从求职者踏入单位的那一刻就已经开始了。求职者到了面试单位，如果有前台接待，请有礼貌地向前台工作人员讲明自己的来意，这是礼貌和教养的体现。在到达面试地点前，不论是在走廊或电梯里，遇到公司职员，都应该礼貌问候，并注意自己的言行，切忌随意打听公司信息。

　　按照前台指引到指定位置后，在等待的过程中不要到处张望，女士不要当众补妆，不要嚼口香糖，手机调整为静音或震动模式，避免声音影响到其他员工的工作，等待期间不要和周围待面试者闲聊，也不要评论公司员工的工作情况，尽量保持安静，展示正确的面试仪态。

（三）面试过程中的礼仪

1.进门有礼

　　面试官会指示工作人员通知面试者进入面试室，求职者一定要等待工作人员叫完名字之后敲门进入。敲门的力度要适宜，以屋内面试官能听到为宜，一般敲两三下较为标准，当听到面试官说"请进"后即可开门进入，开门力度轻盈，进门后不要用后手随手将门关上，应转过身去正对着门，用手轻轻合上门即可。回过身后走到适宜位置前倾30°向面试官微微鞠躬行礼，面带微笑说"您好"，要做到彬彬有礼、大方得体，不要过分殷勤和拘谨，更不要有讨好面试官的表情和行为。

注意：如果没有人通知，即使前面一个人的面试已经结束并且离场，求职者也应该在门外耐心等待，不要擅自敲门进入面试间。

2. 握手有礼

面试过程中，职业化的握手礼能创造出好的第一印象，并能传达出很多信息，比如是否自信、是否有教养、是否专业等。不少用人单位把握手作为考察一个求职者职场综合素养的依据之一。与面试官握手时，应伸出右手，上身略微前倾，彼此之间保持一步左右的距离，手要保持干燥。握手时整个手臂呈L型（90°），有力地摇动两下，握手应该坚实有力，有"感染力"，眼神要直视对方，握手的时间3秒为宜。

3. 微笑有礼

微笑是自信的表现，也能消除面试者的紧张情绪。面带微笑能够快速与面试官建立良好的沟通氛围，为求职者的面试印象加分。听面试官说话时，要时有点头，表示自己正在认真地倾听，同时面带微笑。

4. 眼神有礼

眼睛是心灵的窗口，恰当的眼神能体现出智慧、自信和自己对求职岗位的向往。面试时，求职者应与面试官保持目光接触，以示对面试官的尊重。目光接触要注意技巧，要合理掌握眼神注视区域，礼貌地正视面试官的上三角区，每次大约15秒，然后自然地转向其他地方或其他面试官，然后等待30秒左右，再注视正在说话的面试官。切忌目光犹疑，躲避闪烁，这是缺乏自信的表现。

5. 体态礼仪

中国自古有"站如松、坐如钟、行如风"的仪态礼仪规范，求职者在面试过程中应表现出职场人的精神和高度的求职热忱，在细节处传承好中国优秀传统礼仪文化。

在面试过程中，如果没有听到"请坐"，绝对不可以坐下，此时求职者需要保持端正、稳重、自然的站姿，做到平肩挺胸，直腰收腹，两腿自然靠拢，双手自然放于腹前。

当面试官说可以坐下时，应礼貌说声"谢谢"。优雅的坐姿礼仪可以给面试官留下好的印象。入座时，最好坐满椅子的2/3，上身挺直，双脚并拢，忌跷二郎腿，身体略向前倾，一定不要弓着腰，手自然放在腿上，整个人保持轻松的姿势。

【案例赏析】

礼仪细节助你敲开职场大门

20多年前，一位知名企业的总经理招聘一名助理。这对于刚刚走出校门的青年们来说是一个非常好的机会，所以前来面试的人特别多。经过层层选拔，总经理最终挑中了一个毫无经验的青年。

副总经理对于他的决定有些不理解，于是问他：那个青年胜在哪里呢？他既没带一封介绍信，也没受任何人的推荐，而且毫无经验。

总经理告诉他：的确，他没带来介绍信，刚刚从大学毕业，一点经验也没有。但他有很多更可贵的东西。他进来的时候在门口蹭掉了脚下带的土，进门后又随手关上了门，这说明他做事小心仔细。当看到那位身体上有些残疾的面试者时，他立即起身让座，表明他心地善良、体贴别人。进了办公室他先脱去帽子，回答我提出的问题时也干脆果断，证明他既懂礼貌又有教养。

总经理顿了顿，接着说：面试之前，我在地板上扔了本书，其他所有人都从书上迈了过去，而这个青年却把它捡起来了，并放回桌子上；当我和他交谈时，我发现他衣着整洁，头发梳得整整齐齐，指甲修得干干净净。在我看来，这些细节就是最好的介绍信，这些修养是一个人最最重要的品牌形象。

思考： 案例中的青年为什么能打动总经理？他展示出了哪些面试礼仪？

（四）面试自我介绍

通常自我介绍是面试的必经之路。面试官可以通过自我介绍初判求职者的应变能力，了解基本信息，从自我介绍中找到继续聊下去的有趣话题，这也是面试重要的破冰动作。越来越多的求职者已经开始重视自我介绍，面试前会认真准备并背诵自我介绍，但面试现场的效果却差强人意，自我介绍的内容没有让面试官为之动容，也没能为自己的面试锦上添花。

1.自我介绍常见雷区

（1）背诵简历型

【案例赏析】

张晓玲同学参加某家物流公司的面试，用人单位采用的是集体面试。面试官先让每位应聘者进行简短的自我介绍，前面介绍的同学都在1分钟内简单地介绍了自己的基本情况和特长。轮到张晓玲时，她非常自信，用了3分钟介绍了自己学习生活各方面的情况，基本上没有一个多余的字，与她之前投递的个人简历几乎一模一样，很明显她的自我介绍是经过认真的记忆和背诵，但给人的感觉比较生硬，缺乏感染力。最后她也没有通过该轮面试。

思考： 为什么经过认真准备后的自我介绍依然不能得到面试官的青睐呢？

越来越多的求职者为了追求在自我介绍环节让面试官全方面了解自己，展示自己较好的口才和表达能力，会采用背诵自我介绍文案的方式。但大部分的求职者曲解了面试官的用意，呈现的自我介绍和个人简历完全一致，浪费了自我展示的机会。简历只是个人经历的罗列，信息干瘪且缺乏情感，而自我介绍正是让这些干瘪的信息有了血肉，有了活力，让学习工作经历更为丰富精彩，也可以让HR更直观生动地了解求职者。由于面试官事先已经看过求职者的简历，如果只是复述简历，没有增项，不会引起面试官的重点关注。

（2）重点不突出型

自我介绍的时间一般非常短暂，很多求职者会把自己的所有经历罗列一遍，面试官抓取不了关键信息，那就意味着求职者不能从自我介绍环节亮眼而出。例如："您好，我毕业于××大学××专业，成绩优异。我体重75kg，身高175cm。我的爱好非常广泛，我爱看电影、打篮球、打游戏、旅游……"。上面这段话里，没有一句是面试官想要的，他想在求职者的自我介绍里听到与面试岗位有关的信息，自我介绍一定要针对性地提炼，重点突出。

（3）自报短处型

应聘者在准备自我介绍的时候，认为信息越多越好，但往往有时候说得越多错得越多，不小心就暴露了求职者的短处。例如求职者应聘的岗位是软件开发，但学的是法律专业。经常会有这样的自我介绍："虽然我学的是法律专业，但我对于软件开发很有兴趣，曾辅修了软件开发课程。"这就是自报短处型的自我介绍，会让面试官认为求职者的软件开发的能力只是基于兴趣，而不会很精通。

（4）卑微乞讨型

求职者一开始就表达对公司的了解及想进公司的强烈愿望，希望公司可以给自己一个机会学习成长。其实面试就是一场谈判，双方是平等的，求职者一开始就把自己放在一个不平等的位置，会给面试官留下不自信的印象。

（5）缺乏时间管理

自我介绍前一定要听清楚面试官的提问。自我介绍时长一般控制在1~3分钟，如果面试官非常明确地说"请简单做个自我介绍"，那自我介绍的时间最好控制在1分钟以内。所以求职者在准备自我介绍的时候，可以有针对性地制定不同时长的自我介绍文案。

2. 自我介绍技巧

要想在自我介绍就给面试官留下深刻印象，可以采用3W原则和STAR法则进行自我介绍文案创作。用3W原则陈述求职者的基本信息，在What（我能做什么）层面上结合STAR法则来陈述闪光的实践案例等，思路清晰有条理，逻辑性强，让面试官能够在三分钟以内直接将求职者的核心竞争力与应聘岗位进行有效匹配。

① 3W原则。3W原则即Who（我是谁）、Why（我为什么来这里）、What（我能做什么）。

② STAR法则。STAR法则是背景(Situation)、任务(Task)、行动(Action)、结果(Result)四项的缩写。STAR法则是一种常常被面试官使用的工具，用来收集面试者与工作相关的具体信息和能力。

自信的自我
介绍

【案例赏析】

1~3分钟自我介绍设计思路

Who我是谁：我是张小小，来自××大学酒店管理专业。——（5秒）

注意：如果求职者的学校知名度不太高，可以直接介绍所学专业，避开弱项信息。

Why我为什么来这里：非常感谢贵公司给我这次面试机会，今天我应聘的岗位是管培生及运营类岗位。——（5秒）

注意：如果想应聘的不止一个岗位，可以说求职意向是哪几个岗位或哪一大类的岗位。

What我能做什么：我仔细阅读了应聘岗位的任职要求，我的现有经历符合岗位要求，认为自己有能力胜任这个岗位。理由如下：

我所学的专业是酒店管理，在校理论知识和专业技能学习扎实，多次获学习奖学金和校级以上技能比赛奖项，符合应聘岗位的要求。——学习基础（10秒）

在校期间，我在利兹卡尔顿、希尔顿、香格里拉等酒店累计实习了十八个月的时间（S背景），主要工作是酒店前台接待和客房服务（T任务），通过校内和酒店专业的技能培训以及日常的工作积累学习（A行动），我能熟练操作酒店管理信息系统Opera系统及日常办公软件，能独立完成客人接待、数据分析及客房服务工作。在实习期间零投诉，收到了多封客人的表扬信，获得领导和同事的一致认可，实习期间被利兹卡尔顿、希尔顿、香格里拉酒店评为优秀实习生（R结果）。——STAR法则陈述实践经验（35~100秒）

注意：所选经验案例一定是最能体现与应聘岗位有关的一些经历，如果能用数据量化最有效，要突出自己已经具备了相关能力，表达出到岗可以直接胜任工作，而不是学习。

我的性格热情，具有较强的沟通能力，做事沉稳有耐心，符合岗位的要求。——与岗位匹配的性格。——(5秒)

我非常看好酒店行业，因此我在校期间考取了酒店管理师、茶艺师、调酒师等行业相关技能证书。我将继续在酒店管理服务方面努力，增强自己的实践能力，以胜任岗位的要求。——（5~10秒）

注意： 如果有与应聘岗位相关的职业技能证书，结合自己未来的规划，可以帮助HR了解求职者对行业的忠诚度即不易跳槽，在行业从业的稳定性高。可以在最后进行列举，这将成为自我介绍的加分信息。

3. 自我介绍礼仪规范

① 自信大方。自我介绍时要自信大方，态度诚恳，可适度适时地融入幽默元素，有助于缓和面试紧张气氛，拉近与面试官的距离，这类型的表达比只有严肃的表达更容易让人产生好感。

② 自谦得体。过度自信容易让自我介绍翻船。在自我介绍时注意语气平和、目光柔和、态度自然，适度谦虚，让面试官感受到求职者的诚意，而不浮夸。

③ 举止庄重。举止端庄，体态规范，即使是幽默也要保持良好的仪态，有效控制紧张情绪，可在面试前反复训练，面试时做到落落大方。

（五）面试交谈礼仪

面试是一种检测性的被动交谈，面试前尽管求职者可以进行充分准备，预想面试官可能会提到的问题，但面试官仍然可能提出各种各样意想不到的刁钻问题，以此来考察求职者的综合应变能力，因此求职者应提前训练面试交谈礼仪。

1. 学会倾听，用心感受

好的交谈是建立在良好的倾听基础上，面试过程中倾听是非常重要的礼节，也是教养的体现。不认真听、不会听是非常不礼貌的表现，也会让求职者无法回答好面试官的问题。

① 面试官说话，求职者要聚精会神用心倾听，学会抓住重要信息，从自己的经验和知识储备中找到合适的答案，切忌答非所问。如果确因不能理解面试官的提问，可以先谈一下自己对该提问的理解，请教是否理解有误，这样才能有的放矢。

② 在倾听过程中表情自然流露，表达求职者的敬意，例如可以适当地做出一些反应如微笑、点头等，这也可以让面试的气氛更融洽。

③ 身体可以微微倾向说话的面试官，表示对说话者的尊重。

2. 诚信至上，切忌浮夸

在交流过程中，求职者要保证自己传递的信息全部真实，用事实说话，切忌夸夸其谈，学会站在提问者的角度，善于用最朴实的语言突出自己的长处和优势。

3. 语言流畅，简明扼要

面试时应使用普通话（如用人单位有特殊要求，需根据要求使用相应语言），发音正确，口齿清晰，语言流畅，语速适宜。与人交流一定要通俗易懂，简洁明了，不宜啰唆。很多求职者因面试气氛紧张及平时说话习惯，回答问题长篇大论，喜用口头禅或过度使用华丽辞藻，抓不住问题的重点，面试官听了很久都不知道求职者想表达的核心意思。平时应进行反复练习，才能在面试时展示出求职者较强的逻辑思维能力和应变能力。

4. 语言个性，机智幽默

个性鲜明的语言和行为在面试过程中往往给人耳目一新的感觉，让面试官也能印象深刻。在面试过程中可以用幽默机智的语言技巧，让面试的氛围更加轻松愉快，展示出自己专业的气质和机智从容的风度。

5. 适当提问，不要插话

面试的过程是双向评估选择的过程，求职者可以向面试官适当提问题，但要注意提问的方向一定是与求职岗位相关，切忌说到自己的私人问题。提问的时机一定要适宜，不能随意打断面试官的说话，这是非常不礼貌的行为。

6. 善用非语言交流

这里说的非语言是指表情、手势和体态。罗曼·罗兰说过："面部表情是多少世纪才培养出来的成功语言，是比嘴里讲的复杂千百倍的语言。"因此面试过程中求职者可以合理使用表情、眼神、手势、体态向面试官传递当下的沟通是否有效。

7. 面试常见提问

（1）请先自我介绍

提问目的：了解应聘者的应变能力、逻辑思维能力、演讲能力。

回答建议：

① 提前准备好自我介绍文案。

② 不要背诵简历，尽量生动口语化。

③ 说重点，不要说与应聘岗位无关的内容。

④ 逻辑清楚，层次分明。

⑤ 自我介绍自然大方，善用非语言进行表达。

（2）你有什么兴趣爱好呢？

提问目的：了解应聘者的性格、心态、人际、才能、修养和观念等。

回答建议：

① 忌说自己没有什么爱好。

② 不要只说看书、听音乐等爱好，面试官会认为应聘者其实是没有兴趣爱好。

③ 可以说一些户外的业余爱好。

（3）谈一谈你人生中最失败的经历

提问目的：了解应聘者面对失败的勇气和胆量。

回答建议：

① 不宜说自己没有失败的经历。

② 不宜说出会影响目前应聘岗位的失败经历。

③ 明确说明失败主要是由于客观原因导致。

④ 说出自己失败后的反省，展示自己会面对新挑战的决定和态度。

（4）你为什么要来我们公司呢？

提问目的：了解应聘者的求职动机，测试求职者对公司的了解和喜爱程度。

回答建议：

① 事先收集应聘单位的所有信息。

② 叙述时可适当对公司的声誉、发展情况予以赞美。

③ 提及自己为了了解公司所做的努力及有能力胜任这份工作。

（5）你为什么要跳槽？

提问目的：了解求职者跳槽的原因，判定就业动机，求职者是否具有感恩的心。

回答建议：

① 简单叙述，不用把离职原因说得太详细、太复杂。

② 不带主观色彩负面评判前单位。

③ 不回避此问题，不谈自身的负面因素。

（6）我们为什么要录用你？

提问目的：考察应聘者是否能够站在用人单位的角度来思考问题。

回答建议：

① 谈企业岗位的录用条件，自己有足够的自信心，对岗位的喜爱。

② 说出自己具体有哪些能力，可结合具体的实践或项目成果。

（7）你是应届毕业生，缺乏工作经验，你怎么能胜任这项工作呢？

提问目的：重点考察应聘者的心态，是否有责任心，面对困难的态度。

回答建议：

① 体现出应聘者的诚信、机智和敬业的态度。

② 说出自己的观点，表达自己能胜任该职位的决心。

（8）你是否可以接受加班？

提问目的：评估应聘者是否有自己的判断以及是否真的可以加班。

回答建议：

① 因自己效率问题，不属于加班。

② 如果真的是公司发展需要，愿意接受加班。

（9）谈谈你的优点和缺点？

提问目的：面试官考察应聘者是否能正确认识自己，了解应聘者优缺点是否与应聘职位相关联。

回答建议：

① 优点最好与面试的岗位有关。

② 不能过于直白说出弱点，可以表面说弱点，实际展示自己的优点。如：我的缺点就是比较固执，一件事一定要做到最好才甘心。

（10）在工作中，如果与上级或同事意见不一致，你会怎么办呢？

提问目的：了解应聘者的执行能力、协调能力、人际交往能力及对工作的责任心。

回答建议：

① 与上级意见不一致时，私下与领导交换意见，如果领导的意见对公司是有利的，会服从上级意见。

② 与同事意见不一致，向同事陈述自己的观点，希望能和同事综合评估，共同做出判断。

（六）面试结束礼仪

所谓细节决定成败，很多面试者认为面试官说出"今天的面试就到这里"的时候，面试就结束了，这还不是完全的结束。不管面试的情况怎样，求职者都应该保持微笑，自然起立，身体微微前倾，向面试官表达谢意，如"谢谢各位领导给我这次面试的机会"，完成礼貌告别。如果面试官主动握手，应及时伸手回礼，切记不要主动与面试官握手，然后整理好自己的物品，将座椅和物品放回原位，从容大方离开面试室。走到门口，应转身再次向面试官表达谢意并说再见，最后轻轻地关上门，为面试画上圆满的句号。

三、面试结束后的礼仪

面试结束并不意味求职过程的结束，很多求职者只重视面试前和面试时的礼仪，往往会忽略面试后的后续礼仪。

（一）致谢礼仪

在面谈结束两三天之后，求职者可以通过打电话、写信的方式向面试官致谢。

电话致谢要简短，最好不要超过三分钟，电话里不要直接询问面试结果，仅仅表达求职者的谢意即可，这样有可能会加深面试官对求职者的印象。

求职者也可以采用电子邮件和书面感谢信的方式进行致谢。要注意感谢信的对象是写给某个具体负责人，求职者应该事先知道负责人的姓名，不要写部门负责人等模糊收件人。感谢信的内容主要是表明自己的身份，面试的时间，对面试官的感谢，不要提跟面试结果有关的事项。

【案例赏析】

最后3分钟的诚意撬开职场大门

一家公司的公关部招聘一位职员，公司的面试考核流程比较烦琐，一轮轮竞争淘汰下来，最后只剩下5个人。这5个人都毕业于名牌大学，无论是外表还是专业技能都非常优秀。公司通知这5个人，最终的录用决定还需要高层会议讨论后才能决定，于是让这5个人回家等消息。几天后，其中一位求职者收到一封电子邮件，邮件是公司人事部发来的，内容是："经过公司研究决定，你落聘了，但是我们欣赏你的学识、气质，因为名额有限，实是割爱之举。公司以后若有招聘名额，必会优先通知你。你所提交的资料录入电脑存档后，不日将邮寄返还于你。另外，为感谢你对本公司的信任，随寄去本公司产品的优惠券一份。祝你开心。"

这位求职者在收到电子邮件的那一刻，对结果很失望。两天后，她收到了寄给她的材料和一份优惠券。她十分感动，顺手花了3分钟时间用电子邮件给那家公司发了一封简短的感谢信。两个星期后，她收到那家公司的电话，说经过高层会议讨论，她已被正式录用为该公司职员。原来，公司给其他4个人也发了同样的电子邮件，也送了优惠券，但是回信感谢的只有她一个。

思考：为什么这位求职者会被录用呢？

（二）查询面试结果礼仪

一般面试完后，用人单位会告知求职者关于面试结果的大致通知时间和通知方式。如果按照约定的时间还没有得到用人单位的消息，这个时候可以跟招聘负责人电话联系，询问面试结果。

① 询问时间。要注意询问结果的时间，最好选在工作日的工作时间，不能去打扰对方的私人时间，特别是在工作日的用餐和休息时间。

② 询问方式。一般情况建议采用电话联系，在通话中要以礼待人，接通电话要问候"您好"，然后告知对方自己是谁，打电话的目的。如果要找的人正好不在，可以约下次电话询问的具体时间，尽量不要选择留言或转告的形式。

③ 电话时长。电话询问的时间不宜过长。如果知道自己没有被录用，一定要保持稳定的情绪，请教一下没有被录用的原因，如"您好，我想请教一下我没有被录用的原因，这样我以后可以改进"，最后一定要再次表达感谢。这样不仅可以赢得对方尊重，也给对方展示出求职者良好的综合素养。

交流拓思

一、孟浩然的尴尬面试

据《唐才子传》记载：孟浩然40岁时游长安，跟王维结为好友。一天，王维私邀他进入内署，正巧碰到唐玄宗驾临。遇到皇帝，本是天上掉馅饼一样的面试良机，可惜孟浩然不知把握，竟惊慌地躲避到床下。

王维不敢隐瞒，据实汇报。玄宗命其出来相见，孟浩然本该好好展示一下自己的才华，可惜他又晕头晕脑地选错了作品："不才明主弃，多病故人疏。"这句诗让唐玄宗龙心不悦："你不想当官，反倒打一耙，说我不用你，真会诬陷人！"于是对他置之不理。因自煞风景，孟浩然不仅错失了最佳的面试机会，还把自己弄了个灰头土脸。

思考：为什么说孟浩然失去了最佳的面试机会？如何把握面试机会？

二、张小小面试的视频

面试官您好！我是张小小，来自美丽的海滨城市，今年24岁，是酒店管理专业的应届毕业生。闽南的山水哺育我长大，我的血液里流淌着闽南人特有活泼开朗的性格和爱拼才会赢的打拼精神。带着这种精神，在校期间我刻苦学习，不负众望分别获得××—××年度二等奖学金，××—××年度和××—××年度三等奖学金，用实际努力报答父母和师长的养育之恩。这次我选择这个职位不仅专业对口以外，而且我也十分喜欢这个职位，相信它能让我充分实现我的社会理想和体现自身的价值。

思考：张小小的面试给你留下了什么深刻的印象？她的自我介绍属于哪种雷区？她的面试礼仪存在什么问题？

扫二维码
看视频

三、古有伯乐相马，今有AI面试，不会看脸的AI不是好伯乐？

高盛、希尔顿和联合利华等知名企业都在普及一套名为HireVue的AI视频面试系统，已经有成千上万的面试者经过这套系统的筛选。借助AI的力量，电话和视频的面试数据都可以拿来分析面试者的特征，总结出他们是否具备职位所需的能力和特点。最理想的情况下，AI可以扮演伯乐的角色，帮助HR快速选出心目中的千里马。

希尔顿高管曾表示，HireVue的AI面试系统将平均招聘时间从6周缩短到了5天。这种趋势催生了很多初创企业，除了专注于视频面试的HireVue，还有开发辅助招聘系统的Allyo，专注分析电话面试的VCV等。但与其他AI技术应用一样，AI面试系统也引发了一系列争议：AI系统有没有偏见，依据什么标准给面试者排名，表情分析结果是否可信等。

虽然有很多不同的初创公司开发了很多不同的AI面试系统，但它们本质上都遵循了一套相似的评判模式：用特殊算法追踪和分析面试者的面部表情、语音语调和用词方式，然后在职位所需的特质上打分，最后向HR和部门主管提供一份综合所有面试者各项指标的排名表。排名靠前的面试者代表他们的表现受到了AI的青睐，被评为更贴近职位需求的人选，因此也更容易获得下一轮面试机会，而排名靠后的面试者也有机会被看到，并不是直接出局。

看起来AI并没有淘汰任何面试者，只是给出了建议，最终决定权还是握在人的手里，但根据客户反馈，在实际应用中，HR会直接淘汰排名靠后的人选，只有极少数情况下才会关注排名靠后面试者，比如某人在关键需求上非常突出。也只有这样，使用AI系统的公司才能真正节约时间和成本。按照HireVue的说法，他们已经为联合利华节省了10万小时的面试时间，大约每年节省100万美元的招聘开支。

思考： AI面试真的能代替人类伯乐吗？面对AI时代的面试，求职者该如何准备呢？

职场模拟

一、撰写漂亮的个人求职简历

职场场景：能够针对具体岗位，结合自身实际撰写求职材料。

模拟要求：每名学生根据不同单位的招聘信息，撰写两份侧重点不同的求职材料，要求包含封面、求职信、个人简历和附件。

二、模拟面试——自我介绍

职场场景：通过实训，全面认知自我，积累应聘经验，提升应变能力，掌握自我介绍的礼仪，增强自信心。

模拟要求：① 分小组训练，五人一组，每组开展一对一和一对多的面试演练，其中一对多选2~3名面试官，其余成员担任应聘者。② 面试官介绍单位及岗位需求情况，要求应聘者做不超过3分钟自我介绍。③ 相互点评、总结。

三、模拟面试——面试礼仪助你赢得成功

职场场景：掌握面试仪表仪态礼仪及交谈礼仪，积累应聘经验。

模拟要求：① 分组模拟企业招聘面试，每组6人，2位面试官，1位工作人员，3位求职者。② 要求模拟从等待环节到提问环节全过程。③ 面试官进行面试提问，求职者灵活回答。④ 互相点评、总结。

评价考核

目标达成考核表

内　容		评　价	
学习目标	评价内容	小组评价 （5、4、3、2、1）	教师评价 （5、4、3、2、1）
德	积极乐观向上的人生态度		
	正确的求职观和价值观		
	真实诚信的职业道德素养		
知	求职资料的写作规范		
	面试形象设计规范		
	面试过程中的相关礼仪规范		
行	根据不同应聘岗位能设计出相应的求职资料		
	面对各类面试规范能合理运用面试礼仪		
努力的方向：		建议：	

拓展阅读

古人自我介绍时，这两个姓的人不必说"免贵"，是你的姓吗？

自谦是古人注重礼仪的一种表现，按照现代的话说，就是做人比较低调、谦逊。在古代是不是所有人自我介绍时必须要用"免贵"二字呢？肯定不是，这两个姓的人，如果生活在古代，不管面对何人都不必说"免贵"，直接报上尊姓大名即可，究竟是哪两个姓呢？

第一个——孔姓，说起孔姓，有一个人立马呈现在脑海中，就是孔子。自汉武帝开始，儒家思想就成为历代帝王治国的宝典，历经两千多年不休，作为儒家学派的开创者，不管在哪个朝代，孔子的地位都很高，许多皇帝不仅亲自祭拜孔子，为了表示对他的尊敬，封赐他至圣先师、大成至圣文宣王先师等尊号。

朝代更迭不断，而孔府的香火未受到影响，无论谁坐上皇位，都不敢把孔子的后人怎么样，否则就得罪了天下读书人，这可不是闹着玩的。所以，古代孔姓之人，告诉他人自己姓甚名谁时，无须用"免贵"二字，可见孔子的影响力有多大。

第二个——张姓。古代皇帝貌似没有姓张的，张姓之人凭啥不必自谦"免贵"呢？据说，上古时期诸神争斗，导致三界大乱，太白金星来到人间，千辛万苦找到了一位德才兼备之人，并把他带回天庭做玉皇大帝，此人名叫张百忍，既然玉帝都姓张，那么张姓之人有骄傲的资本，大可不必通过"免贵"而自谦了。

孔和张二姓里，有你的姓吗？

任务二　办公室礼仪

文化传承

为上者疑，为下者惧。上下背德，祸必兴焉。上者骄，安其心以顺。上者慢，去其患以忠。顺不避媚，忠不忌曲，虽为人诟亦不可少为也。上所予，自可取，生死于人，安能逆乎？是以智者善窥上意，愚者固持己见，福祸相异，咸于此耳。

——《罗织经·事上卷第二》

扫二维码
看翻译

【赏析】

在古代职场中，上下级的相处很有讲究，下级对上级要绝对忠心和顺从，上下同心才能有助于团队相处，下级要学会为上级思考和分担。在现代职场中，要善用古人职场人际相处的方法，下级要多为上级周旋，维护上级的权威，特别是在团队建设中，要齐心才能有坚强的团队。

教学目标

德　①引导学生树立正确的职场观；
　　②有效激发学生养成良好的职业道德素养；
　　③真诚与人相处，实现真善美的人生追求。
知　①了解办公室的日常规范礼仪；
　　②掌握办公室人际交往礼仪；
　　③了解办公室环境礼仪。
行　①能严格执行办公室各项规章制度；
　　②能处理好办公室人际关系；
　　③爱护并营造办公室良好环境。

课堂导入

待同僚，则互相规劝；待下属，则再三训导

据说曾国藩开始同湖南巡抚骆秉章的关系并不好，咸丰三年，曾国藩在长沙初办团练时，骆秉章压根儿就没把曾国藩放在眼里。当绿营与团练闹矛盾时，他总是偏向绿营。但曾国藩并没有逞口舌之勇，而是采取忍让的态度，在他为父守孝后第二次出山之时，还特意拜访了骆秉章。这让骆秉章大感意外，当场表态，以后湘军有什么困难，我们湖南当倾力相助。

"己预立而立人，己欲达而达人"，曾国藩口勤不仅仅是对同僚和上级，对下属也会耐心地训导，曾国藩秉持的这种为人处世之道，不仅让他成就了自己，也成就了如李鸿章、左宗棠、张之洞、刘铭传、胡林翼等名臣，实现了清末短暂的中兴。

思考：曾国藩的职场处事原则对现代职场有什么启示？

精讲点拨

办公室是职场的重要环境，良好的办公室礼仪是一个人职业道德和综合素养的体现，也有助于职业生涯规划的顺利发展。办公室礼仪包含了办公礼仪的一般规范、办公室人际交往礼仪、办公环境礼仪等。

一、办公礼仪的一般规范

（一）严格遵守管理制度

所谓"无规矩不成方圆"，严格遵守企业的管理规章制度不仅是办公室最基本的礼节，也是所有职场人的职业道德素养要求。职场人应该按时上班，不迟到、不早退、不缺勤，自觉遵守公司考勤制度，如需请假要及时办理相关请假手续；上班时间要严格遵守公司仪容仪表要求，如果单位没有明确规定，也一定不要穿戴奇装异服，男士不允许穿背心短裤，女士不能穿紧身衣、超短裙等不雅的服装，妆容整洁大方，保持良好的办公室仪容仪表。其次要注意办公室仪态，坐姿端正，站姿优雅，走姿从容，要展示出职场人的风采。

（二）办公室手机使用应注意的礼仪

办公室内接听和拨打电话应使用礼貌语言。随着手机的普及，越来越多的办公事务也会使用私人手机进行沟通。要注意办公室内应使用得体的手机铃声，铃声的内容适宜，避免引起误会和尴尬，如搞怪的手机铃声尽量避免。手机铃声的音量适宜，以方便自己和不影响别人为前提。在会议、工作洽谈等时间应把手机设置成静音。如果与人交流时，手机来电，电话又非常重要必须接听时，应大方地告诉对方来电话了需要接听一下，如：不好意思，我有个非常紧急的电话需要现在接听。如果偷偷摸摸接电话会让对方觉得你很不礼貌，自己也没有被尊重。办公室内不管是接听座机还是手机，说话的声音都不能太大，公共办公空间内最好不要打私人电话。因此规范的手机礼仪可以营造一个安静和谐的办公环境。

二、办公室人际交往礼仪

明朝薛瑄《读书录》中说道：处己、事上、临下，皆当如诚为主。这说的是衡量自己，服膺上级，领导下属，都应该以真诚为准则。在现代职场当中，这更是职场为人处世的根本。

（一）同事交往礼仪

同事之间建立良好的人际关系，是顺利开展工作的基础。

扫二维码

【案例赏析】

　　小张为人正直，做事非常认真，对自己的观点和意见非常坚定。初入职场，试用期早来晚归，非常努力勤奋，无论是大事小事，只要是领导安排都会全力以赴做好。他希望通过自己的努力能赢得领导的肯定。但恰恰是这样忙碌的工作，日常与同事们之间的交流很少，连公司传统的入职饭都没有请同事们吃一顿。小张一直想着等忙过试用期这段时间，转正时再请大家吃一顿。试用期结束后，公司告知小张他试用期不合格，小张很纳闷，自己那么努力为什么没有通过试用期呢？公司人力资源给出的理由很充分：小张有一定的工作能力，性格过于内向，与部门同事沟通不畅，缺乏团队协作精神。

　　思考：为什么小张如此努力，用人单位却不录用呢？

1. 相互尊重，以礼待人

　　办公室同事之间涉及不同部门、不同岗位，角色较多，人际关系也复杂。要做到和同事们和谐相处，首先要做到相互尊重，以礼相待。孟子云"爱人者，人恒爱之；敬人者，人恒敬之"，只有尊重了他人，才会被尊重，做到礼貌待人，善于倾听，不谈论他人的隐私，不评论他人的行为，不攻击他人的人格，不打扰他人的工作，不乱动他人的东西。同事遇到难处，应主动询问是否需要帮忙；同事之间发生争执，要主动化解，避免尴尬和误会；对同事的不当行为要学会包容和理解，做到换位思考，才能相处融洽。

【案例赏析】

　　小赵长相一般，属耐看型。入职第一天，她静悄悄地坐了一天，除了下班时与领导沟通了一个小时，谁也不知道她在干嘛。第二天上班，她给部门每个同事都带来了一份小礼品并亲手送给了大家。但送给大姐的礼品与其他人的不一样，貌似比领导的更精美，同事们很是好奇，但都不好意思问。除了又找部门经理聊了两个小时外，小赵又静静地坐了一天。下班时，部门经理说请大家参加小赵的拜师宴，大家更是莫名其妙，但也欣然接受了。

　　宴席上，小赵说通过第一天对工作流程的了解，觉得若要胜任工作，她的能力还必须提升，经领导推荐，她想拜工作能力强且颇具威信的大姐为师（收到特殊礼品的那位），希望大姐能收自己为徒，也希望大家见证。寥寥数语，把大姐感动得稀里哗啦，同事们报以了热烈掌声和认可。部门经理乐见其成，小赵真情实意，大家欢歌笑语。

就这样，在大姐的引导和帮助下，小赵的能力明显提升，同事关系也处得不错，工作也逐渐开展起来。顺理成章地如期转正。

思考： 不起眼的小赵为什么能如期转正？

2. 团结协作，公平竞争

在同一个办公环境中，每位员工都有着共同的工作目标和愿景，因此同事之间应该真诚热情对待彼此，相互理解、相互包容、相互帮忙，提高凝聚力和团队作战能力，才能实现共同的目标。职场有合作也免不了有竞争，每位员工都该拥有正确的价值观，与同事之间应透明、公平地展开竞争，切忌为了争得竞争的胜利用非正常的手段，也不能诋毁竞争者。做事踏实，做好自己的本职工作，在协作中良性竞争。

【案例赏析】

团队绝对不是团伙，人情世故不是融入

小王聪明伶俐，懂得察言观色。入职没几天，公司上上下下人际关系网他都搞得非常清楚。在公司里他见人就微笑招呼，说话客客气气，是个热心肠，只要他能帮忙的绝无二话，很是招人喜欢，很快就融入了部门，与同事们打成一片。小王的工作能力也还行，只是交际应酬太多，难免分心，导致工作进度有时滞后，每次工作滞后都自罚请大家吃饭，很懂规矩，团队相处便也相安无事。等到试用期考核评定时，部门同事对他的评价居然是不合格，给出的理由很中肯："能力一般，缺乏自律，目的性太强"。没少帮人干活，没少请人吃饭，却落得个试用期通不过，小王很是想不通。

思考： 为什么小王试用期考核没有通过呢？

3. 语言适度　宽以待人

同事之间交流，语言要有度、得体，要注意分寸，不是所有的话题都可以拿到办公室来说。不向同事抱怨发牢骚、不议论别人的私事、不搞小团体说小话、不问同事工资待遇，与同事讨论不要得理不饶人，说话让人三分，有助于和谐职场同事关系，也能拥有更宽的人脉。

（二）与上级相处礼仪

作为下属，要尊重领导、服从上级，主动完成上级布置的工作任务，精益求精。帮助上级树立职场威信，相处不卑不亢，注重职场细节，视场合讲究相处的方式方法。

在职场中上级会自带领导气场，大部分员工都害怕与上级单独相处。其实单独相处

是机遇也是挑战，通过单独相处可以与上级建立了解和信任。在单独相处的过程中，要善于感知聊天的气氛，如果气氛紧张，可以耐心等待上级的破冰，不用主动发问或表达意见；如果上级的提问涉及私人话题，记得听重点，可以简洁诚恳地礼貌回答，但不要主动去询问上级的私人信息；当遇到上级接听私人电话时，应尽量回避。

与上级非单独相处时，不要当着众人的面与上级发生正面冲突，有不同的意见且有可能会与上级产生争执时，可以事先或事后单独与上级进行沟通，这样也可以让上级对你的信任感倍增。

日常工作中，不能越级汇报工作，除非征得上级同意。

（三）与下属相处礼仪

作为领导者对下属要给予尊重和关爱，让下属对自己能够可亲可敬。每个领导者都想拥有自己的职场威信，建立职场威信一定是基于平等待人，忌拉帮结派，任人唯亲，要做到唯才是举。所谓"己所不欲，勿施于人"，无论是工作作风还是生活细节，要学会以身作则，只有成为下属的模范和榜样，才能让下属配合你的工作。

扫二维码

【案例赏析】

险远之路，身往验之；艰苦之境，身亲尝之。

"身勤"，即身体力行、以身作则。

曾国藩在军中要求自己早起，不论是什么样的天气，不论是什么样的环境，他一定"闻鸡起舞"，练兵督训，办理各项事务。曾国藩对军中将士说："练兵之道，必须官弁昼夜从事，乃可渐几于熟。如鸡孵卵，如炉炼丹，未可须臾稍离。"

言传不如身教，曾国藩就是这样影响手下的幕僚、将领的。不管是个人修行还是管理团队，这一点至关重要，要给周围的人和下属做一个好榜样。

思考：曾国藩与下属相处之道的真谛是什么？

（四）与异性交往礼仪

古语有"男女授受不亲"，但随着时代的进步，在如今的职场中男女同事完全可以公开正常交往。在工作交往过程中，双方要注意一定的礼仪，坦诚交往，注意分寸。

1. 语言礼仪

办公室交谈中，男女都应注意语言交谈的礼仪。男士在办公室不能说粗话，尤其是有女同事在场的情况下；互相恭维时，不能有挑逗性的语言，避免给对方产生不该有的错觉。注意把握话题分寸，不宜把自己的私生活带到职场上，生活中的不如意也不宜向异性同事倾诉过多。

2. 服饰礼仪

办公室不是约会或居家场所，服饰需非常规范。女士着装要得体，不能张扬自己的性感，不得穿超短裙或太暴露的衣服，举止端庄自然；男士要干净稳重，衬衣不能敞开，不能穿短裤。

3. 行为礼仪

基于社会风俗和交往礼仪，一般男士会在有些方面主动照顾女士，女士面对男士的照顾要保持头脑清醒。男士不能当着女士的面整理衣裤，女士也不能做一些挑逗性的动作，避免造成误会。

（五）微信社交礼仪

"扫一扫"的时代，各类新媒体社交平台的涌现，同事之间也有了新的社交方式，如微信、微博、抖音等。微信以其语音、图片、视频、定位等便捷的多媒体交流功能成为时下使用频率最高的新媒体软件，新老同事见面，扫一扫加微信好友，没事翻翻朋友圈，偶尔评论，让日常的沟通更生动。但在职场中，微信的使用也有礼仪规范。

1. 信息保护礼仪

互联网时代，传统名片有了另一种形式——电子名片，只需要扫一扫电子二维码或把电子名片进行推送即可。在职场中同事之间基本都是微信好友，不管是新同事还是旧同事，互加好友一定要征得对方同意，特别是如果想要把某位同事的名片推送给其他人，一定要询问当事人是否愿意分享名片信息，做到信息保护。

2. 微信朋友圈礼仪

微信朋友圈具有私密性和休闲的特质，主要功能是通过对日常生活的记录进行情感交流和信息共享。有人说，朋友圈是自己的私人空间，想发什么就发什么。但作为职场人，朋友圈就不是"自由"的了。

朋友圈呈现的内容应符合自己的身份形象，朋友圈有同事、朋友和家人，不应发太多与工作相关的内容，不要让朋友圈成为单纯的工作圈；不要随意对朋友圈的内容进行点赞或评论，评论也要注意内容适当，不能影响自己的职业形象，特别是不要对同事以前的朋友圈内容进行评论或点赞，会让别人觉得自己在被调查；不可将微信好友的朋友圈内容随意转发给其他人。

朋友圈内容注意事项：

① 不抱怨公司、工作或同事。朋友圈虽然可以表达心情，但抱怨的后果不仅不会改变现有的工作状态，还会让领导或同事质疑你的工作能力。

② 朋友圈不要晒自己的收入。

③ 朋友圈不宜发广告或做微商，即使不是在工作时间刷圈，也会给领导或同事不好的印象。

④ 朋友圈不宜发自己很私密的生活图片或相关信息。

【案例赏析】

职场人如何经营自己的朋友圈？

张红辞职了，准备找新工作，然后在某招聘软件上和HR短暂的交流之后，双方都达到了基本的意向，于是两人就互相交换了微信。张红的朋友圈没有设置任何权限，一般情况只要加了她微信，都可以通过她的朋友圈去了解她的生活与日常。

但是问题就出在这里，HR加了她之后好几天也没有联系她，她按捺不住心里的着急，就询问了HR。HR回复道："看了你的朋友圈，似乎和我们的岗位性质不是很符合，很抱歉，祝您早日找到满意的工作。"

张红看到HR的回复后惊呆了，因为她的朋友圈发了一些对之前工作的抱怨。这一通拒绝，让张红灰了心，回头把朋友圈设置成最近三天可见，也不再随意发朋友圈了。

思考：为什么说张红的朋友圈让她错失了求职的机会？职场人该如何管理自己的朋友圈？

3. 微信群礼仪

微信群是多人聊天的平台，可以发送语音、图片、在线视频和定位等功能。微信用户可以通过好友邀请或扫二维码的形式加入群。在职场中一个单位、一个部门、三五个朋友等都可以组建群，邀请好友入群一定要征得对方同意。特别注意不要让工作交流群成为广告群，也不能因为微信群的便利影响了实际的工作效率。

4. 微信好友交流礼仪

和职场中的微信好友交流要注意交流时间、方式以及规范的交流语言。如果对方发送的是文字信息，最好自己也发送文字，不可贸然发送语音信息，有可能会打扰到对方，这是不礼貌的行为；发送语音信息一定要注意接收人所处的场合和时机；能当面交流的信息，尽量不要依赖微信进行沟通；除非跟对方有特殊约定，否则不能在深夜和大清早发送信息谈论工作。

三、办公室环境礼仪

办公室的整体环境会影响工作人员的办公情绪，好的环境会让人心情舒畅，使工作效率提高，因此要维护好办公环境，职场人要树立保护办公室环境的礼仪意识，养成良好的办公室环境礼仪习惯。

爱护办公室公共设施，物品使用后要摆放整齐，不能给后面使用的人增添麻烦；保持自己的工位干净整洁有序，不要随意摆放自己私人的物件或物品；当离开自己的工位时，应将文件整理收纳好，特别是非常重要或保密的文件，不应随意摊放在桌面上；长时间离开办公室，记得关闭计算机和其他办公设备，节约办公资源，避免引起火灾等危险。

办公室是公共场所，在办公室内打电话或与同事交流声音音量不宜过大，否则会影响周围同事的工作。如果要通知其他办公室的同事，应该到其办公点进行通知，不能隔着很远大声喊叫，这样会严重影响办公环境的和谐构建。

在办公室内应该友好和谐相处，作为员工应该尽量做好自己的本职工作，以礼待人。搞小团体会严重影响同事之间的交往和办公室的办公气氛，属于精神环境破坏，会导致办事效率低下，影响办公室工作人员的情绪，应予以杜绝。

交流拓思

一、魏延的反叛给职场的反思

三国演义里"脑后有反骨"的魏延当年早已是蜀国的"国防部"高管，在军界、政界都是工作能力一级棒，业务水平超一流，妥妥的国之栋梁！

扫二维码

唯独他个性高傲，搞不好同事关系，跟很多同事都闹过矛盾，被不少人看在眼里，恨在心里。最后在带兵回城的路上被"主管后勤"的同事杨仪安上叛变的罪名，人生走向遗憾的终点。

思考： 在职场中，业务能力和人际关系到底孰轻孰重？该如何平衡？

二、对不起，我的手机听筒坏了

小李和公司高层出差谈项目，在谈项目的过程中涉及一些资料需要及时由办公室传到现场，小李赶紧给同事小张发送微信文字信息。几分钟后，小李的手机频繁接收到小张发送的微信语音信息，每一条都接近60秒，小李知道此时的洽谈环境，如果点开语音信息会让对方觉得自己非常没有礼貌，于是他给小张不失礼貌地发送了一条文字信息："对不起，我的手机听筒坏了，请发文字信息。"后来小张马上发送了两条文字信息，意思是确定要回传的资料。如此简单的沟通差点就影响了项目的洽谈。

在职场中工作交流慎用语音信息。职场中的很多场合不适宜听语音，即使可以听也可能因对方表达不清，或是接收者操作不当，需要反复听上很多遍，并且语音信息需要一字不漏地听完才能知道要传达的信息，浪费时间，也降低了工作效率。所以微信60秒语音功能被网友调侃为"大规模伤害性武器"。

思考： 你怎么看待60秒语音功能被视为"大规模杀伤性武器"？

职场模拟

一、如何跟同事解释？

职场场景：办公室有位同事不在，这时领导让你把这个同事的工作任务做了。当你做到一半时，该同事回来了，表现出对你的不满，这时你该怎么办？

模拟要求：① 模拟布置办公室环境。② 3~5人一组按照任务背景进行模拟演练。③ 互相点评模拟各环节。

二、领导艺术

职场场景：你作为公司销售总监，正在主持一次工作会议，其中一位部门经理发言思路清晰，其他同事都很认同他的意见。但这位经理时常影响他人的发言，造成在场很多同事不好意思发言。身为主持人和领导，你会如何处理？

模拟要求：① 模拟布置会议场景。② 编制模拟文案。③ 10人一组模拟上级领导处理同事人际关系，突出处理的过程。④ 互相点评并总结。

三、职场新手如何快速融入团队

模拟背景：在开放式的办公室，很多同事都在同一个空间工作。小张和小李都是职场新人，小张性格开朗，小李比较内向，他们该怎么快速融入公司的人际环境中呢？

模拟要求：① 模拟布置办公室环境。② 编制模拟文案，要求加入办公室环境礼仪和微信礼仪元素。③ 10人一组进行模拟，要突出小李和小张的人际处理过程。④ 互相点评总结。

评价考核

目标达成考核表

内　容		评　价	
学习目标	评价内容	小组评价 （5、4、3、2、1）	教师评价 （5、4、3、2、1）
德	正确的职场观		
	敬业、乐业的职业道德操守		
	真诚与人相处，真善美的品德		

续表

内 容		评 价	
学习目标	评价内容	小组评价 （5、4、3、2、1）	教师评价 （5、4、3、2、1）
知	办公室日常礼仪使用规范		
	办公室人际交往相关礼仪		
	办公室环境礼仪		
行	遵从办公室管理制度		
	妥善处理好办公室人际关系		
	营造良好的办公环境		
努力的方向：		建议：	

拓展阅读

以感恩的心态面对一切

有一个叫史蒂文斯的中年男人在一家公司里当程序员，他已经在这家软件公司里干了8年。然而，就在这一年，公司倒闭了。这时，史蒂文斯的第三个儿子刚刚降生，巨大的经济压力使他喘不过气来。

于是，史蒂文斯开始了漫长的找工作生涯。然而一个月过去了，他一无所获。一天，史蒂文斯在报上看到一家软件公司要招聘程序员，待遇非常好。他立刻赶到公司，准备参加应聘。应聘的人实在太多了，竞争异常激烈。经过简单交谈，公司通知他一个星期后参加笔试。在笔试中，史蒂文斯再次轻松过关，剩下的只有两天后的面试了。

然而，在这最后一关中，史蒂文斯没被选项中。不过史蒂文斯并没有怨恨，而是给这家公司写了封信，以表感谢之情。他在信中这样写道："感谢贵公司花费人力、物力，为我提供了笔试、面试的机会。虽然我落聘了，但通过应聘使我大长见识，获益匪浅。"

那家公司收到回信后，无不为这样的一封信而感动，最后总裁也知道了这件事情。3个月后，新年来临，史蒂文斯收到一张精美的新年贺卡，上面写着：尊敬的史蒂文斯先生，如果您愿意，请和我们共度新年，贺卡是他上次应聘的公司寄来的。原来，公司又出现了空缺，他们第一个就想到了史蒂文斯。史蒂文斯应聘的这家公司就是美国著名的微软公司，十几年后，史蒂文斯凭着出色的业绩，一直做到了公司的副总裁。

　　人生感悟：许多的时候，常常怀着一颗感恩的心，只为他们曾给予过我的一句叮咛、一次微笑、一份关爱，足以让我在生活安然时深深地回味而动情。以感恩的心态面对一切，包括失败，你会发现，人生其实很精彩。

任务三　仪式活动礼仪

文化传承

扫二维码
看翻译

"我将我享，维羊维牛，维天其右之。仪式刑文王之典，日靖四方"

——出自先秦佚名的《我将》

【赏析】

　　神灵在古人的心中非常神圣和尊贵。古人常用牛羊作为祭品供奉神灵，祈求上天的庇佑。古人供奉神灵通常会大张旗鼓地开展仪式活动，他们常常会效仿前人的仪式，传承严格的仪式程序和规范的典章。因此，如今仪式活动的由来和礼仪规范都离不开古人的智慧和文化的传承。

教学目标

德　① 树立正确的价值观；

　　② 养成良好的职业道德素养；

　　③ 心怀爱国主义情怀、坚定爱国信念。

知　① 掌握仪式活动的概念；

　　② 掌握签字仪式的流程及礼仪规范；

③掌握剪彩仪式的流程及礼仪规范；

④掌握庆典仪式的流程及礼仪规范。

行　①正确使用签字仪式礼仪规范；

②正确使用剪彩仪式礼仪规范；

③正确使用庆典仪式礼仪规范。

课堂导入

国产003航母正式下水命名仪式

我国第三艘航空母舰下水命名仪式2022年6月17日上午在中国船舶集团有限公司江南造船厂举行。中共中央政治局委员、中央军委副主席许其亮出席仪式。

003号航母，胸前佩戴大红球，雄赳赳气昂昂。11时许，下水命名仪式开始，全场高唱中华人民共和国国歌，五星红旗冉冉升起。许其亮向接舰部队主官授予命名证书，与军地领导共同为我国第三艘航空母舰下水剪彩。随后进行掷瓶礼，香槟酒瓶碰击舰艏碎裂，舰船鸣响汽笛，船坞坞门打开，航空母舰缓缓移出船坞，停靠码头。下水命名仪式在中国人民解放军军歌声中结束。

经中央军委批准，我国第三艘航空母舰命名为"中国人民解放军海军福建舰"，舷号为"18"。福建舰是我国完全自主设计建造的首艘弹射型航空母舰，采用平直通长飞行甲板，配置电磁弹射和阻拦装置，满载排水量8万余吨。该舰下水后，将按计划开展系泊试验和航行试验。003型航母的正式下水对于中国航母运营，对于解放军海军战斗力的提升，以及对于地区局势平衡发展都有非常积极的意义。

思考：为什么航空母舰下水仪式要用香槟酒瓶碰击舰艏？

精讲点拨

仪式是人类历史长河中最古老、最普遍的社会文化现象。仪式作为社会生活中的一种直观、生动、具规范性和操作性的行为，是诸多文化现象的载体。

一、仪式活动

仪式活动指一些较为重要、盛大的场合，依据规定的程序，按部就班地举行的浓重而热闹的活动形式。在职场中常见的仪式活动有签字仪式、剪彩仪式、庆典仪式等。而仪式经常发挥着难以替代的重要功能，它可以帮助企业树立的良好形象，提高企业的知名度和美誉度，同时培养职场人的自信心、凝聚力、归属感和集体荣誉感，也可以表达对合作对象的诚意和态度。职场中仪式礼仪一般指仪式的正规做法和流程标准。

二、签字仪式礼仪

【案例赏析】

签字仪式礼仪

经过长期洽谈之后，南方某市的一家公司终于同一家跨国公司谈妥了一笔大生意。双方在达成合约之后，决定为此正式举行一个签字仪式。

因为双方的洽谈在我国举行，所以签字仪式由中方负责。在仪式正式举行的那一天，对方差一点在正式签字之前临场变卦。原来，中方的工作人员在签字桌上摆放两国国旗时，忽略了国际惯例"以右为上"的原则，而采用了中国的"以左为上"，将中国国旗摆到了签字桌的右侧，而将对方的国旗摆到了签字桌的左侧。结果让对方人员非常尴尬，差点拒绝签字，这场风波虽然最后得到了化解，但也给中方一个深刻的教训：签字仪式的礼仪不可不知道，签字仪式前的准备工作务必逐一检查。

思考： 签字仪式礼仪的重要性。

1. 签字仪式概念

签字仪式通常是指订立合同、协议的各方在合同、协议正式签署时所正式举行的仪式。世界各国的签字仪式都有严格的程序及礼仪规范，非常正式、庄重、严肃，这也是双方对协定的重视和尊重。

2. 签字仪式的流程

（1）签字仪式的准备工作

第一步：准备好待签文本。洽谈结束后，谈判双方应指定专人按照谈判达成的协议拟定待签文本，文本定稿后，需校对、翻译、印刷、装订、盖印等。文本的准备应非常重视，协议一旦签订将具有法律效力。

注意事项：

① 拟定签字文本时要核对谈判时协定的条件，同时核对文本内容所涉及的相关批件是否完备，确保签字文本完善准确。

② 文本签字的单位有几个，签字仪式就应该准备几份签字文本，如有必要，还应为各方提供一份副本。

③ 如与外商签订协议，需参照国际惯例，待签文本应同时使用宾主双方母语。

④ 签订文本按照八开大小装订，装订时应使用仿皮或高档材质封面，印刷精美，以示郑重。

第二步：布置好签字场地。签字场地一般为公司的会议室或专门的签约室。签字仪式的场地布置要求庄重、整洁、清净。

注意事项：

① 标准的签字桌为长桌，铺绿色台呢。签字桌上，应事先摆放好待签文本以及签字时会用到的签字笔等文具。

② 签字桌应横放，签署双边性协议时，可放置两张座椅，供签字人就座。签署多边性协议时，可以只放一张座椅，供各方签字人签字时轮流就座。

③ 与外商签署协议时，须在签字桌上插放各方的国旗。其顺序须按照礼宾序列进行排列。签署多边性协议时，各方的国旗应按礼宾顺序插在各方签字人的身后；签署双边性协议时，国旗应插放在该方签字人座椅的正前方。

第三步：落实签字人员相关事宜。签字仪式前一定要落实仪式中的签字人，出席签字仪式的有哪些人，人数有多少，这样方便主办方安排。

注意事项：

① 客方一定要事先告知主方出席签字仪式的人员名单。

② 各方签字人的身份应该对等，一般视签署文件的性质来确定。

③ 签字各方需要安排一位熟悉签字仪式流程的助签人，并事先商定签字的细节。

④ 双方出席签字仪式的人数应基本相等。

⑤ 规范出席签字仪式人员服饰。签字人、助签人及随员出席签字仪式应穿着具有礼服性质的深色西装、中山装、西装套裙，并配以白色衬衫与深色皮鞋。礼仪人员和接待工作人员可穿工作制服或旗袍类礼仪性服装。

第四步：安排签字人座次。座次礼仪是签字仪式中非常重要的礼节。

注意事项：

① 签署双边合同时，客方签字人应在签字桌右侧就座，主方签字人应同时就座于签字桌左侧。

② 双方各自的助签人应分别站立在各自签字人的外侧，以便可以即时提供帮助。

③ 双方的其他随员可以按照一定的顺序在己方签字人的正对面就座。

（2）签字仪式流程及礼仪规范

签字仪式的时间一般不长，最好以半小时为宜。但这是协议签订的高潮环节，备受瞩目，因此在流程上要规范、庄重、严肃。

第一步：签字仪式正式开始。各方人员进入签字厅，并在事先安排的位次就座。一般签字人位次礼仪是客右主左。随员可按照身份高低，自左向右或自右向左排列站于各方签字人之后或坐在己方签字者的对面。助签人站在己方签字者的外侧，协助打开签字文本，指明签字处，并为已经签署的文件吸墨。

第二步：签字人正式签署协议或合同文本。先签署己方的协议文本，再签署对方的协议文本。签字礼仪中规定每一位签字人在由己方保留的协议文本上签字时，按惯例应当名列首位，即"轮换制"。在位次排列上，轮流使有关各方有机会居于首位一次，显示各方机会均等。

第三步：交换协议文本。各方签字完成后，正式交换已签署的协议文本。此时各方签字人应热烈握手，互致祝贺，并相互交换自己使用过的签字笔，以示纪念。此时全场鼓掌，对签字仪式表示祝贺。

第四步：共饮香槟酒举杯庆祝。交换已签订的协议文本后，礼仪工作人员会用托盘端上香槟酒，签字人会当场干了这杯香槟酒，这是国际惯例旨在增添喜庆色彩。

第五步：有秩序退场。首先请双方最高领导者及客方先退场，然后主方再退场。

三、剪彩仪式礼仪

（一）剪彩仪式的概念

剪彩仪式是有关组织为了庆贺其开业、开工、大型建筑物的启用、新道路或航线的首次通车、展销会或博览会的开幕而隆重举行的一项礼仪性程序。

（二）剪彩仪式的礼仪规范

1. 剪彩仪式必备物品

① 红色缎带：剪彩仪式应准备一整匹未曾使用过的红色绸缎，这就是剪彩仪式中的主角——"彩"。有的剪彩仪式也会使用红布条、红线绳、红纸条作为"彩"。根据剪彩者的人数，在彩的中间扎成数个花团，花团的数目比现场的剪彩人数多一个，每位剪彩者总是处于两朵花之间。

② 白色手套：每位剪彩者都配上一副白色手套，除了要确保数量之外，手套大小合适，崭新平整，洁白无瑕。

③ 新剪刀：剪彩所用的剪刀一定是一把新剪刀，须锋利顺手。一定要逐把剪刀检查确认是否好用，务必保证剪彩者在正式剪彩时，可以一刀剪断，切勿补刀。剪彩仪式结束后，主办方可以将剪彩者使用的剪刀经包装后，赠送给剪彩者留作纪念。

④ 托盘：剪彩仪式上助剪者手中用以盛放红色花团（绸带）、剪刀及白手套的托盘。托盘应采用统一型号，使用时铺上红色绒布，每位剪彩者配置一只托盘。

⑤ 红色地毯：为了表示对宾客的尊重，营造一种喜庆的气氛。主要用于铺设在剪彩者正式剪彩时的站立之处。有时也不用铺设。

2. 邀请剪彩人员

① 主剪者。剪彩仪式的剪彩者可以是一个人，也可以是几个人，一般不超过五个人。剪彩者的身份视剪彩仪式的类型有关，按照惯例主剪者一般是上级领导、合作伙伴、社会知名人士、员工或客户代表担当。若剪彩者只有一人，则其剪彩时站在中间位置即可；若剪彩者有多个人时，主剪者要位于中间，中间高于两侧，右侧高于左侧，距离中间越远位次就越低。因此在剪彩仪式之前一定要确定剪彩者的名单以及确定主剪人。

② 助剪者。助剪者是指在剪彩者剪彩的过程中在旁边为其提供帮助的人员。助剪者可以邀请几位专业的礼仪小姐或由东道主的女职员担任礼仪小姐。助剪者可以分为迎宾者、引导者、服务者、拉彩者、捧花者、托盘者等。

3. 剪彩仪式的程序及礼仪规范

剪彩仪式一般为迎宾、宣布仪式开始、致辞、执行剪彩、参观。

第一步：迎宾。在剪彩仪式开始前，应先请大家在指定座位上就座。剪彩者应就坐于前排，主剪者应居于中间位置，距离主剪者越远，位次越低，右侧位次高于左侧。

第二步：宣布仪式开始。剪彩仪式都有专门的主持人，主持人宣布剪彩仪式正式开始后，全场应热烈鼓掌，随后主持人应向全体到场者介绍重要来宾。

第三步：致辞。主要由主办方的代表、上级主管部门代表、地方政府代表、合作单位代表等一次致辞。每人致辞不超过3分钟，内容言简意赅，应具有鼓动性，烘托现场氛围。

第四步：执行剪彩。这是仪式的高潮部分。当主持人宣布剪彩仪式开始后，礼仪小姐应首先上场，可以两侧同时登台，也可以单从右侧登台。登台之后，拉彩者处于两端将红色的绸带拉直，其余的礼仪小姐手持托盘站在捧花者的身后一米处。引导者引导剪彩者上台，此时引导者应在其左前方引导。剪彩者就位后，礼仪小姐从各剪彩者的左后侧递上托盘，等待剪彩者戴上手套，拿好剪刀后，做好接稳捧花的准备。剪彩者在剪彩结束后，可右手举起剪刀，面向全体到场者致意，随后放下剪刀，取下手套放于托盘内，举手鼓掌。剪彩人员依次与主人握手致谢，在引导者的引导下从右侧退场，最后礼仪小姐列队由右侧退场。

第五步：参观。主办方可以组织到场的来宾现场参观或举行酒会庆祝。

4. 剪彩仪式的礼仪注意事项

① 剪彩者的仪容仪表要整洁得体，男士着西装、职业套装或中山装，面容发型干练。女士着礼服或职业套装，妆容干净优雅。

② 剪彩过程中，剪彩者不能大肆交谈，可与相邻低声耳语一两句。剪彩结束后，剪彩者向大家鼓掌致意，可与主人进行礼貌性交谈，切忌高谈阔论等失礼行为。

③ 仪态大方。无论是剪彩者还是助彩者，在剪彩前后都应该注意个人仪态，保持稳重，面带微笑，神态自然。

四、庆典仪式礼仪

（一）庆典仪式概念

庆典指庆祝典礼，是各种庆祝仪式的统称。在职场中，庆典是企业在重要节日或因自身重大事件举行庆祝的一种活动，具有特殊性和隆重性，企业可以利用庆典活动扩大自身的知名度和美誉度。

（二）庆典仪式准备工作

① 宣传工作：庆典活动的举行有助于塑造本单位的良好形象，因此应规划好宣传策略，可以结合电视、电台和抖音等新媒体渠道发布网络广告，也可以采用公告栏张贴的形式告知社会大众庆典活动的相关信息。

② 来宾邀请：庆典活动可尽可能多地邀请一些重要来宾参加，如上级领导、地方主管部门、行业代表、社会名流、媒体人士等。确定来宾名单后，应至少提前一周发出邀请请柬。请柬内容完整，措辞热情。重要来宾应派专人送达，表示诚恳和尊重。

③ 场地布置：庆典仪式举行的地点可以在本单位，也可以选择其他场地，如酒店、广场等地。为了表示活动的隆重和对宾客的尊重，可在庆典现场铺设红地毯，在主席台两侧摆放来宾赠送的花篮等，在场地四周可悬挂横幅、标语、装饰气球彩带等。除了场地的装饰物外，还应提前准备好签到簿，企业的宣传资料，招待客人的酒水食品等。调试好典礼现场的音响、照明设备，确保庆典现场万无一失。

④ 接待服务：庆典仪式当天的接待服务工作主要由迎送、引导、陪同、招待等，一般由形象气质较好的青年负责。在接待贵宾的时候须由本单位主要负责人亲自接待。接待其他来宾时，则可由本单位的礼仪小姐负责。在接待来宾时所有人需要以主人翁的身份热情待客、各尽其职，使来宾感受到主办方的诚意和敬意。

⑤ 伴手礼的准备：一般在庆典仪式后，企业会赠予来宾伴手礼，伴手礼一般是以宣传本单位为目的，给宾客留下好的印象。单位在准备伴手礼时需注意礼品的宣传性、纪念性、独特性。

（三）庆典仪式的程序

庆典活动的形式很多，如开业庆典、节日庆典、重大活动庆典、庆功典礼等。

庆典仪式的流程一般包括迎宾、庆典仪式开始、奏乐、致辞、揭幕、参观、接待顾客。

1. 迎宾

礼仪接待人员应站在典礼会场门口接待来宾，引导来宾签到并在相应的座位上就座。

2. 庆典仪式开始

庆典主持人宣布仪式正式开始，并介绍庆典的主要来宾。

3. 奏乐

全场起立，演奏与本次庆典有关的标志性歌曲。

4. 致辞

由上级领导和嘉宾代表致贺词，表达对庆典单位的祝贺和厚望。本单位负责人致答谢词，主要向来宾及组合单位表示感谢，简单介绍本单位的相关信息。

5. 揭幕

由本单位的负责人和上级领导或嘉宾代表揭幕。

6. 参观

本单位的相关工作人员可引导宾客进行参观，并介绍本单位的经营策略及特色产品等。

7. 接待顾客

企业可邀请一些有代表性的消费者参加庆典，仪式结束后可进行座谈，听取消费者的意见，拉近企业与消费者的距离，并赠送伴手礼。

庆典礼仪注意事项：

① 仪容仪表。出席庆典的所有人员都应该有良好的仪容仪表。男士着装整洁得体，发型面容干净利落；女士需化淡妆，发型及服饰优雅大方，符合庆典主题。

② 准备充分。庆典仪式具有隆重特殊的含义。各类物品的配置和环节的设计一定要准备充分，避免庆典现场出现尴尬的突发事件。

③ 仪态大方。无论是主办方还是来参加庆典的人员，举止仪态大方得体，不可大声喧哗，应注意接待礼仪和问候礼仪的正确使用，充分表达对彼此的尊重。

交流拓思

一、古代的庆典仪式

《宋史·乐志十六》："层闱庆典年年举，千古播徽音。" 清陈康祺《郎潜纪闻》卷八："道光辛丑八月，恭值圣寿六旬，部院臣工，照例奏请举行庆典。"胡适《易卜生主义》："孤儿院造成了，他把儿子唤回来参与孤儿院落成的庆典。"

思考： 古时怎么举办庆典仪式？

二、ITB China 2019 盛大开幕！意大利部长亲临剪彩仪式

ITB China 2019在万众期待中拉开了序幕。5月15日上午，ITB China 2019开幕及剪彩仪式在上海世博展览馆举行（图5.1）。

伴随着热闹的舞狮表演后，Messe Berlin旅游及物流高级副总裁Martin Buck博士，意大利农业、食品、林业政策和旅游部部长蒋·马可·乾迪纳尤，携程首席执行官孙洁，携程旅行网执行董事会主席梁建章，温德姆酒店集团大中华区总裁刘晨军，中国国际航空公司华东营销中心总经理熊佳，中国旅游协会副秘书长吴晓梅，华程国旅集团董事长郭东杰以及上海锦江旅游控股有限公司仓定裕出席了剪彩仪式。

图5.1　ITB China 2019开幕剪彩仪式

ITB China的开幕演讲中，意大利国家旅游局主席Giorgio Palmucci称"2020年也是中国和意大利旅游年，我们将建立更多旅游城市名片，以美酒、购物、文化、节假日吸引更多中国游客来意大利旅游，同时增加更多中国飞往意大利的航线。"。携程联合创始人、执行董事局主席梁建章把入境游上升到了更高的层面。"一个国家的入境旅游状况跟国家的综合实力有强关联。中国梦的目标之一，我觉得应该是让全世界都梦想来中国旅游。这样，中国梦就不仅仅是中国人的梦了。"

思考：这是什么样的剪彩仪式？它折射出了哪些信息？

职场模拟

一、剪彩仪式

职场模拟：某酒店开业，邀请了社会名流、公司高层、行业专家前来为酒店剪彩。

模拟要求：通过剪彩仪式全程准备及演练，掌握剪彩仪式各环节礼仪规范。① 剪彩仪式准备工作。② 模拟剪彩仪式。③ 总结剪彩仪式各环节的情况。

二、签字仪式

职场模拟：德国设备公司、瑞士设备公司到中国洽谈合作，洽谈结果双方满意，准备签订合作协议。

模拟要求：通过签字仪式全程准备和演练，掌握签字仪式各环节工作及礼仪规范。① 签字仪式的准备工作。② 签字仪式的过程模拟。③ 总结各环节的情况。

评价考核

目标达成考核表

内　容		评　价	
学习目标	评价内容	小组评价 （5、4、3、2、1）	教师评价 （5、4、3、2、1）
德	积极乐观向上的人生态度		
	良好的审美，真善美的品德		
	敬业、乐业的职业道德操守		
知	签字仪式的过程及礼仪规范		
	剪彩仪式的过程及礼仪规范		
	庆典仪式的过程及礼仪规范		
行	正确使用签字仪式礼仪		
	正确使用剪彩仪式礼仪		
	正确使用庆典仪式礼仪		
努力的方向：		建议：	

拓展阅读

剪彩的由来

相传最早的剪彩来自商店开业。20世纪初，在美国的圣安东尼奥的一个小镇上，有一家商店准备开业了，在开张这天一大早，老板按照当地的习俗在开着的门店前横着绑了一条布带子，用来阻挡商店没开张前拥挤的人群涌入店里。正当顾客迫不及待要进店购物时，老板10岁的小女儿牵着一条狗突然从店内跑了出来，小狗的乱窜把系在店门前的布带子碰掉在地上。此时门外的顾客们还以为这是商店搞的开业新花样，于是蜂拥而入抢购商品。自此，这家商店的生意很好。老板从这次的小意外得到了一些启示，他觉得这个小意外带来的是好兆头。不久老板再开"连锁店"时，他依然用了这样的方式，让小女儿把布带子碰断，果然这家店的生意又很好。后来越来越多的公司、店铺在开张的时候都效仿这家店老板，让女孩碰断布带子，期待带来好运气。再后来，人们用红色的缎带取代了单一的布带子，并给这一新花样正式取名为"剪彩"，剪彩要求用新剪刀剪断红缎子，剪带子的人也称为剪彩人，剪彩人从小狗到小女孩再到年轻貌美的姑娘，到现在会邀请有身份、有地位的官员和名流作为剪彩人。

学习项目六 涉外礼仪

任务一 涉外礼仪概述

文化传承

城阙辅三秦，风烟望五津。
与君离别意，同是宦游人。
海内存知己，天涯若比邻。
无为在歧路，儿女共沾巾。
——王勃《送杜少府之任蜀州》

扫二维码
看翻译

【赏析】

该诗是送别诗的名作，诗意慰勉勿在离别之时悲哀。第三句"海内存知己，天涯若比邻"，四海之内思念着自己的知己朋友，即使远在天边，也感觉像邻居一样近。高度地概括了"友情深厚，江山难阻"的情景，千古传诵，有口皆碑。展现了我国大国外交的中国智慧。

教学目标

德 ① 提高涉外礼仪素养；
　　② 引导学生正确看待国际关系；
　　③ 树立主动知礼、习礼、行礼、尚礼的涉外礼仪意识。

知 ① 了解涉外礼仪的意义；
　　② 把握涉外礼仪的概念；
　　③ 理解涉外礼仪的原则。

行 ① 运用涉外礼仪原则，规范自己的言行举止；

②探寻和分析涉外礼仪事件；

③理论运用于实践，做到知行合一。

课堂导入

周恩来总理的外交风范

《周恩来公共外交访谈录》采访了十多位曾经在周恩来身边工作过的外交官和工作人员，该书通过口述史的方式对周恩来的公共外交思想与实践进行了梳理。

作为一个大国总理，周恩来在和别人打交道的时候，非常注意细节。有一次，日本一个相扑代表团的运动员在访华的第二天就要去爬长城，因为他们始终是穿着拖鞋，周总理发现后就说，你们穿的这种鞋爬长城不合适。再买鞋也来不及，周总理立刻安排制鞋厂，给每一位相扑运动员量了一下脚的尺码，第二天一早，每人门前摆放着一双新鞋。

周恩来重视做好各国、各阶层人士的工作。索马里有语言没有文字，官方用意大利文，当地老百姓却只懂索马里语。周恩来在索马里访问时在摩加迪沙的群众大会上，周恩来讲话，先翻译成英文，然后再翻译成意大利文，之后再翻译成索马里当地语言。后来，尼克松在访华结束后曾表示："周总理很细心地关注着每一棵树，同时，他也注意到森林。"

1956年年底，周恩来访问缅甸。12月15日，周恩来和缅甸总理吴巴瑞一起，从陆路坐汽车，开到边界桥，下车步行进入中国境内，共同参加了在云南芒市举行的有1.5万人参加的中缅边境人民联欢大会和中缅边境少数民族公众领袖座谈会。两国总理携手走过边界，这在世界上是从来没有过的。周恩来通过公共外交的形式，不但解决了中缅边境问题，有效地缓和了周边国家对中国的疑惧，而且也加深了与缅甸政府及领导人的关系，赢得了中缅边民的团结与互信，为中缅边界的长久、稳定的和平与友好打下了坚实的基础。

日内瓦会议是新中国第一次以大国身份参加的重要国际会议，当时世界不了解新中国。在日内瓦会议期间，周恩来巧妙地运用公共外交的形式向世界展示新中国，拉近了中国同世界的距离。他的一个重要方式就是招待外国记者或朋友观看《梁山伯与祝英台》。周恩来当时建议在请柬上写上一句话：请您欣赏一部彩色电影——中国的《罗密欧与朱丽叶》。用一句"《梁山伯与祝英台》就是中国的《罗密欧与朱丽叶》"，使那些一开始对中国的这个戏剧片弄不懂的外国人看得如痴如醉，起到了点石成金的作用。通过请外国记者和官员观看电影，增加了他们对中国文化的了解。在日内瓦会议期间播放《梁山伯与祝英台》是周恩来实行公共外交的成功范例，在日内瓦会议结束时，旧中国的资深外交官顾维钧评价说："中共已经最大限度地利用出席日内瓦会议的机会来提高他们的国际地位和威望。"

周恩来总理的名言"外交无小事"，其内涵是在涉及国与国之间的事务时，无论事务大小，都应该谨慎处置，切勿草率。凡是关系国家外交形象的事，都应当作国家和人民利益的大事来对待。周总理的"外交无小事"伴随中国的外交事业发展壮大。

思考："外交无小事"这句话有什么深刻的含义？

精讲点拨

随着时代的快速发展，对外交往日益频繁，外国友人纷至沓来。在相互交往的过程中，各种问题随之而来，这些问题的背后并不涉及法律、道德底线，只是由于相互不了解所带来的交往误解，为促进中外友好往来，实现顺利交流、愉快交往，涉外礼仪知识尤显其重要性。本节知识主要包括涉外礼仪概念、意义及原则。

一、涉外礼仪概念

涉外礼仪是指中国人民与外国宾客基于某种愿景，在进行社会交往活动中，所必须遵守用以展示本国形象和表示尊重、友好的各种礼节和仪式。涉外礼仪主要由主体、客体、内容三大要素构成。主体为中国人民，是构成涉外礼仪的基础；客体为外国宾客，是构成涉外礼仪的关键，能否构成涉外礼仪主要看客体是否是外国宾客；内容决定涉外礼仪的规范。

思考：不同国家礼仪习俗不同，在与外国友人交往时，应遵循什么样的原则呢？

二、涉外礼仪意义

在全球一体化大浪潮下，中国人民同世界各国友人之间的来往必然更加频繁，而不同国家、不同民族都有着各自的礼仪习俗。涉外礼仪很好地解决了这一鸿沟，为中外友好交往搭建了桥梁，确保双方交往的顺利进行。学习涉外礼仪主要有以下三大意义：

（一）提高自身修养，展示大国形象

《论语·颜渊》有言："非礼勿视，非礼勿听，非礼勿言，非礼勿动。"礼仪是自身修养的象征，它标志着一个人的文明程度、交际能力，反映着一个人的道德情操、气质风度。学习和运用涉外礼仪，有助于国人规范设计自身言谈举止，充分向外国友人展

现个人良好素养。

在涉外交往中，一个人的言谈举止不仅代表个人形象，更代表着所任职的企事业单位和中国。从这一意义上来说，只要是参与涉外交往的每个人，都有着个人、单位、国家三重身份。个人素质是个人形象的体现，是单位形象的代表，是国家形象的展示。每一位中国公民都应自觉维护国家声誉，展示积极向上的大国形象。例如，一位外国友人来到中国，他在中国所接触的每一个公民，都会对他脑海中的中国印象产生影响。

（二）减少沟通障碍，增进人际情感

涉外礼仪由共同约定遵守的行为规范和特有的行为规范组成。俗话说"十里不同风，百里不同俗"，每个国家、地区、民族都有其特定的礼仪习俗，这是由于不同的文化背景和历史原因所产生的差异性。涉外礼仪的意义就是去学习国际约定俗成的通用礼仪、去认知每个国家的特定礼仪。减少沟通障碍，增进人际情感。例如，在斯里兰卡、希腊、尼泊尔、保加利亚等国家，表示"同意"是用摇头。这一习惯，与我国习俗正好相反，我国用点头表示"同意"，摇头表示"反对"。在东南亚、南亚、中东地区的一些国家，右手与左手的区别非常大，右手常用来做高雅之事，如为客人递送茶水；左手则做不洁之事，比如如厕。在我国，若要表示对客人的尊敬，递送茶水时则应双手奉上，如果我们没有学习涉外礼仪，无疑会增加交往误会，失礼之至。

（三）促进国际交往，实现友好交流

《左传》有云："礼，经国家，定社稷，序民人，利后嗣。"足以说明礼仪对于一个国家的重要意义。学习涉外礼仪，有助于促进人们的社会交往，扩大社交人际关系圈。只要需要国际间的交往，就不能不讲究涉外礼仪。运用涉外礼仪，除了可以使个人在涉外交往中充满自信、胸有成竹之外，最重要的是能够向交往的国际友人准确表达出自己的尊敬、友好之意，增进相互之间的了解与情感。如若我国公民人皆如此，长此以往，必将促进国际交往的进一步发展，进而增进国与国之间和善相待，真正使地球上人们之间的交往没有间隙。

三、涉外礼仪原则

虽说不同国家、民族都有各自的礼仪规范，但与之交往时还是有许多共同遵守的礼仪原则。涉外礼仪原则是对国际上通行涉外交往惯例的高度概括，对参与涉外交往的中国公民具有普遍指导意义。

（一）维护形象

这是涉外礼仪最核心的行为准则。每一位中国公民在涉外交往中第一角色是中国人，首先应该热爱自己的祖国，始终将祖国和人民的利益放在第一位，要时刻铭记"没有国，何来家"，绝不做有损国家形象的事情。其次在涉外交往中要尊重外宾。尊重交谈对象的政治制度、宗教信仰、风俗习惯、个人隐私等。再者，要做到不卑不亢，当今

中国的外交宗旨为：和平、发展、合作、共赢，不卑不亢就是外交宗旨的具体体现。每一位参与涉外交往的中国人都要意识到自己的一言一行都代表着祖国，代表着自己所在的单位。其言行应得体大方，既不能唯唯诺诺、低三下四，也不能盛气凌人、目空一切。要做到既不卑又不亢，必须从思想和行动上双管齐下，思想上提高觉悟、站稳立场，行动上紧跟国策、掌握分寸。

（二）求同存异

涉外交往中，不可否认，中外礼仪确有差异，但绝无对与错之分，每种礼仪都有其存在的适用范围及合理性。林则徐曾书"海纳百川，有容乃大"，我们应当辩证地看待他国礼仪，正确使用各国礼仪。一般而言，国与国之间交往时，应在遵守国际惯例的基础上，采用东道主国家的礼仪习俗，但有时为表示尊重，对于一些非原则性习俗也会采用来访友人所在国的礼仪。当外国友人拜访我国时，应先对交往对象所在区域的礼仪习俗有所了解，表示尊重；同时采用有关礼仪的国际惯例与本国礼仪。

所谓求同，是指涉外人员善于寻找双方共同的礼仪习俗，且遵守国际惯例；所谓存异，是指学会忽视非原则性的细枝末节，且主动尊重交往对象独有的礼仪习俗。例如，世界各国对于见面礼有不同的表达，泰国合十礼、韩国跪拜礼、欧美吻手礼与贴面礼等，但国际惯例的见面礼为握手礼，所以在涉外交往中，见面行礼为握手礼。

【案例赏析】

清茶为汤　青花为杯　以茶会友

2017年11月30日—12月3日，中国共产党将在北京举办一场规模空前的全球政党大会！在这场规模空前的大会中，茶成为众人瞩目的一个焦点。本次高层对话会别具特色的两张海报都以"茶"为主要创意元素，巧借以茶会友、品茶论道的中国传统文化，寓意中国共产党邀请世界政党共议构建人类命运共同体的政党责任，描绘共同建设美好世界的宏伟蓝图。在海报"美美与共、和而不同"中，中式茶杯、阿拉伯茶杯、西式咖啡杯，象征与会政党的广泛代表性，这些拥有不同国别背景、不同文化传统和不同意识形态的政党，在中国共产党的倡议下，一起坦诚交流。三杯茶色泽清丽，水面呈现类似太极阴阳图形的明暗区隔，寓指中国主张与"和而不同""和谐相生"等传统哲学观一脉相承。

（三）以右为尊

在确定位次时，我国国内遵循的准则是以左为尊，且进一步分为单数左大，双数右大。而国际惯例是以右为尊。在涉外交往中，如果需要将参与人员进行左右排位时，按照国际惯例以右为尊，其具体位置应该有主次尊卑之分，也就是右边的位次要高于左边的位次。例如，中共中央总书记、国家主席、全国人民代表大会常务委员会委员长、国务院总理等党和国家领导人在国内以东道主身份会晤国际友人时，通常会请国际友人居右而坐，而我国党和国家领导人坐在对方的左侧，这一做法即表示东道主的谦恭之礼，又遵循国际以右为尊惯例，且表达对国际友人的尊敬之意。

以右为尊不仅适用于涉外礼仪的位次排列，在桌次、悬挂国旗、轿车座次等多方面都适用。

（四）女士优先

国外强调女士优先的主要原因，并不是因为妇女被视为需要同情、怜悯的弱者，而是他们认为女性是"人类的母亲"，为表敬意，给予了女性一定的优待。例如，国际演讲稿的开头提的是女士们、先生们，而不是先生们、女士们；在介绍问好时，应先向女主人问好，把男士介绍给女士；在宴会上，一般不雇佣女侍者等。

但女士优先这一准则，一方面只适用于成年异性进行国际社交活动时，在国际公务场合中，还是强调男女平等，以职位论高低；另一方面，在东南亚地区朝鲜、日本、印度等国家，大多依然奉行男尊女卑的观念。

（五）信守承诺

《易经》有云："人之所助者，信也。"信守承诺是中华民族传统美德，是中国公民立身之本，也是涉外交往中建立良好关系的前提。信守承诺要做到承诺要谨慎、许诺要兑现、失信要道歉。

在涉外交往中，特别要注意内外有别，交谈的内容需要字斟句酌、思虑周全，既不能含糊其辞，也不能信口开河。《论语》有云"言必信，行必果"，对于已经做出的承诺，一定要兑现；只有如此，才能取信于人，才能赢得人际关系的进一步发展。如因不可抗力的因素无法履行承诺致使单方面失约，则需要尽早向有关交往对象解释原因并致以歉意，且需要按照事先约定或惯例主动担负对方因此而造成的损失，切不可相互推诿、失信于他人、损害形象。

交流拓思

一、"女士优先"应如何体现？

在一个秋高气爽的日子里，迎宾员小贺，着一身剪裁得体的新制服，第一次独立地走上了迎宾员的岗位。一辆白色高级轿车向饭店驶来，司机熟练而准确地将车停靠在饭店豪华大转门的雨棚下。小贺看到后排坐着两位男士，前排副驾驶座上坐着一位身材较高的外国女宾。小贺一步上前，以优雅姿态和职业性动作，先为后排客人打开车门，做好护顶姿势，并目视客人，礼貌亲切地问候，动作麻利而规范、一气呵成。

关好车门后，小贺迅速走向前门，准备以同样的礼仪迎接那位女宾下车，但那位女宾满脸不悦，使小贺茫然不知所措。

思考：通常后排座为上座，一般凡有身份者皆此就座。优先为重要客人提供服务是饭店服务程序的常规，这位女宾为什么不悦？小贺错在哪里？

二、看新闻学礼仪

中央电视台每晚7点准时播出《新闻联播》，我国党和国家领导人会见国际友人时主宾双方的位置是否有所讲究？

思考：请同学们认真观察位次顺序，并将画面截图，附文字说明位次顺序。

职场模拟

涉外接待

职场情景：外国某单位有关领导就长远合作事项来华考察，酒店方安排员工小朱全程陪同。考察期间，国外单位领导对小朱的陪同给予高度赞赏，考察结束后，双方签订合作协议。

模拟要求：根据情景，每小组确定角色话术，开展情景模拟。情景过程要求凸显涉外礼仪原则，最后进行模拟过程总结。

评价考核

目标达成考核表

内　容		评　价	
学习目标	评价内容	小组评价 （5、4、3、2、1）	教师评价 （5、4、3、2、1）
德	提高涉外礼仪素养		
	正确看待国际关系		
	树立良好的涉外礼仪意识		
知	了解涉外礼仪的意义		
	把握涉外礼仪的概念		
	掌握涉外礼仪的原则		

续表

内　容		评　价	
学习目标	评价内容	小组评价 （5、4、3、2、1）	教师评价 （5、4、3、2、1）
行	规范涉外言行举止		
	运用涉外礼仪原则正确分析涉外礼仪事件		
	理论运用于实践，做到知行合一		
努力的方向：		建议：	

拓展阅读

国际和平日

联合国大会于1981年通过决议，将每年9月的第三个星期二联大开幕的日子定为国际和平日。1997年3月，中国人钟文芳先生向联合国安理会提出"世界息战周"的构想，主张"息战周内一切战乱国家和地区都应无条件息战"，"以给战乱地区以停战思考，提供缓和矛盾的契机，有效地推动世界和平"（据《世界名人与和平报》1997年3月18日报道）。2001年9月7日，联大通过第55/282号决议，决定从2002年开始，将每年的9月21日定为国际和平日。大会宣布，国际和平日为全球停火和非暴力日，并呼吁所有国家和人民在这一天停止敌对行动。大会还号召所有会员国、联合国系统各组织、区域组织和非政府组织以及个人，通过教育和公众宣传等适当方式庆祝国际和平日并同联合国合作实现全球停火。这正是钟文芳先生提出的"世界息战周"具体体现，并且9月21日为钟文芳先生的生日。

自国际和平日设立以来，每年的这一天，联合国都举行仪式，提请所有人关注、庆祝和纪念这一天。同时，全世界的政府和非政府机构、民间社会团体和宗教团体也纷纷举行各种活动纪念国际和平日。在这一天，会进行"根与芽"的活动，人们还要放飞和平鸽。

多年来，包括联合国在内的国际社会为实现地区稳定和世界和平作出了不懈努力。然而在全世界范围内，战争、恐怖袭击、地区冲突等多种形式的暴力敌对活动依然存在，人类实现真正和平的理想任重而道远。

任务二　各国礼仪介绍

文化传承

及竟，张旃，誓。乃谒关人。关人问从者几人，以介对。君使士请事，遂以入竟。

——《仪礼·聘礼》

扫二维码
看翻译

【赏析】

《仪礼》中有三篇关于朝聘之礼，《公食大夫礼》内容为诸侯飨大夫之礼，《觐礼》主要讲诸侯朝见天子之礼，而《聘礼》则是诸侯国邦交之礼，讲述本国与他国之间拜访时所应遵循的礼貌礼节，也就是早期的涉外礼仪。现今涉外礼仪在传承沿袭的过程中，不断完善与发扬。

教学目标

德　①树立正确的涉外礼仪认知观；
　　②养成敬业、乐业的良好职业道德品质；
　　③培养对各国礼仪规范的敏感度。

知　①了解各国礼仪文化，积极为开展涉外交往储备礼仪知识；
　　②掌握各国礼仪习俗；
　　③掌握各国礼仪禁忌。

行 ① 能够在涉外交往中免触禁忌；

② 根据各国礼仪习俗顺利完成涉外活动；

③ 能够在涉外交往中展示良好的礼仪素养。

课堂导入

各美其美，美人之美，美美与共，天下大同

这句十六字箴言出自1990年12月，著名社会学家费孝通先生80寿辰聚会上就"人的研究在中国——个人的经历"进行的主题演讲，讲的是如何处理不同文化的关系。

"各美其美"是说尊重文化多样性，首先要尊重自己民族的文化，培育好、发展好本民族文化。因为尊重文化多样性是发展本民族文化的内在要求。每个民族的文化都有自己的精粹。在一个民族的历史与现实中，民族文化起着维系社会生活、维持社会稳定的重要作用，是本民族生存与发展的精神根基。

"美人之美"就是要尊重其他民族文化。承认世界文化的多样性、尊重不同民族的文化，必须遵循各国文化一律平等的原则。在文化交流中，要尊重差异，理解个性，和睦相处，共同促进世界文化的繁荣。

"美美与共，天下大同"即尊重文化多样性是实现世界文化繁荣的必然要求。文化既是民族的又是世界的。各民族文化都以其鲜明的民族特色丰富了世界文化，共同推动了人类文明的发展和繁荣。只有保持世界文化的多样性，世界才更加丰富多彩，充满生机和活力。

人们要懂得各自欣赏自己创造的美，还要包容地欣赏别人创造的美，这样将各自之美和别人之美拼合在一起，就会实现理想中的大同美。

大同美究其本质而言，就是拼合不同的美而达到的一种平衡。坚持个体美与追求大同美之间并不矛盾，也就是说"各美其美"和"美美与共"是相辅相成的，而且前者是后者的前提和保障。

费孝通先生指出，我们应当对中华文化的全部历史有所自觉，有清醒的认识，有自知之明，有自信且有文化转型的自主能力和文化选择的自主地位。

思考：请大家谈谈对这句话的理解。

精讲点拨

《礼记》有云"礼从宜，使从俗"。在涉外交往中，交往对象是来自不同国家的友人，除了需要掌握国际通用礼仪之外，还需要对交往对象所在国的特有礼仪习俗有所认知。本节选择具有代表性的国家和地区，对它们特有的礼仪习俗做简单介绍。

一、亚洲部分国家礼仪

该礼仪主要介绍韩国、马来西亚、日本、泰国、新加坡等国的礼仪风俗。

（一）韩国

韩国正式名称为大韩民国（Republic of Korea），面积10.329万平方公里，人口约5 200万（截至2020年5月）。单一民族，通用韩国语。我国于1992年8月24日与韩国建交。

1. 礼仪规范

社交礼仪：儒家思想对韩国礼仪文化的影响较为深远，他们的长幼意识、等级观念、男女有别观念特别明显，长辈、男性地位较高。家庭中年轻一代每天需要给长辈请安。在社交场合，男士相互见面一般先鞠躬再握手，女士见到男士则只需要鞠躬或点头致意即可。在公众场合，韩国人一般不会嬉笑打闹以表稳重。女士一般走于男士后面，笑时一般会用手帕捂住嘴，防止失礼。

衣着礼仪：韩国的教师特别注意穿着，即使是炎热的夏天，也会穿衬衣打领带，因为在他们看来，为人师表，是礼仪的示范者。教师衣着端庄才是对学生的负责与尊重。此外，韩国的公司职员与公务员也同样注重衣着礼仪。

餐食礼仪：异性同坐时，男士位于上座，女士位于下座。进餐时，长辈进屋，其余人需要起立，按尊卑就座，长辈先吃。晚辈需要侧身与长辈喝酒以表示尊重。韩国人比较注重环保，因此，韩国餐厅大多采用金属制品餐具。

2. 礼仪禁忌

在韩国，人们普遍认为数字"4"是不吉利的，因为"4"谐音为"死"。如需对其民族进行称呼时，不能使用"朝鲜人""南朝鲜"或"南韩"，宜使用"韩国""韩国人"。不宜谈论南北分裂、韩美关系、韩日关系等。向韩国人送礼时，最好不要选用日本产品，宜选用鲜花、工艺品或酒类。

（二）马来西亚

马来西亚（Malaysia）面积约33万平方公里，人口3 268万，其中马来人69.1%，华人23%，印度人6.9%，其他种族1.0%（截至2020年9月）。马来语为国语，通用英语，华语使用较广泛。我国于1974年5月31日与马来西亚正式建交。

1. 礼仪规范

社交礼仪：由于马来人儿子以父名姓，因此形成颇具特色的马来姓名，只有名没有固定的姓，一家几代人的姓氏各不相同。在社交场合，马来人很少相互握手。马来人传统的见面礼是摸手礼，一方将双手伸向对方，另一方伸出自己的双手轻轻摸一下对方双手，随后将双手收回胸前稍举一下，同时身体前屈呈鞠躬状，一般问候双方还会相互祝愿对方。

衣着礼仪：马来人习惯穿用蜡染的长袖衣，男士上衣一般穿无领、袖子宽大的"巴汝"，下身着一大块布——"沙笼"。女士着无领长袖的连衣长裙，围以头巾。

餐食礼仪：马来人喜爱喝红茶、咖啡、椰子水等。用餐时用右手抓取食物，用餐前用清水冲手，用餐途中也会涮洗手指以保持手部干净卫生。

2. 礼仪禁忌

受伊斯兰教影响，马来西亚的穆斯林不吃猪肉、狗肉、自死之物、动物血液，不使用一切猪制品。忌过度裸露。在公众场合不准男女有身体接触，即便是夫妻挽臂，拥抱也不行。不要触摸外人的头部、背部，因为他们认为头部和背部是神圣不可侵犯的部位；而人体中下部则地位低下，因此，不要露出脚底、跷腿或用脚去挪动物品。在与其交谈时，不能将双手放于臀部，不能当众打哈欠，不得已而为之时，必须用手遮挡住口部，否则便是失礼。一手握拳去打另一只半握拳的手在马来人看来是非常不礼貌的表现。

（三）日本

日本正式名称日本国（Japan）。陆地面积约37.8万平方公里，包括北海道、本州、四国、九州四个大岛和其他6 800多个小岛屿，人口约1.3亿，主要民族为大和族，北海道地区约有1.6万阿伊努族人（截至2019年11月）。通用日语。我国于1972年9月29日与日本建交。

1. 礼仪规范

社交礼仪：与日本人见面可称呼其为先生、小姐抑或在姓氏之后加"君"，只有在非常正式场合才会称呼全名。日本人通常会将鞠躬作为见面礼，如若是第一次见面，还会相互交换名片，日本人会在身上带几种不同头衔的名片，以便针对性使用。在日本，洗澡是每日必做之事，也会经常出现约友人去浴室的现象，日本人称其为"裸体相交"，更加坦诚相待。在日本"OK"手势表示钱而不是"好的"。

衣着礼仪：婚前，日本妇女随父姓；婚后，改为夫姓。日本国服为和服，由一块布料缝制而成，领口大、袖子短、腰身宽，配以布袜、木屐或草屐。妇女还需要在腰间系上彩带，腰后附小软托。

餐食礼仪：日本人一般不吃肥猪肉和猪肉的内脏。人们喜爱喝酒和饮茶，用餐时男子盘腿而坐，女子则跪坐。去日本家中做客，切忌将饭盛得太满，且不能一勺就将碗盛满，无论多少都需要再添一次饭。日本的化妆间就是所谓的卫生间。日本人即使自己吸烟也不会给别人敬烟，当然更不会让别人给自己敬烟。

2. 礼仪禁忌

日本人认为衣着随意是不尊重交往对象的表现，因此，与日本人会面不应衣着过于随意，特别不能出现光脚或背心。在参加正式活动时，需要穿套装或套裙，否则即是无礼。拜访日本人时，进门前需要将外套、鞋子脱掉，换上拖鞋，且在客厅、餐厅或化妆间时需要换上不同的拖鞋。对筷子得使用也颇有讲究，忌用舌头舔筷，忌将筷子当牙签、叉子使用，忌在菜里扒来扒去，忌一次性夹几种菜，忌拿着筷子在菜品上举棋不定。

在日本，绿色、紫色都寓意不祥与悲伤。人们认为被人夹着也是不祥的征兆，因此三人合影留念时，没人愿意站中间位置。

（四）泰国

泰国正式名称泰王国（The Kingdom of Thailand）。面积51.3万平方公里，人口6 900万。全国共有30多个民族，泰族为主要民族，占人口总数的40%，其余为老挝族、华族、马来族、高棉族，以及苗、瑶、桂、汶、克伦、掸、塞芒、沙盖等山地民族（截至2020年9月）。泰语为国语。我国于1975年7月1日与泰国建交。

1. 礼仪规范

社交礼仪：泰国人深受佛教思想影响，总是面带微笑，轻声细语，与之交谈，往往越礼貌越受欢迎。泰国人对交往对象的称呼往往为"名＋先生/小姐"，而不用"姓＋先生/小姐"。见面礼为合十礼，十指合拢，低眉欠身并道问候语。合十礼对交往对象的尊重程度取决于双手的高度，越高表示越尊重。双手放胸前用于长辈对晚辈，放鼻翼用于平辈，放前额用于晚辈对长辈，双手举过头顶仅用于拜见泰国国王。

衣着礼仪：泰国人以穿本民族的服饰为荣，服饰选用颜色鲜艳的布料，且按不同的日期着不同颜色的服装，黄、粉、绿、橙、淡蓝、紫、红分别表示星期一到星期天。在日常生活中，多穿衬衫、长裤与裙子，背心、短裤、短裙都是被禁止的服饰，只有在正式场合中才会穿套装或套裙。

餐食礼仪：泰国人不爱吃香蕉，也不吃海参，一般不喝热饮。用餐时围绕圆桌跪膝而坐，用右手抓取食物，现今也有一部分泰国人使用叉勺取食。

2. 礼仪禁忌

在泰国，国王、军人、佛教是神圣不可侵犯的，任何冒渎行为均可能遭受拘禁。红色奔驰仅用于王室，其余人禁止使用。泰国人死后会使用红颜色的笔刻字，尸体停放"头朝西脚朝东"，因此日常生活中使用红颜色的笔是不吉利的，且忌讳睡觉"头朝西脚朝东"。泰国人非常奉行"头重脚轻"，即头部地位比脚部地位高很多，因此，禁止摸头，特别是小孩的头；禁止脚指方向、脚尖朝人、脚踩踏门槛。

【礼仪小知识】

人们常说泰国是"微笑之国"，在泰国大街上随处可见的是他们双手合十微笑致意的打招呼方式，泰国居民对外来游客也十分和蔼，泰国的这种微笑文化已经深入人心了，其微笑文化产生的一个最根本原因是泰国深受佛教影响，而佛教中蕴含的宽容祥和打造了泰国人的性格。

（五）新加坡

新加坡正式名称新加坡共和国（Republic of Singapore）。面积724.4平方公里，总人口570万，公民和永久居民403万。华人占74%左右，其余为马来人、印度人和其他种族（截至2019年6月）。马来语为国语，英语、华语、马来语、泰米尔语为官方语言，英语为行政用语。我国于1990年10月3日与新加坡建交。

1.礼仪规范

社交礼仪：新加坡是一个礼仪习俗多元化的国家，不同的民族使用不同的见面礼节。华人往往习惯于拱手作揖或鞠躬；马来人则习惯于摸手礼。新加坡人也特别注重礼节礼貌，不讲礼貌会使人厌恶。尊敬长辈，爱护环境，文明用语，以礼待人，深入每一个新加坡人的心。

衣着礼仪：在日常生活中，不同民族穿着各具特色，华人穿旗袍、长衫、长裤，马来人穿"巴汝""沙笼"，印度男子戴帽、女子着纱丽。在正式场合，男子着白色衬衫、深色西裤，女子着套装或深色长裙。隆重场合，新加坡人身着国服，是一种以胡姬花为图案的服饰。

餐食礼仪：由于新加坡华人众多，在餐食方面，与我国大同小异。新加坡人也喜爱饮茶，客来茶到也是当地习俗。马来人和印度人用右手抓取食物。马来人不食猪肉、狗肉、自死之物及动物血液，印度人不食牛肉。

2.礼仪禁忌

新加坡四大民族和谐共存，各有风俗。不但需要"入境问禁"，还需要"遇人问俗"。新加坡境内，法律明令禁止随地乱吐口香糖，对于蓬头垢面、衣冠不整的人也会侧目而视。黑色、紫色被视为不祥之色，数字"4"和"7"也是不吉祥的寓意。印度人与马来人视左手为不洁之手，禁止用左手取食。

二、欧洲部分国家礼仪

该礼仪主要介绍德国、俄罗斯、法国、意大利、英国等国的礼仪风俗。

（一）德国

德国正式名称德意志联邦共和国（The Federal Republic of Germany）。面积357 582

平方公里，人口8 312万，是欧洲人口最稠密的国家之一。主要是德意志人，有少数丹麦人和索布族人，外籍人口1 091.54万，占人口总数的12.2%，其中土耳其人最多，约147.64万（截至2020年9月）。通用德语。我国于1972年10月11日与德国建交。

1. 礼仪规范

社交礼仪：在社交场合，德国人见面采用握手礼，握手时需要目视对方，握手力度可稍重、时间稍长、次数稍多。与亲朋好友见面可采用拥抱礼。对德国人的称呼切忌直呼其名，称其姓或姓名亦可。德国人对头衔看得比较重，如若交谈对象有头衔，一定不要忘记称呼其头衔。"您"和"你"两字区分也特别明显，"您"用于自己比较尊敬的人，"你"用于平辈之间的称呼。

衣着礼仪：德国人喜爱庄重、朴素的服装。男士多穿西装三件套，女士则穿朴素的长裙或套装。黑皮鞋白鞋带这种搭配往往被德国人所接受。德国男子不宜剃光头，会被误认为"新纳粹分子"。未婚女子多短发或披肩发，烫发则专属已婚妇女。

餐食礼仪：德国人喜爱肉食。首选是猪肉，其次是牛肉，吃鱼时禁止交谈，不喜食动物内脏。韭菜不被德国人所接受，德国人也喜爱喝酒，啤酒是每一位德国人的最爱。

2. 礼仪禁忌

德国人对"13""666""星期五"特别反感。禁止滥用"卐"纳粹党图案。禁止谈论有关纳粹、宗教、党派等问题。德国的商店星期天全部休息。在向德国人赠送礼物时，不应含有刀剑、刀叉。吃鱼用过的刀叉，禁止食用其他肉类及奶酪。

【礼仪小知识】

万字符：有两种，卐（两个Z左旋）或卍（两个反Z右旋），均是古雅利安人使用的一种特殊符号，它象征古雅利安人所崇拜的太阳神，后来这种符号开始被印度次大陆的宗教使用。希特勒认为德意志人是古雅利安人的后裔，因此将其作为纳粹党的标识。

（二）俄罗斯

俄罗斯正式名称俄罗斯联邦，也称俄罗斯（Российская Федерация, Россия），面积1 709.82万平方公里，人口1.46亿。民族194个，其中俄罗斯族占77.7%，主要少数民族有鞑靼、乌克兰、巴什基尔、楚瓦什、车臣、亚美尼亚、阿瓦尔、摩尔多瓦、哈萨克、阿塞拜疆、白俄罗斯等族（截至2020年10月）。俄语是俄罗斯联邦全境内的官方语言，各共和国有权规定自己的国语，并在该共和国境内与俄语一起使用。我国于1996年与俄罗斯建立战略伙伴关系。

1. 礼仪规范

社交礼仪：初次与俄罗斯人见面，一般使用握手礼，对于非常熟悉的好友，也有使用拥抱礼、互相亲吻脸颊等礼节。接待贵宾，俄罗斯人会为其献上"盐和面包"以示欢迎。俄罗斯人的姓名由"本人名字＋父亲名字＋姓氏"。例如，伊万·伊万诺维奇·伊万诺夫，伊万为本人名字，伊万诺维奇为父名，伊万诺夫为姓。妇女结婚前用父姓，结婚后改为夫姓。俄罗斯人非常看重头衔，在称呼时最好以头衔相称。老派俄罗斯人喜欢用"同志"，现今已普遍采用"小姐""先生"等国际称呼语。

衣着礼仪：俄罗斯人一般着西装或套裙，妇女有时也会穿连衣裙。在正式场合，敞开衣服、不扣纽扣，或将外套拿在手上、搭在肩上、系在腰上都是不文明的表现。拜访进门时，脱掉外套、手套、帽子，摘掉墨镜是基本礼节。

餐食礼仪：俄罗斯人以面包为主食，吃不削皮的水果，饮冷饮、喝烈酒。不吃海参、海蜇、墨鱼、木耳和黄瓜。用餐时刀叉禁止发出声响，禁止用勺子饮茶。若俄罗斯人将手放于喉部，则表示已经饱腹。

2. 礼仪禁忌

在赠送俄罗斯人礼物时，鲜花是第一选择，且女士鲜花宜为单数。不喜兔子、黑猫。盐、马被视为吉祥之物，打碎镜子、打翻盐罐都是不吉利的象征。俄罗斯人禁止左手递接物品，他们认为"左主凶，右主吉"。俄罗斯人讲究"女士优先"，如若不尊重女性也会被俄罗斯人嗤之以鼻。此外，挽袖子、卷裤子、撩裙子、蹲地上皆为失礼行为。

（三）法国

法国正式名称法兰西共和国（The French Republic，La République française）。面积55万平方公里（不含海外领地），人口6 706万（2020年1月，不含海外领地）。我国于1964年1月27日与法国建交。

1. 礼仪规范

社交礼仪：法国人爱好社交，善于交际，即使萍水相逢，他们也会主动交流。法国人见面时握手礼、拥抱礼、吻面礼都有使用。法国人的姓名名在前，姓在后，一般由二节或三节组成。前一二节为个人名，最后一节为姓。有时姓名可达四五节，多是教名和由长辈起的名字。在称呼法国人时，禁止出现"老"字，如老太太。可以只称呼姓氏，亲朋好友之间可直呼其名。

法国人天性浪漫，喜爱自由，与法国人约会要做好对方迟到的准备。受宫廷骑士风度的影响，法国男士大都具有绅士风度，而法国人对动物也非常有爱心，在法国，动物地位高于女士地位，女士地位高于男士地位。法国人极具民族自豪感，他们认为法语是世界上最优美的语言，与法国人交谈时，如果使用几句法语会迅速拉近彼此的距离。

衣着礼仪：巴黎是世界公认的时尚之都，法国人将衣着打扮发挥到了极致。法国人认为衣着搭配是服饰礼仪的关键，与之有关的发型、手包、帽子、项链、手表、眼镜、丝巾等都需要与服饰相协调，且配饰一定要正品，仿品是无法接受的。除此之外，法国人对服装面料的要求也相对苛刻，他们认为化纤面料的服装往往难登大雅之堂。

餐食礼仪：西餐中的法式菜肴最为讲究，餐桌上的酒水往往贵于菜肴。餐前配开胃酒，白肉配白葡萄酒，红肉配红葡萄酒，餐后配利口酒或白兰地。宴会上不会出现任何含糖分的饮料，鸡尾酒是不被认可的配置酒水。用餐时，两手放餐桌上，但不能两肘支起。放刀叉时，一半放碟子中，一半置于餐桌。在法国用餐，若只吃不交流，则是无礼的表现。

2. 礼仪禁忌

在法国公鸡是国鸟，仙鹤、孔雀、大象都是不吉祥的动物，对核桃也厌恶之极。法国人忌讳墨绿色和黄色。在法国第一次见面送礼被视为不善交际的表现，送礼也不宜选择刀、剑、餐具或有广告标志的物品。当接受礼物时，需要当面将礼物拆开以表礼貌，法国也不太讲究"礼尚往来"。在法国，双性恋合法，邮寄避孕用品违法。

（四）意大利

意大利正式名称意大利共和国（Repubblica Italiana）。面积301 333平方公里，人口6 046万（截至2020年）。主要是意大利人，讲意大利语，西北部的瓦莱·达奥斯塔、东北部的特伦蒂诺—上阿迪杰和弗留利—威尼斯·朱利亚等少数民族地区分别讲法语、德语和斯洛文尼亚语。我国于1970年11月6日与意大利正式建交。

1. 礼仪规范

社交礼仪：握手礼作为意大利日常见面礼节，举手礼、拥抱礼、亲吻礼在亲朋好友之间也时常发生。称呼意大利人时，正式场合称呼全称，社交场合可只呼其姓氏，关系甚好时可直呼其名。意大利人国家观念淡薄，在交谈时，很少会提及自己的国家。身份观念较强，如若交往对象有值得尊敬的头衔，在交谈过程中意大利人会再三提及。在交谈时，意大利人话题多变，包罗万象；主张毋庸讳言，善于争论。

衣着礼仪：意大利人对服饰也颇有讲究，喜欢标新立异、时髦个性。对于意大利人来说，服饰就是身份的象征，甚至同一套服装不会在社交场合出现第二次。在日常生活中，意大利人还爱戴假发。男士爱穿背心，配鸭舌帽；女士穿长裙，配头巾。

餐食礼仪：意大利人喜食面食，但面食和炒饭不会同时出现在同一餐之中。吃意面时不能切断，正确吃法是用餐叉缠上，送入口中，用餐过程中不能发出声音。意大利人喜欢喝酒，葡萄酒是其最爱的一类。如若受到意大利人用餐邀请，拒绝是非常没有礼貌的，且宴席过程中不能谈及公事，潜心笃志品尝美味佳肴才算是合乎礼仪。

2. 礼仪禁忌

紫色是意大利人忌讳的颜色，仕女图、十字花是忌讳的图案。最忌讳的数字是13和

666，最忌讳的日期是星期五。送礼切忌赠手帕、丝织品、亚麻织品，且礼物需要呈给女主人。

（五）英国

英国正式名称大不列颠及北爱尔兰联合王国（The United Kingdom of Great Britain and Northern Ireland）。面积24.41万平方公里（包括内陆水域），英格兰地区13.04万平方公里，苏格兰7.88万平方公里，威尔士2.08万平方公里，北爱尔兰1.41万平方公里。人口6 708.1万（截至2020年）。官方语言为英语，威尔士北部还使用威尔士语，苏格兰西北高地及北爱尔兰部分地区仍使用盖尔语。我国于1972年3月13日与英国建交。

1. 礼仪规范

社交礼仪：握手礼是英国较常见的一种礼节。称呼时常将头衔带入其中，交谈过程中礼貌用语常挂嘴边。英国人较为保守，对待新鲜事物往往持观望态度。性格内敛，不善言辞，因此在社交中很难一见如故、畅所欲言。交谈中动手拍打别人、跷二郎腿都是失礼的表现。

英国人注重细节，认为一个人的教养体现于细节处，例如走路先迈右脚。极其强调绅士风度、淑女气质，因此，不爱争论，也较少在公众场合发脾气。英国人具有浓烈的民族自尊，如若将英国人民统称为"英国人"，会使交谈对象反感，因此与英国人进行交谈时，要根据对象不同而称呼其为"英格兰人""苏格兰人""北爱尔兰人""威尔士人"，或用"不列颠人"替代"英国人"。

衣着礼仪：英国人以服饰显示身份，但绝不浪费，一套服装可穿几年。在正式场合男士着三件套的深色西装，女士着深色套裙或素雅的连衣裙，黑色服装往往是正式场合的最佳选择。长袖衬衫扣子需全部系上，忌配浅色皮鞋、拼色皮鞋，忌打条纹领带。

餐食礼仪："轻食重饮"是英国餐饮的特点。"轻食"即面包、火腿、牛肉、土豆是英国餐桌上常见的食物，食用时必须左叉右刀，从左到右，切好一块即用餐叉送入嘴里。进餐过程中如需暂时放下刀叉，则需要将刀叉全部放在餐盘之上。英国人不吃狗肉、鸽子肉、海参、鱼翅。"重饮"即喜爱红茶与威士忌，英国人的一天以红茶开始，以红茶结束。下午茶也是英国较有特色的餐食，正式的下午茶一般分为上、中、下三层。正确吃下午茶的顺序是从下到上，依次而食。最下层装三明治、中层装司康饼、上层是各式甜点。

2. 礼仪禁忌

墨绿色使英国人反感。左撇子在英国被视为笨人。忌讳数字为13，忌讳日期为星期五，十字架、大象、孔雀、猫头鹰等图案皆为不吉利。喂食动物属于违法行为，给警察、政府公务员拍照也属于违法行为。同性恋合法。忌讳当众打喷嚏，忌讳从梯子下走过，忌讳鞋子在放桌上，忌讳屋里撑伞，忌讳一根火柴连续点烟。

思考：除此以外，你还知道英国有哪些礼仪禁忌？

三、美洲部分国家礼仪

该礼仪主要介绍加拿大、美国等国的礼仪风俗。

（一）加拿大

加拿大（Canada），面积998万平方公里，居世界第二位，其中陆地面积909万平方公里，淡水覆盖面积89万平方公里。人口3 789万。加拿大人主要为英、法等欧洲后裔，土著居民约占3%，其余为亚洲、拉美、非洲裔等（截至2020年1月）。英语和法语同为官方语言。我国于1970年10月13日与加拿大建交。

1. 礼仪规范

社交礼仪：加拿大主要由英、法两国移民后裔构成。英国后裔相对较内向，而法国后裔较为外向。但总体来说，地广人稀的特殊地理环境造就了加拿大人热情开朗的性格。人们相遇时，即使不相识也会相互问候，再次相遇时，会采用热情握手来表达喜悦之情。亲吻、拥抱礼一般适用于恋人、熟人、夫妻之间。加拿大人在日常交际中一般直呼其名，即使父子之间也很常见；正式场合采用"姓名＋先生/小姐/夫人"尊称；在官方活动中才会尊称其头衔。加拿大人没有太多繁文缛节，只有公司高层领导才会使用名片交际。

衣着礼仪：加拿大人以欧式服装为主，正式场合着西装，社交场合着礼服，日常生活随意穿着，如若是本民族的传统节日，本民族人民往往会穿上传统民族服饰以表庄重。

餐食礼仪：加拿大人以肉食为主，忌食腐乳、肥肉、虾酱及一切有腥味、怪味的食物，动物内脏、爪子、头部也很难在餐桌上看到。在配置菜肴的过程中不会直接加入调料，而是将调料放在桌子上供用餐者自取。用餐餐具以刀叉为主。加拿大人重视晚餐，他们有邀请亲朋好友来家里共进晚餐的习惯，这是向对方表示友善的礼俗。在餐桌上化妆、吸烟、剔牙等做法在加拿大人眼中是不受欢迎的。

2. 礼仪禁忌

在加拿大白百合的意义是悼念死者，禁忌送人白百合。白雪在加拿大是吉祥的象征，甚至有一部分地区禁止铲雪。加拿大人忌13和666两个数字、最忌讳的日期是星期五。在加拿大同性恋合法。禁忌用食指指指点点，耸肩表示无能为力或掩饰窘态。

（二）美国

美国正式名称美利坚合众国（The United States of America）。面积937万平方公里，人口约3.32亿，其中非拉美裔白人约占60.1%，拉美裔约占18.5%，非洲裔约占13.4%，亚裔约占5.9%，混血约占2.8%，印第安人和阿拉斯加原住民约占1.3%，夏威夷原住民或其他太平洋岛民约占0.2%（少部分人在其他族群内被重复统计）（截至2021年2月）。通用英语。我国于1979年1月1日与美国建交。

1. 礼仪规范

社交礼仪：美国人随和友善，不拘小节。在美国人看来，不善交际、拒接交谈的人可能存在一定的心理问题，对于交谈对象也极为不礼貌。美国人的见面礼往往伴随一声"hi"结束，特别正式的场合才会使用握手礼。在称呼上，他们喜欢直呼其名显得亲近，或加以学衔称呼，若非正式场合，美国人是不喜欢以对方官衔称呼的。美国人喜欢直来直去、爱开玩笑，与美国人交往时，过于拘谨、话语含蓄、旁敲侧击可能增加彼此的距离感。

衣着礼仪：美国人穿衣看场合，正式场合穿西装、打领带；生活场合比较随意。美国人重视服饰的整洁、着装的细节，女性穿黑色皮裙、黑色网眼丝袜被视为"不良女性"。在男士面前脱鞋子、撩裙摆会有勾引对方的嫌疑。进房前先脱去帽子与外套是一种礼貌。美国人认为公众场合化浓妆，当众化妆、补妆，宽衣解带是非常没有教养的表现。

餐食礼仪：美国人邀请宾客来家里吃饭，重"邀请"这一形式而不重"餐桌"内容，准备两三道菜非常常见。如若外出用餐，美国人讲究"AA"制，即使是父子也是尊此执行。用餐时，左叉右刀切割菜肴，切割完毕，放下餐刀，将左手的餐叉换至右手，持叉而食。就餐时不能发出声响，不允许替客人取菜，不允许吸烟、劝酒，不准谈论令人作呕的事。美国人不吃狗肉、猫肉、蛇肉、鸽子肉、兔肉、蛙肉、鱼翅、动物头及内脏、韭菜、皮蛋、生蒜等，有一部分美国人对花生过敏。

2. 礼仪禁忌

在美国蝙蝠被视为不祥之物。黑色是美国人忌讳的颜色。美国人不喜欢数字3、13和666，最忌讳日期是星期五。美国成年人与同性交往需要注意细节，勾肩搭背、同居一室都有同性恋之嫌。美国人注重私人空间，与之交谈最好有一定的距离，以50~150cm为宜；也禁忌打听个人隐私，例如年龄、收入、种族等信息。在美国人心中富人瘦，穷人胖，禁忌对交往对象说"你长胖了"之类的语言。与美国黑人交谈也禁止提"黑"字。

四、非洲部分国家礼仪

该礼仪主要介绍埃及、南非等国的礼仪风俗。

（一）埃及

埃及正式名称阿拉伯埃及共和国（The Arab Republic of Egypt）。面积100.1万平方公里，人口约1亿，另有约600万海外侨民（截至2020年10月）。官方语言为阿拉伯语。我国于1956年5月30日与埃及建交。

1. 礼仪规范

社交礼仪：埃及人热情好客，见面相互问候有时长达十几分钟，主要采用握手礼，忌用左手握手；也会采用拥抱礼和亲吻礼，亲吻礼因交谈对象不同而有所区别，情侣可采用飞吻礼，亲友可使用吻面礼，长辈、敬者采用吻手礼。为表示亲切，埃及老年人称年轻人为"儿子""女儿"，学生称老师"爸爸""妈妈"，穆斯林相互称"兄弟""姐妹"。也有称男性"先生"，有地位的人称"教授""主席"，政府官员称"博士"。

拜访埃及人时，需要提前预约，每天晚上六点之后及斋戒期间不宜拜访；进入家中就座时切勿将足底朝外，也不能朝向对方；如若是穆斯林家庭，女主人不待客，切勿问候及打听；称道家中物品隐含之意是想得到这件物品。

衣着礼仪：在城市中的埃及人穿着早已与国际社会接轨。普通百姓特别是有一定年纪的埃及人还是习惯着长衣、长裤、长裙。下层平民主要还是穿阿拉伯大袍，头缠长巾，罩上面纱。

餐食礼仪：埃及人热情好客，喜食甜点，还会在家里自制甜点待客，客来敬茶也是埃及人待客之道，客人未吃甜品即失礼，茶杯留茶即失礼。用餐时，埃及人大多用右手取食，也会使用刀叉、勺子。劝餐是主人的义务，客人少吃为不礼貌，用餐期间交谈也是不礼貌的表现。

2. 礼仪禁忌

埃及人讨厌猪，也讨厌像猪的大熊猫。他们认为黑色、蓝色均为不祥。对数字13和666非常反感。在埃及"针"是侮辱人的词语；小费如同门票，办事必给。埃及妇女以丰满为美，切勿以苗条夸赞埃及妇女。

（二）南非

南非正式名称南非共和国（The Republic of South Africa）。面积1 219 090平方公里，人口5 962万。分黑人、有色人、白人和亚裔四大种族，分别占总人口的80.8%、8.8%、7.8%和2.6%（截至2020年）。有11种官方语言，英语和阿非利卡语为通用语言。我国于1998年1月1日与南非建交。

1. 礼仪规范

社交礼仪：南非分黑白，黑人与白人在社交礼仪上大相径庭。白人受英国社交礼仪的影响，见面握手，尊称"小姐""先生""夫人"，英国所提倡的绅士风度也在白人社交中展现得淋漓尽致。

黑人分部落，不同部落有其独有的风格。拥抱礼、亲吻礼和独具特色的握手礼作为见面礼节，握手礼先用自己的左手握右手的手腕，再用右手与交往对象握手。南非黑人称呼惯用"姓氏＋辈分"，如乔治叔叔。许多部落的黑人以歌舞、狂欢、赠羽毛来迎送宾客，对于赠送的羽毛，客人适宜将其插在帽子或头发上表示感谢馈赠。在与其交谈时，切勿谈论南非白人的好，切勿评论黑人部落之间关系，切勿非议黑人的习俗，切勿祝贺黑人生男孩。

衣着礼仪：南非人的衣着在正式场合与国际服饰礼仪相似，较庄重、严肃。日常生活中白人喜爱穿休闲服饰，而黑人则对色彩鲜艳的服饰较为偏爱。此外，黑人还习惯穿着自己本民族的服饰，例如用兽皮做斗篷，将自己全身遮入篷中。有的部落为避免就餐、微笑时露出牙齿，妇女需要拔掉门牙，以表示忠贞，已婚妇女佩戴的饰品需少于未婚女性。

餐食礼仪：南非白人的餐食礼仪与英国非常相似，饮红茶吃西餐。南非黑人主要以玉米、薯类、豆类为主食。如若去南非黑人家中做客，主人会将现挤牛奶或羊奶送上表示欢迎，有时也会送上自制啤酒，将其一饮而尽是客人礼貌的做法。

2. 礼仪禁忌

南非印度教信仰者忌食牛肉，伊斯兰教信仰者忌食猪肉，基督教信仰者忌讳数字13和666，最忌讳的日期是星期五。南非的黑人，特别是农村的黑人，他们是本部落原始宗教的信仰者，他们相信有一股神秘的力量可以主宰人世间的一切。南非黑人对祖先特别敬仰，禁忌非议黑人祖先。许多黑人部落女性的地位比较低下，儿媳不能直呼公公姓名，诸如火堆等神圣的地方妇女禁止靠近。

五、大洋洲部分国家礼仪

该礼仪主要介绍澳大利亚等国的礼仪风俗。

澳大利亚

澳大利亚正式名称澳大利亚联邦（The Commonwealth of Australia）。面积769.2万平方公里，人口2 562万。74%为英国及爱尔兰裔，5.6%为亚裔，2.8%为土著人口，其他族裔主要有意大利裔、德裔和印度裔等占17.6%（截至2020年7月）。官方语言为英语，汉语为除英语外的第二大使用语言。我国于1972年12月21日与澳大利亚建交。

1. 礼仪规范

社交礼仪：澳大利亚社交礼仪可谓包罗万象，主要受英、美两国影响，同时也保存着本民族的传统礼仪习俗。仅见面礼节就近十种，有握手礼、拥抱礼、合十礼、亲吻礼、鞠躬礼、拱手礼、点头礼和勾指礼。澳大利亚人普遍热情好客，喜欢无拘无束、轻松自在，即使相互不认识的两人也能相互问候、热聊起来。澳大利亚人不喜欢被人称为"外国人"，这种笼统的称呼在澳大利亚人看来是非常失礼的表现。

衣着礼仪：澳大利亚人平日着T恤、短裤，头戴棒球帽遮阳，只有在极其正式的场合才会穿西装。在达尔文市，出席正式场合有专门的"达尔文装"——衬衫、短裤、长袜。土著居民往往赤身裸体，腰间扎一块围布遮羞即可，但身上的饰物却颇有讲究，额箍、鼻针、臂环、项圈都有佩戴。

餐食礼仪：澳大利亚人喜食英式西餐，不吃狗肉、猫肉、蛙肉、蛇肉、动物内脏及其头、爪和味精。在达尔文市，拒绝接受衣冠不整的人用餐。土著居民不会种植粮食及饲养家禽，靠野果及渔猎为生，且用手抓取生食。

2.礼仪禁忌

澳大利亚人认为兔子会带来厄运，对数字13和666以及日期星期五也比较厌恶。澳大利亚男子不能打老婆、不能打孩子、不能打宠物。澳大利亚人博爱、人道，保护老人、妇女、孩子和弱小种族之外，也保护私生子的权益。在澳大利亚禁止公众场合大声喧哗，禁止谈论种族、移民、工会及个人隐私问题。

交流拓思

一、关于"13"的传说

其一，传说耶稣受害前与其弟子们共进晚餐。参加晚餐的第13个人是耶稣的弟子——犹大。犹大为了30块银元，把耶稣出卖给犹太教当局，致使耶稣受尽折磨。最后惨死在十字架上。参加最后的晚餐有13个人，晚餐的日期恰逢13日，"13"给耶稣带来苦难和不幸。从此，"13"被认为是不幸的象征。"13"是背叛和出卖的同义词。

其二，北欧神话中，在哈弗拉宴会上出席了12位天神。宴会中一位不速之客——火神洛基忽然闯来。这第13位来客的闯入，招致天神宠爱的巴尔德尔送了性命。(巴尔德尔是奥丁的儿子，是光明之神。他才貌出众，满面春风。当他微笑的时候，人们都感到无比喜悦。他做过一个噩梦，预感到将遭人暗算。众神为此着急，奥丁便派出令官，严令一切鸟兽草木都不得伤害巴尔德尔。但令官没有传令给槲寄生，因为他觉得这种脆弱无能的植物不需要加以防范。火神洛基却利用这可乘之隙，用槲寄生做成利箭，煽动黑暗之神霍尔德尔出面，并扶着他的手弯弓瞄准，将巴尔德尔射死。)

因此，"13"成了西方文化最为忌讳的数字。

二、举办国际活动时应注意的礼仪

2019年5月中旬，第四届丝绸之路国际博览会暨中国东西部合作与投资贸易洽谈会在中国陕西省西安市开幕。来自俄罗斯、韩国、日本、美国、英国、泰国、德国等25个国家200余家境外企业参展。大会期间，除继续举办陕西欢迎会、仿古入城仪式、领导人会见、开馆仪式、领导人巡馆、开幕式等礼仪性活动外，还将举办主旨论坛、重要会议、投资促进活动、主宾国活动、主宾省活动、主题市活动6大类共65项活动。

思考：在举办国际活动时，我们需要注意的礼仪有哪些？请将你的意见制作成PPT分享给同学。

职场模拟

尚礼扬誉

职场场景：第二届世界顶尖科学家论坛于2019年10月29日在中国（上海）自由贸易试验区临港新片区举行。来自世界各国的41位诺贝尔奖得主，20位沃尔夫奖、拉斯克奖、图灵奖、菲尔兹奖、麦克阿瑟天才奖获得者将参加此次会议。酒店专业学生小冯毕业后留在上海一家星级酒店任前台工作。这天，小冯接到任务，需要熟悉第二届世界顶尖科学家论坛与会嘉宾所在国的礼仪习俗，以便更好地为其提供服务。

模拟要求：每小组根据情景选择任一与会嘉宾，进行前台接待职场模拟，要求针对不同国家嘉宾采用不同接待礼仪，最后进行模拟过程总结。

评价考核

目标达成考核表

内 容		评 价	
学习目标	评价内容	小组评价 （5、4、3、2、1）	教师评价 （5、4、3、2、1）
德	树立正确的涉外礼仪认知观		
	培养良好的职业道德品质		
	培养涉外礼仪敏感度		
知	储备涉外礼仪知识		
	掌握各国礼仪习俗		
	掌握各国礼仪禁忌		
行	能够在涉外交往中免触禁忌		
	根据各国礼仪习俗顺利完成涉外礼仪活动		
	能够在涉外交往中展示优良涉外礼仪素养		
努力的方向：		建议：	

拓展阅读

世界旅游日

　　每年的9月27日是"世界旅游日(World Tourism Day)"。世界旅游日是由世界旅游组织确定的旅游工作者和旅游者的节日。1970年国际官方旅游联盟（世界旅游组织的前身）在墨西哥城召开的特别代表大会上通过了成立世界旅游组织的章程。1979年9月，世界旅游组织第三次代表大会正式将9月27日定为世界旅游日。选定这一天为世界旅游日，一是因为世界旅游组织的前身"国际官方旅游联盟"于1970年的这一天在墨西哥城的特别代表大会上通过了世界旅游组织的章程。此外，这一天又恰好是北半球的旅游高峰刚过去，南半球的旅游旺季刚到来的相互交接时间。

　　确定世界旅游日的意义在于：发展国际、国内旅游，促进各国文化、艺术、经济、贸易的交流，增进各国人民的相互了解，推动社会进步。世界旅游组织每年都提出宣传口号，世界各国旅游组织根据宣传口号和要求开展活动。中国于1983年正式成为世界旅游组织成员。世界旅游组织从1980年起每年都为世界旅游日确定一个主题，各国旅游组织根据每年主题和要求开展活动。如2020年的主题是：旅游与乡村发展。

参考文献

[1] 陈济. 中华文明礼仪 [M]. 北京：高等教育出版社，2017.

[2] 金正昆. 涉外礼仪教程 [M]. 5版. 北京：中国人民大学出版社，2018.

[3] 周加李. 涉外礼仪 [M]. 北京：机械工业出版社，2017.

[4] 吕艳芝. 公务礼仪标准培训 [M]. 2版. 北京：中国纺织出版社，2016.

[5] 纪亚飞. 服务礼仪标准培训 [M]. 北京：中国纺织出版社，2012.

[6] 张岩松. 现代礼仪教程 [M]. 北京：清华大学出版社，2015.

[7] 袁涤非. 商务礼仪实用教程 [M]. 北京：高等教育出版社，2016.

[8] 向多佳. 职业礼仪 [M]. 北京：高等教育出版社，2020.

[9] 袁涤非. 现代礼仪 [M]. 2版. 北京：高等教育出版社，2020.

[10] 刘杨. 旅游职业礼仪与交往 [M]. 2版. 北京：高等教育出版社，2020.

[11] 汪东亮. 商务礼仪 [M]. 2版. 桂林：广西师范大学出版社，2019.

[12] 文泉. 国际商务礼仪 [M]. 桂林：广西师范大学出版社，2019.

[13] 姜钧. 礼仪知识大全集 [M]. 南昌：百花洲文艺出版社，2012.